Une nouvelle chance de s'aimer

*

Rencontre à haut risque

ANNIE CLAYDON

Une nouvelle chance de s'aimer

Traduction française de
CHRYSTELLE POULAIN

BLANCHE

HARLEQUIN

Collection : Blanche

Titre original :
RESCUED BY DR RAFE

Ce roman a déjà été publié en 2017

HARPERCOLLINS FRANCE
83-85, boulevard Vincent-Auriol, 75646 PARIS CEDEX 13
Service Lectrices — Tél. : 01 45 82 47 47 - www.harlequin.fr
ISBN 978-2-2804-7237-1 — ISSN 0223-5056

Composé et édité par HarperCollins France.
Imprimé en janvier 2022 par CPI Black Print (Barcelone)
en utilisant 100% d'électricité renouvelable.
Dépôt légal : février 2022.

FSC
www.fsc.org
MIXTE
Papier issu de sources responsables
FSC® C159065

Pour limiter l'empreinte environnementale de ses livres, HarperCollins France s'engage à n'utiliser que du papier fabriqué à partir de bois provenant de forêts gérées durablement et de manière responsable.

1.

Une pluie diluvienne tombait sur le pare-brise.

Assise au volant, Mimi avait du mal à distinguer la route. Le ballet continu des essuie-glaces ne suffisait plus à lui procurer une bonne visibilité, et elle soupira. Quel été pourri !

Son partenaire et ami, Jack Halliday, ambulancier secouriste de son état, lui lança un regard en coin.

— Tu crois qu'on peut y arriver ? demanda-t-il.

Elle braqua à gauche pour maintenir sa trajectoire et opina.

— Si le bitume ne disparaît pas sous nos roues, ça devrait le faire…

Elle plaisantait à peine. La dernière fois qu'ils étaient venus là, deux semaines auparavant, il tombait une légère bruine. Mais depuis le début du mois d'août, les orages se succédaient, et il pleuvait à torrents du matin au soir.

Quelques routes du Somerset — la région rurale d'Angleterre où ils travaillaient — avaient déjà été coupées. La tâche des sauveteurs se compliquait donc sérieusement. Il devenait difficile, voire impossible, d'atteindre certaines zones.

— Allez, dans quinze jours, tu seras libérée, dit Jack d'un ton gai. Sur ton badge, on lira : « Miriam Sawyer, ambulancière secouriste ». Adieu le volant !

Malgré sa fatigue, Mimi se surprit à sourire. Elle avait travaillé dur pour monter en grade et avait hâte de prendre ses nouvelles fonctions.

— Sans toi, je n'aurais jamais réussi, répondit-elle.

— Tu plaisantes ? se récria Jack. Bon, allez, d'accord. On va dire que j'y suis un peu pour quelque chose. Tu as profité de mon expérience !

— Et de tes remarques constructives, jamais moqueuses…

— Et de mes dons de copilote…

— Oui, c'est ça !

Elle secoua la tête. Elle peinait à croire que, bientôt, elle ne serait plus conductrice d'ambulance, qu'elle allait exercer une profession paramédicale, et qu'elle devrait s'asseoir sur le siège passager. Mais avec ces conditions météo exécrables, elle vivait une journée à la fois. Et les journées en question lui semblaient très longues.

— Je vais devoir m'habituer à mon nouveau chauffeur, reprit Jack. Il n'aura sans doute pas ton talent pour rouler dans les ornières…

Elle éclata de rire.

— Oh ! tais-toi !

L'humour de Jack lui faisait du bien, et elle sentit la tension dans ses épaules se relâcher. Son ami lui manquerait. C'était évident.

— Encore faudra-t-il qu'ils trouvent la perle rare pour te supporter ! plaisanta-t-elle.

— Coup bas, Mimi. Je m'en souviendrai…

Reprenant son sérieux, Jack colla le nez au pare-brise et scruta la route.

— Le pont est toujours là, commenta-t-il. On s'y risque ?

— Non, je ne préfère pas. On risque de s'embourber.

Le village où ils devaient se rendre était perché, et des torrents d'eau ruisselaient de la colline jusqu'au pont, lequel enjambait une rivière. L'édifice n'était pas submergé, mais c'était une question d'heures, voire de minutes.

— Tu as raison, dit Jack. On va monter à pied.

— Et ensuite ?

L'idée de patauger ne séduisait guère Mimi. Mais ce qui l'ennuyait encore plus, c'était la perspective de déplacer une femme enceinte dans ces conditions. Jack pourrait la porter sur son dos, mais question sécurité, on avait vu mieux.

— On évaluera l'urgence. S'il le faut, je demanderai au central de nous envoyer un médecin, ajouta-t-il. Que ferais-tu, toi ? Bientôt, tu devras prendre des initiatives…

— La même chose. On n'a pas le choix.

Il fallait juste espérer que la jeune femme n'était pas sur le point d'accoucher. Mais, dans le cas contraire, Jack et elle avaient déjà mis des bébés au monde. Ils géreraient.

Elle ralentit, serra à gauche au maximum, puis coupa le moteur de son fourgon. Le bas-côté, boueux et instable, n'était plus une option de stationnement.

— On est bien, là, commenta Jack. Prête pour une petite douche ?

Par réflexe, elle avait déjà rentré sa longue tresse dans sa chemise. Des jours comme celui-là, elle regrettait presque de ne pas arborer une coupe courte. Elle avait les cheveux trempés si souvent qu'ils ne séchaient parfois que le soir…

Ils passèrent dans la cabine arrière pour enfiler leur tenue de combat : cuissardes, veste imperméable et bottes en caoutchouc. Puis elle ouvrit la radio dans l'espoir de capter un signal, mais ne perçut que des grésillements.

— Tu auras peut-être du réseau avec le portable, dit Jack, rassurant.

— Hmm. Je vais essayer. Avance, je te rejoins.

Quand il descendit, sa trousse à la main, l'ambulance tangua légèrement. Elle referma le hayon et composa le numéro de l'hôpital. L'espoir dura le temps de deux sonneries, et elle entendit un « bip, bip »… puis ce fut le silence.

Résignée, elle sortit dans la tempête. La pluie, qui se déchaînait, lui fouettait le visage. Et soudain, alors qu'elle remontait la pente pour capter un meilleur signal, elle remarqua un gros 4x4 noir qui roulait à vive allure dans sa direction.

— Attention, toi, marmonna-t-elle, comme si le chauffeur pouvait l'entendre. Tu vas finir dans le fossé…

Elle poursuivit son chemin, les yeux rivés sur le cadran du téléphone. Une barre de réseau. Deux barres… Presque parfait.

Le 4x4 était tout près, maintenant. Le conducteur lui fit un appel de phares et elle se décala légèrement.

— C'est bon, je t'ai vu ! Je ne vais pas marcher dans la boue pour te faire plaisir…

Un grondement furieux la fit s'arrêter net. L'espace d'une seconde, elle crut qu'il s'agissait du tonnerre. Puis elle pivota sur elle-même et, comme dans un film au ralenti, enregistra toute l'horreur de la situation.

— Jack ! hurla-t-elle. Jack !

Un véritable mur d'eau était en train de dévaler la colline, en face. Et Jack qui venait juste de traverser le pont…

Son partenaire réagit enfin. Il se retourna, lâcha son gros sac en plein milieu de la route. Alors, pendant un instant, elle crut qu'il allait se mettre à courir. Mais le flux arrivait à une vitesse impressionnante, et il parut comprendre qu'il ne réussirait pas à fuir.

« L'arbre, Jack ! Là-bas, à droite du pont ! »

Comme s'il l'avait entendue, il se précipita vers le tronc bas et noueux, distant de quelques mètres. Il eut juste le temps d'y grimper avant que l'enfer ne s'abatte sur lui.

— Jack ! Accroche-toi !

Elle crispa les mains l'une contre l'autre, désespérée.

Les rugissements de l'eau étaient assourdissants. La vague avait arraché plusieurs morceaux du pont qui flottaient à la surface. L'arbre, lui, avait été submergé. Elle avait beau tendre le cou, elle ne voyait plus son équipier.

Non… Non, non !

Sans réfléchir, elle courut vers l'eau.

— Mimi !

La voix masculine dans son dos lui parut familière. Connaissait-elle cet homme ? Aucune importance. Elle ne voulait pas s'arrêter.

Elle sentit qu'on la retenait par les bras.

— Lâchez-moi !

Une nouvelle vague arrivait. Elle se débattit pour échapper à la poigne de fer qui la maintenait, et envoya de grands coups de pied dans les tibias de l'inconnu.

— Jack ! cria-t-elle. Jack !

Le pont ne résista pas à ce second assaut, plus violent encore que le précédent. La rivière en crue emporta presque toute la structure d'un coup, inondant la route en quelques secondes. Malgré cela, elle n'avait qu'une idée en tête : sauver Jack.

— Mimi, reste là. Tu ne peux pas intervenir. Tu vas te tuer !

Cette voix… Ce timbre grave, chaleureux, à l'élégance inimitable… Le doute n'était plus permis. C'était Rafe !

— Lâche-moi ! ordonna-t-elle. Mon ambulance…

A ce moment-là, l'eau atteignit le fourgon. Sous la force du courant, le véhicule tangua vers la droite puis vers la gauche, balloté comme un fétu de paille. Elle crut qu'il allait rester sur le bitume, mais non. Il glissa sur le bas-côté boueux, et termina sa course contre un arbre.

Magnifique… Si Jack était blessé, comment allait-elle le conduire à l'hôpital ? Enfin… Il fallait déjà qu'elle puisse l'atteindre…

— Regarde, Mimi ! Des gens viennent le chercher.

Rafe relâcha légèrement son emprise. Aussitôt, elle se dégagea avec brusquerie, essayant de passer outre la nausée qui menaçait. Sa présence lui causait un choc, mais elle y réfléchirait plus tard. Elle avait d'autres priorités pour l'instant !

Malade d'angoisse, elle observa la progression du groupe de six personnes qui était apparu derrière les arbres, sur la rive opposée. Avec de l'eau jusqu'aux genoux, ils s'avançaient vers Jack.

La trousse médicale avait été projetée dans un buisson, et un des hommes la récupéra, tandis que les autres se rapprochaient du tronc d'arbre. Le gilet jaune fluo de Jack, nettement visible, apparaissait dans le feuillage. Mais comment savoir s'il respirait ou non ? A cette distance, il ressemblait à un pantin désarticulé…

Un secouriste grimpa sur une branche basse. Mimi eut l'impression de le voir parler.

« Allez, Jack, réponds… S'il te plaît… Oui ! »

Il avait bougé. Une main se tendait pour l'aider à descendre de son perchoir. Il était non seulement vivant, mais debout !

Elle le vit regarder dans sa direction et, de manière réflexe, mit les mains en porte-voix.

— Jack, ça va ? J'arrive ! Je te rejoins !

— Mimi, tu ne peux pas passer, objecta Rafe.

Ce diminutif sonnait comme une injure dans sa bouche. Ils n'étaient plus rien l'un pour l'autre !

— Je m'appelle Miriam, riposta-t-elle sèchement.

Il eut un sourire en coin, signe qu'il trouvait sa remarque puérile.

— Bien, *Miriam*… Tu as dû recevoir les dernières infos sur l'état des routes. Tu ne pourras pas y aller, à moins de savoir voler…

Irritée, elle ne répondit rien. Elle aurait voulu passer ses nerfs sur lui, mais cela ne lui rendrait pas son ambulance !

Jack lui faisait signe, à présent, et elle agita les bras. Puis il porta la main à son oreille, une manière de lui signifier qu'il l'appellerait dès que possible.

Elle explora ses poches, mais son téléphone était tombé et ce fut Rafe qui le ramassa et le lui tendit. Elle vérifia qu'il fonctionnait et leva les deux pouces. Jack l'imita, après quoi il partit vers le village, escorté par les sauveteurs.

A présent, elle n'avait plus le choix. Elle devait affronter le Dr Chapman. *Rafe*.

Elle pivota vers lui en soupirant. Force était de reconnaître qu'il n'avait pas changé.

Cinq ans plus tôt, il arborait déjà la même coupe stricte, avec cette petite mèche qui lui barrait le front. Aujourd'hui, sa chevelure de jais était toujours aussi épaisse et soyeuse.

Quant à son regard azur, il n'avait rien perdu de son intensité. Bref, son pouvoir de séduction demeurait intact…

Elle se rendit compte qu'il la dévisageait, lui aussi.

— Je vais te reconduire à l'hôpital, dit-il enfin.

— Hors de question ! Je n'abandonnerai ni mon ambulance ni mon équipier.

— Ton ambulance est coincée, et tu ne peux pas rejoindre Jack.

Tais-toi.

Rafe avait toujours su appuyer là où cela faisait mal. Pourtant, son caractère direct, son bon sens, sa capacité de réaction lui avaient beaucoup plu, au départ… Mais aujourd'hui, c'était elle qui tenait les rênes. Son statut d'*ex* ne lui donnait pas tous les droits !

— Je suis assez grande pour prendre mes décisions moi-même, répondit-elle froidement.

— D'accord. Donc, qu'est-ce que tu veux faire ?

— Attendre l'appel de Jack, dans un premier temps. En fonction de ce qu'il me dira, j'aviserai.

C'était ferme, définitif. Il n'y avait pas à discuter.

Lorsqu'il s'était porté volontaire pour aider les équipes d'urgence, Rafe n'avait pas voulu penser à Mimi, craignant de tomber sur elle. Puis, au bout de deux jours, il avait été presque déçu de ne pas la croiser. Jusqu'à ce matin-là…

Même de loin, il avait cru la reconnaître. Mais en se garant, il s'était traité d'imbécile. Combien de fois n'avait-il pas cru l'apercevoir dans une foule ? Depuis cinq ans, il courait après un mirage…

Quand elle avait foncé vers la rivière, pourtant, il n'avait plus eu de doute. Cette énergie, cette loyauté, cette fougue : c'était bien elle.

La seule fois où elle était restée impassible avait été le jour de leur séparation. Il l'avait mérité, bien sûr. Ce qui ne l'avait pas empêché de souffrir. Il aurait préféré qu'elle se mette en colère, comme aujourd'hui !

— Viens t'asseoir dans ma voiture, dit-il.

Pour toute réponse, il obtint un regard noir. Il haussa les épaules.

— Enfin… Fais comme tu veux.

La tête haute, elle se rapprocha du 4x4 à grandes enjambées. Elle ôta son imperméable dans l'habitacle puis elle retira ses bottes et ses cuissardes. Elle s'agenouilla ensuite sur le siège pour accrocher les vêtements ruisselants à la patère arrière.

— Désolée, je trempe ta voiture, marmonna-t-elle.

Elle s'assit puis allongea les jambes. Elle portait d'épaisses chaussettes en laine, et il remarqua qu'elle remuait les orteils. Elle le faisait toujours quand elle était contrariée…

— Ne t'inquiète pas pour ça, répondit-il.

Il suspendit son propre imperméable de son côté, à l'arrière, puis s'installa confortablement.

— Donc, on reste là, dit Mimi. J'attends des nouvelles de Jack. D'accord ?

— Oui. Pas de problème.

La sollicitude de Mimi envers son équipier déclencha en lui une vague de jalousie inattendue. Ils étaient séparés depuis cinq ans, mais il se souvenait de la dernière nuit où il l'avait tenue dans ses bras comme si c'était hier…

De son côté, elle avait probablement tourné la page. Il ne serait guère étonnant qu'elle sorte avec Jack.

— Si tu en as assez, dis-le-moi quand même, murmura-t-elle, une lueur de défi dans ses grands yeux noisette.

— Mais non ! Quoi que tu en penses, je m'inquiète pour lui !

— D'accord…

Le silence tomba. Il hésita à allumer la radio, ne sachant que dire. Mimi était toujours aussi séduisante, et le fait d'être assis près d'elle le troublait au plus haut point.

Physiquement, elle n'avait pas changé. La vision de sa tresse blonde rentrée dans son col de chemise lui évoquait des souvenirs doux-amers. Il avait toujours aimé la regarder se coiffer…

— Qu'est-ce que tu fabriques ici, Rafe ? demanda-t-elle, l'arrachant à ses pensées.

— Ce secteur est le plus touché par les intempéries. Les hôpitaux de la région envoient du monde en renfort.

— On a tiré ton nom à la courte paille ? ironisa-t-elle.

— Pas du tout. J'avais deux semaines de vacances, alors je me suis porté volontaire.

— C'est ça, tes vacances ?

— Eh oui. Ça vaut bien la Côte d'Azur…

— Merci pour nous.

Elle avait paru contrariée de le voir, mais au moins, elle semblait reconnaissante. C'était déjà un bon point.

— Donc, tu fais toujours équipe avec Jack ? demanda-t-il, l'air de rien.

— Oui, mais plus pour longtemps. J'ai suivi une formation d'ambulancière secouriste. J'ai réussi les examens, et on m'a déjà proposé un poste. Je commence dans quinze jours.

— Jack va s'ennuyer…

— Je ne pars pas au bout du monde. Juste à vingt kilomètres, donc…

Elle s'interrompit et lui lança un regard noir.

— Ma vie privée ne te concerne pas, Rafe !

— Je sais. Mais par curiosité, est-ce que tu sors avec Jack ?

— Ce ne sont pas tes affaires ! Et toi ?

— Oh ! non ! Je l'aime bien, mais il n'est pas du tout mon genre.

— Tu as très bien compris ce que…

Elle n'acheva pas, et se mit à rire.

— Sympa ! Ce sera dit et répété !

Puis elle se rencogna au fond de son siège en fronçant les sourcils, et il se demanda si plaisanter avec elle était devenu un crime de lèse-majesté.

Il réessaierait, très vite. Rien que pour le plaisir de la faire sortir de ses gonds !

2.

Depuis cinq ans, Mimi n'avait eu aucun mal à détester Rafe. Maintenant qu'il était là, c'était beaucoup plus dur.

Pour éviter de le regarder, elle fixa son mobile posé sur le tableau de bord. La sonnerie, pourtant attendue, la fit sursauter. Elle venait de recevoir un SMS en provenance d'un numéro inconnu.

— Jack va bien, lut-elle tout haut. Il est hébergé à la paroisse. Il renverra un message dès qu'il aura vu la patiente.

— Super !

« N'est-ce pas Rafe que j'ai vu avec toi ? » ajoutait Jack. Elle confirma que oui, et reçut un *smiley* en réponse. Son équipier se réjouissait pour elle, mais il n'avait pas bien compris la situation !

Si elle avait suivi son instinct, elle aurait fait de l'auto-stop pour rejoindre l'hôpital. Dépendre de Rafe la rendait folle. Néanmoins, elle n'avait pas le choix. Elle espérait juste que cette expérience désagréable se terminerait le plus vite possible.

Pendant qu'elle réfléchissait, un nouveau texto lui parvint.

— Que dit-il ? demanda Rafe.

— Le contenu de sa sacoche est inutilisable car tout a pris l'eau. Il va rester avec la patiente jusqu'à ce qu'on trouve un moyen de l'évacuer. En attendant, il faut qu'on lui prépare un autre sac de matériel que des gens vont venir récupérer. Je vais essayer d'aller ouvrir l'ambulance.

— Ne t'embête pas. J'ai tout ce qu'il faut.

Elle aurait dû y penser. Rafe ne laissait jamais rien au hasard. Elle ne connaissait pas de médecin plus prévoyant.

— A-t-on quelques infos sur la patiente ? demanda-t-il.

— Elle est enceinte de huit mois et demi. Aux dernières nouvelles, elle n'avait pas de contractions, mais étant donné la météo, on voulait l'emmener à l'hôpital par précaution.

— Oui, c'est logique.

Après avoir enfilé son imperméable, Rafe sortit du 4x4 et se dépêcha d'aller ouvrir le coffre. Puis, à genoux sur le plancher, il ouvrit le contenu de plusieurs emballages qu'il répartit dans des boîtes hermétiques. Il fourra ensuite le tout dans deux robustes sacs à dos noirs. Tout était prêt.

Mimi s'habilla tout en réprimant un soupir. Elle n'avait jamais douté que Rafe agirait avec efficacité, quelle que soit la situation. Elle était juste contrariée de devoir collaborer avec lui.

L'orage se calmait, à présent. Ils marchèrent sous la pluie fine jusqu'à l'endroit où ils pouvaient avancer sans entrer dans l'eau et guettèrent les villageois.

Bientôt, ils distinguèrent quatre silhouettes sur la rive. Les gens portaient apparemment du matériel d'escalade.

Le téléphone de Mimi sonna. Elle eut la surprise d'entendre une voix féminine à l'autre bout du fil :

— Bonjour, je suis Cass. Sapeur-pompier professionnelle.

— Bonjour, Mimi à l'appareil. Comment va Jack ?

— Très bien. Il est à la paroisse, il se sèche. Nous pensions venir chercher la nouvelle sacoche nous-mêmes, mais l'eau monte encore, c'est dangereux. Donc, changement de programme.

— Ah oui ? Comment allez-vous faire ?

— Un peu plus à l'est, il y a une petite butte. Nous allons nous poster là-bas, et tendre une corde par-dessus la rivière.

— On a deux sacs à vous donner, répondit-elle. On peut tenter le coup.

— Génial… Merci.

Sitôt la communication interrompue, Mimi empoigna un sac, laissant l'autre à Rafe. Puis, avec précaution, elle se dirigea vers les arbres.

Sous le feuillage protecteur, le sol était, heureusement, moins détrempé. La boue s'était concentrée sur la route : ils pourraient atteindre la rivière sans gros risque de chute.

Elle pivota vers Rafe qui marchait à côté d'elle.

— Tu vois le talus, à environ deux cents mètres d'ici ? Ils vont se mettre là-bas, et nous lancer une corde pour récupérer le matériel.

— D'accord.

Après cette réponse laconique, il s'abstint de tout commentaire. Voulait-il éviter que cela ne fasse des étincelles entre eux ? Dans ce cas, le silence était la meilleure option. Elle allait suivre son exemple.

Et dire qu'elle croyait avoir tourné la page !

Elle avait avancé, pris sa vie à bras-le-corps. Pourtant, au fond, rien n'avait changé. Elle se sentait aussi malheureuse que le jour de son départ.

Pour elle que l'existence n'avait pas épargnée, cette rupture avait été la goutte d'eau.

A dix-sept ans, elle avait perdu ses parents dans un accident de voiture. A vingt et un ans, elle avait rencontré Graham, avec qui elle avait cru vivre le grand amour. Mais celui-ci n'avait rien trouvé de mieux que d'établir une liste exhaustive de ses défauts… pour mieux se justifier de l'avoir trompée !

Elle avait rompu sans regrets. Néanmoins, le venin de Graham avait laissé des traces profondes. Elle s'était juré de ne plus faire confiance à un homme… jusqu'à sa rencontre avec Rafe.

Le jour où Charles, le frère aîné de Mimi, avait été conduit aux urgences entre la vie et la mort après être tombé d'une échelle, Rafe était de garde. Sa réactivité, son efficacité avaient sauvé Charlie d'une paralysie totale et lui avait permis de recouvrer une légère mobilité. Il était maintenant capable de quitter son fauteuil roulant, et même de faire quelques pas…

Mimi avait repris goût à la vie dans les bras de Rafe, mais plus dure avait été la chute. Alors qu'ils filaient le parfait amour, on avait diagnostiqué un cancer du sein à Mme Chapman, sa mère, et il s'était replié sur lui-même. Mimi avait tout fait pour le soutenir, en vain.

Il s'était éloigné, chaque jour un peu plus. Et quand il l'avait quittée, elle avait repensé aux paroles de Graham : elle ne « servait à rien » ! Le choc avait été d'autant plus dur à encaisser qu'elle aimait Rafe, éperdument…

A partir de là, elle s'était consacrée à son frère et à son métier. Elle avait repris des études. Elle avait regardé vers l'avant, balayé ses souvenirs. Jusqu'à ce matin-là, elle croyait avoir réussi…

Mais alors, pourquoi était-elle si perturbée ?

Allons, c'était la fatigue. Une bonne nuit de sommeil et elle verrait les choses sous un meilleur jour.

Ils atteignaient le point de rencontre, à présent. Au bord de l'eau, les arbres se raréfiaient, cédant la place à de hautes herbes recouvertes de boue. En face, les pompiers escaladaient déjà le monticule rocheux, une trentaine de mètres en surplomb de la rivière.

— L'endroit est bien choisi, commenta Rafe.

— Oui, je trouve aussi.

Au moins, ils étaient d'accord sur quelque chose !

En silence, ils regardèrent les pompiers s'activer. La fameuse Cass semblait être leur chef. Elle était aussi grande que les hommes, et s'exprimait avec force gestes. Mimi ne put retenir une exclamation de surprise quand la capuche de la jeune femme glissa. Sa chevelure d'un roux flamboyant offrait un saisissant contraste avec les tons de vert et de brun du paysage !

Dès que la corde fut attachée à un gros tronc d'arbre, le téléphone de Mimi sonna.

— Nous sommes prêts, annonça Cass. On lance !

Mais les deux premières tentatives échouèrent : la corde, trop légère, atterrit dans les eaux tumultueuses, et il fallut à chaque fois la remonter.

— Il faudrait un poids, marmonna Rafe.

Mimi voulut riposter que ces gens étaient assez malins pour y avoir pensé, et se chapitra. Du calme ! Même si elle était sous le choc, elle devait rester correcte…

Ils virent Cass fourrager dans un grand sac à dos. Elle en retira un objet métallique qu'elle attacha à un lien plus long et moins épais. Au troisième lancer, ce poids atterrit sur l'herbe humide, un résultat accueilli par des exclamations triomphales de l'autre côté de la rive.

Mais le courant entraînait la corde, et Rafe se précipita pour bloquer le poids avant qu'il ne glisse dans l'eau à son tour. Mimi, qui avait couru derrière lui, l'aida ensuite à ramener la corde sur la berge. Ils n'eurent plus qu'à l'arrimer solidement à un tronc d'arbre tandis que leurs équipiers faisaient la même chose, en face.

Suivant les instructions de Cass, ils réceptionnèrent une poulie, des crochets et un câble en nylon pour mettre en place une tyrolienne improvisée.

— Quel équipement ! commenta Mimi. Je me demande où ils ont récupéré ça.

— C'est du matériel d'alpinisme, expliqua Rafe. Il doit y avoir un sportif parmi eux.

Il vérifia la solidité de l'arrimage puis accrocha le premier sac et fit signe aux pompiers. Le transfert commença, lentement d'abord, puis plus vite quand le sac descendit sur la rivière. Ils virent Cass récupérer l'objet, après quoi elle leur renvoya la poulie pour le second envoi.

L'opération se termina sans anicroche. Le matériel médical était sauf, mais Mimi continua de scruter la rivière en contrebas. Même si elle avait peur, elle voulait rejoindre Jack.

Elle mit les mains en porte-voix :

— Vous avez un harnais, Cass ? cria-t-elle.

Mais la jeune femme ne parut pas l'entendre.

— Laisse tomber, dit Rafe.

Elle n'eut aucun mal à deviner ce qu'il pensait. Il la jugeait incapable de faire cette traversée périlleuse. Il voulait y aller à sa place !

Il se comportait déjà de cette manière lorsqu'ils vivaient ensemble. Apparemment, il était toujours aussi réactif. Il prenait les problèmes à bras-le-corps et ne laissait à personne le soin de les résoudre.

Au début, elle avait apprécié sa force tranquille. Cela lui avait fait du bien de s'appuyer sur une épaule solide. Puis, avec le temps, ce côté hyper-protecteur avait perdu de son charme. Elle aurait adoré partager les « corvées » dont il s'occupait pour lui rendre service !

Craignant de le perdre, elle n'avait rien dit. Elle avait tout fait pour être à la hauteur, tant elle voulait le rendre heureux. Mais elle avait échoué.

M. et Mme Chapman avaient probablement été soulagés de cette séparation. Ils avaient dû rêver d'une belle-fille plus « conforme » à leur milieu bourgeois. Peut-être Rafe s'était-il marié, d'ailleurs ?

Elle haussa les épaules. Ce qu'il avait fait de sa vie ne l'intéressait pas. De même qu'elle n'avait aucun ordre à recevoir de lui.

— Si quelqu'un doit traverser, c'est moi, dit-elle d'un ton ferme. Je suis la plus légère.

— Hors de question !

— C'est ce qu'on va voir !

A peine avait-elle fini sa phrase qu'elle entendit un sifflement aigu. Puis elle vit la première corde — la plus lourde — revenir comme un boomerang… juste avant que Rafe ne la plaque au sol. Trois secondes après, le cordage retombait lourdement près d'eux.

Elle roula sur le côté, dans une flaque de boue.

— Tu n'avais pas besoin de faire ça ! dit-elle d'un ton accusateur.

— Tu aurais préféré que cette corde t'arrache la tête ?

Elle brossa son imperméable, outrée. Comment avait-il le culot de rire ? En face, les pompiers s'étaient figés et les regardaient. Elle composa le numéro de Cass qui décrocha immédiatement.

— Désolée, fausse manœuvre, dit la jeune femme. Vous n'avez rien ?

— Non, ne vous en faites pas. Il en faut plus pour m'arrêter.

Elle entendit Rafe maugréer dans son dos. Il disait quelque chose du style « je vais t'attacher à un arbre », mais elle l'ignora.

— Je vais essayer de trouver un autre chemin, Cass, dit-elle. La nationale, peut-être ?

— Elle est toujours fermée. Il vaut mieux oublier pour aujourd'hui. Jack va contacter les secours aéroportés et, en cas d'extrême urgence, ils enverront un hélicoptère. De toute façon, quoi qu'il se passe, vous serez la première informée.

Cass tenait à peu près le même discours que Rafe. Mais venant d'elle, la pilule passait mieux !

— D'accord, ça marche, répondit-elle, résignée. Embrassez-le pour moi.

— Pas de souci. Quand ce bazar sera terminé, on prendra l'apéritif un de ces soirs, d'accord ?

— Avec plaisir. On l'aura mérité !

Elle raccrocha, adressa un grand signe aux pompiers, puis se tourna vers Rafe. Il était en train de récupérer les crochets et le filin en nylon.

— On y va, dit-elle.

Lui tournant le dos, elle remonta la pente en direction de la route. Il la suivit sans rien dire. Lorsqu'ils arrivèrent à hauteur de l'ambulance, il se pencha pour inspecter le bas de caisse.

— J'ai une barre et un crochet d'attelage, dit-il. Je pourrais te tracter, mais cela ne servirait à rien. Il y a trop de dégâts.

— Laisse tomber. Je vais faire venir une dépanneuse.

Je n'ai plus besoin de toi, Rafe. Tu peux partir...

— N'oublie pas les médicaments listés, répondit-il un peu sèchement.

Un rappel inutile : elle savait très bien qu'elle devait récupérer certains produits narcotiques dans l'ambulance.

— Tu as sûrement beaucoup de choses à faire, reprit-elle. Vas-y. Je vais me débrouiller.

Une main de fer se referma sur son poignet. Elle se débattit, mais Rafe ne céda pas.

— Lâche-moi !

— Tu voudrais que je te laisse là, toute seule, par ce temps ? N'importe quoi !

— Lâ-che-moi, Rafe. Tout de suite.

Au contact de ses doigts, elle venait d'être projetée cinq ans en arrière. Dans une autre époque, une autre vie. Un monde où Rafe était tout pour elle.

Il desserra son étreinte, sans hâte ni lenteur exagérée. Il avait toujours eu l'art et la manière de doser ses effets pour la faire craquer...

— Reste si tu veux, reprit-elle d'un ton froid. Je ne peux pas t'en empêcher. J'appelle le garage.

Puis, l'ignorant complètement, elle sortit son téléphone de sa poche.

Du désir hostile. Si Rafe avait dû décrire la réaction de Mimi, voilà les mots qui lui seraient venus en tête. Quoique. Le désir provenait peut-être de son imagination. Pour l'hostilité, en revanche, cela ne faisait aucun doute.

Que croyait-elle donc ? Qu'il n'avait eu aucun mal à la quitter ?

Aujourd'hui, force était d'admettre l'évidence : elle avait pris sa vie à bras-le-corps. D'ailleurs, lui aussi avait remis la sienne en ordre. Partir avait été la meilleure décision possible. Ce n'était pas le moment d'avoir des regrets. Là, maintenant, alors qu'il avait tant de choses à faire...

Coincé contre un platane, le fourgon paraissait assez stable pour qu'il y monte. Il ouvrit le hayon et se hissa à l'intérieur.

— Ils m'envoient une dépanneuse, dit Mimi. Comme j'ai un véhicule prioritaire, ils seront là dans moins d'une heure.

Immobile sous la pluie battante, elle avait l'air hagard, et Rafe se sentit triste pour elle. Connaissant l'esprit d'équipe des ambulanciers, il imaginait son désarroi.

— Super…, répondit-il. On n'attendra pas longtemps.

— Que penses-tu pouvoir récupérer, là-dedans ?

— Tout le matériel portatif, à part la civière.

— Oui. Il faudra la laisser…

Elle avait croisé les bras sur la poitrine, et ne bougeait plus. Elle subissait probablement le contrecoup de l'accident de Jack, aussi décida-t-il de prendre les choses en main.

Il attrapa une grosse caisse qu'il empila sur une autre. Puis il descendit du fourgon et se dirigea vers son 4x4.

Mimi avait vécu le retour de Rafe comme un séisme. Telle une greffe imparfaite qui se détache d'une blessure, la couche protectrice qu'elle avait plaquée sur sa vie était en train de disparaître. Pour couronner le tout, elle avait dû abandonner Jack, son équipier. En comparaison, l'ambulance n'était rien. Juste la goutte d'eau qui faisait déborder le vase.

Ressaisis-toi. Tout de suite.

Elle se secoua, et aida Rafe à transporter le matériel du fourgon vers le 4x4. A la fin, il contresigna la liste des produits narcotiques. Ils venaient juste de s'assurer que tout était en ordre quand la dépanneuse arriva. Elle confia donc la clé de l'ambulance au conducteur, après quoi, épuisée et frigorifiée, elle monta dans la voiture de Rafe.

Lui-même s'installa puis se contorsionna pour ouvrir un grand sac de voyage dont il extirpa un sweater.

— Tiens, dit-il. Mets ça pour te réchauffer.

Elle n'avait pas envie d'obéir. Elle était toute chose à l'idée de porter un de ses vêtements. Néanmoins, si elle refusait, il aurait immédiatement la puce à l'oreille !

Elle retira donc son imperméable avant de se glisser dans la tiédeur du chandail en laine.

— Prête ? demanda-t-il.

— Oui ! Allons-y.

— A l'hôpital ?

— Oui, répéta-t-elle. Je dois ranger les médicaments listés dans la pharmacie.

— D'accord.

Elle se rejeta contre l'appuie-tête, soulagée. D'ici peu, ce cauchemar prendrait fin. On allait lui confier un autre véhicule avec lequel elle repartirait en mission et elle serait débarrassée de Rafe.

Définitivement.

3.

Confortablement assis en salle de repos, un thé à la main, Rafe attendait que Mimi ait fini de parler avec son responsable.

Il n'en revenait toujours pas de l'avoir retrouvée, énergique et passionnée comme au premier jour. Son caractère de battante l'avait subjugué dès le départ. Elle avait remis en cause tous les grands principes qu'on lui avait inculqués. *Un homme ne pleure pas. Il ne montre pas ses sentiments. Il gère ses problèmes seul et prend soin de la femme de sa vie...*

Quand sa mère avait été malade, elle avait essayé de le soutenir, mais il l'en avait empêchée. Habitué qu'il était à masquer ses sentiments, il n'avait pas su s'ouvrir, et elle avait fini par baisser les bras.

Il avait préféré partir pour lui épargner la tristesse et le silence qui étaient devenus leur lot quotidien. Cela ne l'avait pas empêché de souffrir comme un damné. Avec elle, il avait abandonné l'amour, un foyer chaleureux, tout ce qu'il chérissait...

Mais c'était de l'histoire ancienne. A quoi bon remuer le passé ? Leur histoire était morte et ne renaîtrait pas.

Mimi entra soudain comme une tornade, l'arrachant à ses pensées. Elle semblait furieuse contre lui. Il pouvait la comprendre jusqu'à un certain point, mais tout de même !

— Ça va ? demanda-t-il, se levant.

— Non ! Il n'y a plus d'ambulance disponible. Ils veulent me renvoyer à la maison, sauf si...

— Sauf si ?

Elle le dévisagea, l'air si contrit qu'il n'en crut pas ses yeux.

— Je m'excuse d'avoir été désagréable, marmonna-t-elle. J'aurais dû te remercier. Sans toi, j'aurais pu être assommée par cette corde.

Elle y pensait encore ? Il n'y avait pas de quoi en faire un plat… A moins que cela ne cache quelque chose ?

— De rien, répondit-il d'un ton calme. Moi aussi, je m'excuse. Je n'avais pas l'intention de t'attacher à un arbre.

— Je m'en doute. On était juste un peu à cran, toi et moi.

Après une courte pause, elle se rapprocha de lui en fronçant les sourcils.

— Mon responsable… a dit que je pouvais te donner un coup de main si tu as besoin d'aide.

Il réprima de justesse un sourire triomphal. Même si elle détestait cette idée, Mimi allait devoir travailler avec lui. Elle n'avait pas le choix !

De toute manière, c'était une question de bon sens, songea-t-il pour dompter la joie absurde qui l'envahissait. Leur histoire personnelle n'avait rien à voir là-dedans. A deux, ils seraient plus efficaces. Point à la ligne.

— Tu crois que ça peut marcher ? demanda-t-il.

Mimi inspira à fond. Il comprit qu'elle se dominait pour rester courtoise.

— Je vais tout faire pour que ça marche, répliqua-t-elle d'un ton ferme. Je ne peux pas rester chez moi, les bras croisés, sans rien faire.

L'heure n'était pas aux tergiversations. Il opina.

— Dans ce cas, j'accepte avec plaisir.

Un silence gêne tomba que Mimi rompit la première.

— Ecoute, la situation est… spéciale, murmura-t-elle. Mais on essaiera de faire comme si de rien n'était.

Pouvait-il faire semblant ? Oublier qu'il l'avait aimée à la folie et abandonnée ? Occulter la tension, les rancœurs ?

Ce serait difficile, mais Mimi avait raison. S'ils voulaient que leur « équipe » fonctionne, il n'avait pas le choix. C'était même l'occasion rêvée de tourner la page définitivement. Ainsi, quand sa mission prendrait fin, il pourrait partir sans remords ni regret.

— D'accord, dit-il. Ne parlons plus de tout ça. On recommence de zéro.

Une demi-heure plus tard, Mimi se sentait déjà mieux.

Elle avait pu passer au vestiaire pour rafraîchir son maquillage et se coiffer. Elle avait pris un imperméable sec dans son casier. Elle avait rangé le pull de Rafe dans un sac… en résistant à l'envie de le garder sur elle pour s'imprégner de son odeur. La fatigue la rendait vraiment idiote !

Décidée à suivre ses bonnes résolutions, elle traversa le parking sous la pluie battante. Rafe l'attendait, assis au volant du 4x4. Rafe, son ancien amant. L'ex-amour de sa vie… devenu son « équipier » pour une durée indéterminée.

Elle veillerait à ce que cette association marche. Le reste était de l'histoire ancienne.

Il démarra dès qu'elle fut installée à côté de lui.

— Nous devons aller à Shillingford, dit-il. Le mieux est de passer par Eardwell.

Le village où elle habitait. Pour une entrée en matière, on aurait pu rêver mieux !

— Oui, c'est la meilleure solution, répondit-elle.

— Tu veux t'arrêter voir Charlie ?

— Je l'ai appelé, tout à l'heure. Il m'a dit de ne pas m'inquiéter, que tout allait bien.

Son frère voulait se débrouiller seul au maximum pour ne pas être un « fardeau », mais elle aurait voulu l'aider davantage !

— Comment va-t-il ? s'enquit Rafe.

— Beaucoup mieux. Il joue au basketball handisport depuis deux ans.

— Génial ! J'imagine qu'il est très indépendant ?

— Oh ! que oui ! De plus en plus. Il a fait beaucoup de chemin.

Après l'accident, lorsqu'ils avaient décidé de vivre ensemble, ils avaient loué un cottage en face de chez Charlie. Et quand Rafe avait voulu partir, il avait très bien calculé sa manœuvre, conscient qu'elle ne pourrait pas le suivre. Qu'elle n'abandonnerait jamais son frère.

— A tout hasard, il ne pourrait pas nous préparer un thermos de café ?

Elle réprima un sourire. Visiblement, Rafe cherchait un prétexte pour aller voir Charlie. Ces deux-là s'étaient toujours entendus comme larrons en foire.

— Avec un sandwich en supplément ? répliqua-t-elle d'un ton léger.

— Là, ce serait Byzance ! Si tu es sûre qu'on ne va pas le déranger, appelle-le. Dis-lui qu'on arrive.

Rafe avait le cœur lourd. Jamais il n'aurait imaginé que revoir son ancienne maison lui ferait tant de peine.

Sur la route, une vague de nostalgie l'avait submergé, et maintenant qu'ils arrivaient, c'était pire. Les murs blancs du cottage qu'il avait occupé avec Mimi se détachaient sur le ciel sombre, tel un sinistre fantôme du passé…

Il ralentit et se tourna vers elle.

— Tu habites toujours ici ?

— Oui. J'ai acheté le cottage. Quand la propriétaire est décédée, ses enfants ont voulu le vendre et j'ai fait une offre.

— Tu as eu raison.

Il se mordit la lèvre inférieure. Les choix de Mimi ne le regardaient plus, mais les mots lui avaient échappé. Il avait souvent rêvé que cette adorable maison leur appartiendrait un jour…

Elle hocha brièvement la tête, signe que le sujet était clos, et lui montra du doigt la maison de Charlie, de l'autre côté de la rue. Comme s'il avait oublié ! Il n'était pas parti depuis si longtemps…

Il tourna dans l'allée, se gara le plus près possible de la porte. Puis il défit sa ceinture, mais se cala sur son siège. Il n'allait pas descendre sans y être invité. C'était le moment de faire preuve de tact.

Mimi lui adressa un sourire crispé.

— Viens dire bonsoir à Charlie, dit-elle.

— Hmm, je… Tu ne préfères pas que je reste ici ?

— Tu m'as entendue, au téléphone. Il sait que tu es là. Il ne va pas te manger !

Tout de même. L'accueil risquait d'être froid, et pour cause. Mais d'un autre côté, Rafe mourait d'envie de revoir Charlie. Il s'était souvent demandé comment son ex-beau-frère allait sans jamais oser l'appeler…

Mimi n'avait pas attendu sa réponse. Elle avait ouvert sa portière, monté la rampe d'accès en courant. Il vit la porte s'ouvrir et distingua un fauteuil roulant à la lumière du hall.

Alors, il n'hésita plus. Il se précipita et suivit Mimi à l'intérieur.

Charlie avait l'air en pleine forme. Ses grands yeux pétillaient de malice.

— C'était plus fort que toi, petite sœur !

— Qu'est-ce que j'ai fait ? demanda-t-elle, l'air innocent.

— Tu le sais très bien. Il faut toujours que tu me surveilles.

— Absolument pas ! Je suis juste venue chercher du café.

Tournant le dos, elle traversa le hall, lequel ouvrait sur un grand salon, lui-même attenant à une cuisine américaine. Charlie fit pivoter son fauteuil derrière elle, et Rafe suivit le mouvement.

— Finis donc de préparer les sandwichs ! suggéra Charlie, car elle s'était dirigée tout droit vers le plan de travail. Alors comme ça, tu es revenu, Rafe, ajouta-t-il d'un ton neutre.

— Pour quelques jours seulement. Je donne un coup de main aux collègues.

Mimi leur tournait le dos, affairée qu'elle était dans la cuisine. Rafe s'assit sur le canapé. Si Charlie voulait lui faire des reproches, autant crever l'abcès tout de suite !

— Il paraît que Jack est en carafe, et que l'ambulance est H.S. ? demanda celui-ci, l'air curieux.

— Effectivement. La rivière est en crue près de Holme. Le pont n'a pas résisté. Jack a pris un bon bain, mais il est sain et sauf. Mimi a échappé au torrent car elle était remontée sur la colline pour passer un coup de fil.

— C'est ce que j'ai cru comprendre... Elle a voulu traverser la rivière, je suppose ?

Rafe hésita, devinant qu'elle avait donné à son frère une version édulcorée de l'incident.

— Tu devrais peut-être lui poser la question.

— Je te la pose *à toi*, Rafe.

— Elle en a eu l'idée, dit-il. Je ne l'ai pas laissée faire.

Raconter comment il avait empêché Mimi de courir vers un mur d'eau était hors de question. De même préféra-t-il passer sous silence l'histoire de la corde.

— Cela ne m'étonne pas, marmonna Charlie. Merci pour elle.

— De rien. Mi... Miriam était furieuse, mais tant pis.

Le jeune homme s'esclaffa.

— *Miriam ?* Oh ! oh... Elle doit te donner du fil à retordre !

— Un peu. Ça te surprend ?

Baissant la voix, il ajouta :

— Je ne suis pas parti sur un coup de tête, Charlie. J'avais mes raisons.

— Oui, je m'en doute. Mais tout ça, c'est entre vous. Elle m'a répété cent fois de me mêler de mes affaires.

Rafe sentit une chaleur inattendue le submerger. Il avait souvent pensé que Mimi le dénigrerait, et cette idée l'avait peiné. Savoir que ce n'était pas le cas lui faisait plaisir.

— J'aimerais te demander quelque chose, ajouta son ex-beau-frère, l'arrachant à sa rêverie.

Si Charlie craignait un retour de flamme, qu'il se rassure. Rafe n'avait aucunement l'intention d'ennuyer Mimi. Il ne s'approcherait pas d'elle !

— Vas-y, murmura-t-il.

— J'aimerais que tu veilles sur ma sœur. Tu sais comment elle est, à se prendre pour une *superwoman*. Alors s'il te plaît… fais attention à elle.

— Tu as ma parole.

Il tendit la main. Charlie la serra sans hésitation, et d'un coup, Rafe se sentit mieux. Ce geste fraternel, c'était beaucoup plus qu'il n'aurait osé espérer !

— Ça me fait plaisir de te voir, reprit Charlie. Nos petites discussions m'ont manqué.

Le sourire chaleureux du jeune homme lui fit chaud au cœur. Une boule d'émotion lui serra la gorge.

— A moi aussi…

Ensemble, ils avaient passé des heures au pub à refaire le monde lorsque Mimi travaillait le soir. Il avait souvent regretté ces bons moments.

— On devrait remettre ça, ajouta-t-il.

— Quand tu veux, Rafe. Je suis partant.

Finalement, les choses ne se passaient pas trop mal.

A force de se dire que Rafe et elle étaient des adultes responsables, Mimi avait fini par accepter cette collaboration forcée. Néanmoins, une petite mise au point s'imposait.

— J'ai entendu ce que Charlie t'a demandé, tout à l'heure, dit-elle tout à trac.

— Ah oui ?

Ils avaient repris la route, et Rafe ne tourna pas la tête. Mais à sa place, dans de pareilles conditions, elle en aurait sans doute fait autant…

— Inutile de « veiller sur moi », déclara-t-elle, très ferme. Je suis assez grande pour me débrouiller toute seule. C'était sympa de vouloir rassurer Charlie, mais…

— Cela n'a rien à voir avec ton frère. Je l'aurais fait, même s'il ne m'avait rien demandé !

Rafe avait crispé les mâchoires d'une façon qu'elle connaissait bien. Elle savait à quel point il pouvait être déterminé, voire têtu. Mais aujourd'hui, elle n'avait plus à supporter son caractère.

— Ecoute, Rafe… Je vis seule depuis cinq ans. Question galères, j'ai été servie. Alors désolée si ton ego de mâle en prend un coup, mais je n'ai besoin de personne, et surtout pas de toi. J'aimerais que tu t'en souviennes !

Après cette tirade, elle respira plus librement. Elle s'était, soudain, libérée du poids qui lui pesait sur la poitrine depuis leurs retrouvailles.

Elle sursauta sous l'effet d'un coup de frein plutôt énergique. Rafe venait de se garer sur le bas-côté.

— Tu crois que c'est une question d'ego ? demanda-t-il d'un ton sec, pivotant vers elle.

— Apparemment, oui !

L'atmosphère s'était chargée d'électricité. Dans la semi-pénombre, elle croisa le regard furieux de Rafe.

— Ce que tu dis n'a aucun sens, Mimi ! On a tous les deux besoin l'un de l'autre. Si tu ne l'acceptes pas, je peux encore te reconduire chez toi, ou à l'hôpital.

— Arrête de retourner la situation à ton avantage, Rafe.

— Je ne retourne rien du tout. Et je n'ai pas fait cette promesse à Charlie parce que tu es une femme, ni parce que nous avons couché ensemble à une époque.

Voilà, il avait prononcé la phrase interdite. *Nous avons couché ensemble*. Et dire qu'elle faisait tout pour ne pas y penser !

— C'est… de l'histoire ancienne, murmura-t-elle.

Rafe esquissa une moue dubitative. Puis, soudain, il se pencha vers elle. Son odeur masculine, boisée et virile, lui chatouilla les narines, et elle frissonna. Elle avait toujours été subjuguée par son parfum…

— Mettons les choses au clair, dit-il, martelant les mots. Si tu veux venir, tant mieux, sinon, reste. Je pensais pouvoir compter sur toi, mais, apparemment, il vaut mieux oublier.

— Compter sur moi ? Pour quoi faire ?

Elle ne voyait pas en quoi Rafe, médecin énergique et débrouillard, pourrait avoir besoin d'elle !

— *Primo*, tu connais mieux ces routes que moi. *Secundo*, tu as l'habitude d'intervenir chez les gens, sur le terrain, et moi pas…

Ses arguments ne manquaient pas de bon sens. Et puis, elle devait admettre qu'elle était curieuse de le voir à l'œuvre. Ils avaient passé dix-huit mois dans le même hôpital sans jamais avoir l'occasion de travailler ensemble.

— J'aimerais… t'aider, Rafe. Vraiment.

— Parfait ! Donc, on forme une équipe ?

— Je… Oui.

— Dans ce cas, je veillerai sur toi. J'espère que tu en feras autant pour moi, comme avec tous tes collègues.

Elle écarquilla les yeux.

— Sérieusement ?

— Ai-je l'air de plaisanter ?

Tout à coup, il lui sourit, et elle eut l'impression qu'un rayon de soleil balayait l'obscurité.

— La formation des médecins coûte cher, ajouta-t-il. Si tu me sauves la vie, tu rendras service à l'Etat.

A cette minute précise, l'Etat était le cadet de ses soucis. Elle ne pouvait penser qu'à Rafe, à son sourire ensorcelant…

Quand il lui tendit la main, elle la prit machinalement. Sentant un courant électrique la traverser de part en part, elle se secoua.

— D'accord pour rendre service, dit-elle d'un ton neutre. On fera équipe, aussi longtemps que nécessaire.

Elle lui lâcha la main puis se rejeta en arrière sur son siège. Cette association devait rester professionnelle. Rafe lui avait brisé le cœur une fois : elle ne lui donnerait pas l'occasion de récidiver.

Cinq ans de plus faisaient toute la différence. Elle se sentait plus forte, plus raisonnable.

En somme, elle n'avait rien à craindre.

4.

Le premier patient sur la liste de Rafe s'appelait Toby Jones. Une voisine avait appelé les secours car le vieux monsieur, âgé de soixante-dix-huit ans, boitait après s'être entaillé la jambe.

En arrivant, Mimi était descendue du 4x4 la première. Pendant que Rafe sortait sa mallette du coffre, elle avait déjà frappé deux fois à la porte, mais sans succès.

Il la rejoignit devant le cottage.

— C'est peut-être une mauvaise adresse, dit-il.

— Non, on est au bon endroit. Je suis déjà venue.

Se penchant, elle poussa l'ouverture de la boîte aux lettres ménagée dans la porte.

— Toby ! Ouvrez, c'est Mimi ! cria-t-elle.

— Espérons qu'il puisse encore marcher…

— Mais oui, ne t'inquiète pas. Il doit se cacher dans la cuisine.

Tout en parlant, elle s'était dirigée vers le côté droit de la maison, et il la suivit. Ils se frayèrent un chemin entre le mur et une haie ruisselante d'eau puis descendirent deux petites marches. Bientôt, ils se retrouvèrent dans un jardin coquet, impeccablement entretenu, et Mimi gagna la porte arrière.

— Toby, ouvrez ! répéta-t-elle.

En l'absence de réponse, elle tambourina contre le carreau. Alors, soudain, la porte s'ouvrit sur un vieil homme au visage buriné.

— Pouviez pas le dire que c'était vous ! marmonna-t-il.

— Toby ! On peut entrer ? demanda-t-elle.

— Ben oui ! Sinon, vous allez attraper la mort…

Mimi s'avança, mais Rafe demeura à l'écart, sur le seuil, en voyant que Toby lui lançait un regard soupçonneux.

— Je vous présente le Dr Chapman, dit Mimi, répondant à la question muette de leur hôte.

— Où est passé l'autre gars ?

— Jack est coincé à Holme. Il ne peut pas redescendre.

Toby hocha la tête puis, d'un geste, invita Rafe à entrer.

Il s'exécuta, suivant Mimi. Parvenu au milieu de la pièce, il découvrit un border collie couché dans un panier devant le poêle. De l'autre côté du feu, on avait installé un fauteuil inclinable recouvert de plusieurs plaids. L'ensemble offrait un tableau charmant. La petite cuisine avait beau être démodée, elle était propre comme un sou neuf !

— Quel bon vent vous amène ? demanda Toby, en s'asseyant à la grande table de chêne patiné.

— Mme March nous a téléphoné. D'après elle, vous êtes blessé à la jambe, expliqua Mimi d'un ton ferme.

Le vieil homme se rembrunit.

— Oh ! ça, c'est rien du tout !

— Peut-être, mais puisqu'on s'est déplacés, il faut qu'on vous examine. C'est le règlement, ajouta-t-elle, tempérant son propos d'un sourire charmeur.

— Vous deux ? protesta Toby. Une personne ne suffit pas ?

Rafe vit Mimi se tourner vers lui. Elle souriait toujours, et cette vision lui fit du bien. La trêve qu'ils avaient conclue était fragile. Une étincelle pouvait relancer les hostilités…

— Non, cela ne suffit pas. Allez, soyez sage. J'ai eu une dure journée.

Arborant un air compatissant, Toby ne protesta plus. Mimi extirpa une paire de gants de sa poche.

— Gauche ou droite ? s'enquit-elle.

— Pff… Gauche.

Elle releva la jambe de pantalon du vieil homme avec précaution. A mi-cuisse, une large tache rouge marquait la peau laiteuse de Toby.

— Vous avez pataugé dans une zone inondée ? demanda-t-elle, formulant la question que Rafe se posait lui-même.

L'eau stagnante était souvent chargée de bactéries. A son contact, le moindre bobo pouvait s'infecter.

— Peut-être bien, marmonna Toby.

— Vous êtes monté à la ferme de votre petit-fils ?

— Ben oui, avant-hier ! Le pauvre petit gars avait besoin d'aide pour rentrer ses vaches. Son pré est devenu une mare !

— Avant-hier... D'accord... Ça a l'air douloureux, dites-moi. J'aimerais que le Dr Chapman y jette un coup d'œil, ajouta-t-elle, sans laisser à Toby le loisir de protester.

Rafe s'avança avec l'impression d'être redevenu un étudiant supervisé par un tuteur pointilleux. Réprimant un sourire, il enleva son manteau qu'il déposa sur une chaise. Puis il s'agenouilla devant Toby.

— La plaie est infectée, dit-il. Je vais faire un pansement. Ensuite, j'irai chercher des antibiotiques dans ma voiture.

— Je m'en occupe, répondit Mimi. Je vais aller dire bonjour à Mme March pour m'assurer qu'elle va bien.

Elle voulait surtout demander à la voisine de surveiller Toby ! pensa Rafe. Un excellent réflexe car la plaie aurait du mal à guérir si le blessé ne se soignait pas correctement.

Après son départ, Toby hocha la tête, pensif.

— Elle est gentille, votre copine... Elle me rappelle ma Joan. Elle avait du caractère, elle aussi !

— Mimi n'est pas ma « copine ». Nous sommes collègues.

— A d'autres ! Je sais de quoi je parle. Avec ma Joan, on était peut-être comme chien et chat, mais on a quand même eu cinq gosses et douze petits-enfants. Le tout, c'est de ne jamais laisser la nuit tomber sur une dispute.

Toby hallucinerait s'il savait que la « dispute » en question durait depuis cinq ans !

— Je vous le répète, il n'y a rien entre Mimi et moi, insista Rafe.

— Arrêtez de la regarder quand elle tourne le dos, et regardez-la dans les yeux quand elle est en face de vous. Là, je vous croirai, mon petit gars.

Rafe voulut protester, mais il en fut incapable. Néanmoins, son silence ne parut pas gêner Toby.

— Le soleil va bientôt se coucher, reprit le vieil homme, sentencieux. L'horloge tourne…

Rafe soupira. Au temps pour son professionnalisme. Il s'était dit qu'il ferait semblant de rien devant les malades, mais de toute évidence, il avait échoué. La tension entre Mimi et lui devait être palpable.

— C'est… compliqué, marmonna-t-il.

— Mais non ! Au contraire, c'est simple comme bonjour. Quand on rencontre une fille qui nous plaît, on l'emmène à l'église. Un point, c'est tout !

La porte claqua, évitant à Rafe l'embarras de trouver une réponse. Mimi entra, deux boîtes d'antibiotiques dans une main, une feuille de papier dans l'autre.

— Mme March m'a donné le numéro de votre fille ! dit-elle. Voulez-vous l'appeler, Toby, ou préférez-vous que je m'en charge ?

— Puisque vous êtes là, autant que vous serviez à quelque chose, répliqua-t-il avec une grimace comique.

— Exactement ! Cela m'épargnera de m'ennuyer pendant que le médecin s'occupe de votre jambe.

Leur tournant le dos, elle sortit son mobile, et Rafe comprit qu'il allait devoir se passer d'aide pour le pansement. Non que cela soit un problème. Il avait géré des situations bien plus compliquées tout seul.

Quand il eut terminé, il alla prendre un verre dans l'égouttoir de l'évier, le remplit d'eau et ouvrit une boîte d'antibiotiques dont il détacha une gélule.

— Allez hop, avalez-moi ça, dit-il d'un ton gai. Il faudra en prendre matin, midi et soir pendant une semaine. Vous devriez vous sentir mieux d'ici à quarante-huit heures. Sinon, rappelez-nous.

— Inutile ! Ce n'est pas moi qui vous ai fait venir...

Toby avait beau jouer les durs, il paraissait profondément soulagé comme en témoignait son sourire lorsqu'il les raccompagna jusqu'à la porte en boitillant.

Il pleuvait toujours, et ils s'engouffrèrent dans le 4x4. Rafe se tourna vers Mimi.

— Apparemment, tu connais bien Toby.

— Oh ! oui ! Il y a trois ans, il s'est cassé le col du fémur en tombant chez son petit-fils. Comme j'étais de garde avec Jack, c'est nous qui l'avons emmené à l'hôpital. Ensuite, je passais le voir régulièrement. C'était génial, il avait toutes les infirmières à ses pieds ! Après sa sortie, dès qu'il a pu marcher, il est venu au poste des ambulances nous apporter une corbeille de fraises et des légumes de son jardin.

— Super !

— Oui, on s'est bien régalés. C'est un bon souvenir.

Mimi ponctua ses propos d'un sourire lumineux et, pendant une seconde, Rafe regretta qu'il ne lui soit pas adressé. Mais comment aurait-il pu rivaliser avec Jack, l'ami de toujours ? Lui-même n'était plus rien pour elle !

Allons. Cela ne devait pas les empêcher de travailler. Pour l'heure, leur équipe était bancale. Ils devaient y remédier.

Il se cala sur son siège, cherchant une manière de présenter la chose sans vexer Mimi.

— Dis-moi... De un à dix, quelle note donnerais-tu à notre duo ? demanda-t-il d'un ton léger.

Il vit Mimi rougir dans la semi-pénombre.

— Où veux-tu en venir ? marmonna-t-elle.

— J'aimerais savoir ce que tu penses de ma capacité à travailler en équipe.

— Justement, on a du travail. Il vaudrait mieux remettre les considérations psychologiques à plus tard, non ?

— Moi, je me donne un sur dix. Deux, au mieux. Et toi ? Quelle note te donnes-tu ?

Quand elle pivota vers lui, son regard lui parut étrangement brillant.

— Je… dirais un, balbutia-t-elle. Mais je vais m'améliorer.

Elle avait l'air si triste que Rafe tendit instinctivement la main vers elle. Il s'empêcha juste à temps de la toucher et se traita d'imbécile. Quelle belle façon de lancer le débat ! Tout ce qu'il avait réussi à faire, c'était la blesser !

— J'ai parlé de ça parce que *je* veux m'améliorer, répondit-il gentiment. C'est à moi de faire des efforts, pas à toi.

Elle paraissait au bord des larmes, à présent. Et dire qu'il n'avait même pas le droit de la consoler ! Il aurait payé cher pour effacer cette conversation, sauf qu'il était trop tard. A présent, il devait rectifier le tir.

— Il faut qu'on parle, Mimi… Il y a trop de non-dits entre nous. Il vaudrait mieux crever l'abcès.

— Je… Tu as raison. Mais ce n'est pas le moment. On est loin d'avoir terminé. Tu dors à l'hôpital ?

— Oui. Aux urgences, dans une chambre réservée aux médecins de garde.

— L'endroit idéal pour parler…, ironisa-t-elle.

Le silence retomba. Elle parut hésiter puis reprit :

— Tu n'auras qu'à venir chez moi. Juste… un moment.

Il opina.

— Bonne idée. Avec plaisir, Mimi.

5.

La tournée des malades venait de prendre fin.

Sur la route du retour, Rafe avait osé quelques plaisanteries pour détendre l'atmosphère. Mimi et lui avaient ri un peu trop fort, signe qu'ils étaient mal à l'aise, mais faisaient « comme si ». Il était plus de 23 heures, à présent, et une conversation délicate les attendait.

Arrivé chez Mimi, il braqua pour stationner dans l'allée… et freina au dernier moment. Il n'était plus chez lui !

— Où puis-je me garer ? demanda-t-il.

— Mets-toi sous l'abri. Ma voiture est restée à l'hôpital.

Evidemment. Il aurait dû y penser et proposer à Mimi de l'emmener là-bas pour récupérer son véhicule. Trop tard…

Il manœuvra avec précaution pour faire rentrer son gros 4x4 dans la petite remise et coupa le moteur.

— Tu es sûre que je ne te dérange pas ? s'enquit-il. Si tu es fatiguée…

— Non, ça va.

Mimi avait répondu d'un ton ferme, comme si elle s'était préparée mentalement à cette discussion. Il savait combien elle pouvait être déterminée quand elle le voulait.

Elle sortit du 4x4 et se dirigea vers la porte sans l'attendre. Puis, dès qu'elle l'eut ouverte, elle s'engouffra à l'intérieur.

Rafe la suivit et tapa ses pieds sur le paillasson de l'entrée, craignant de mettre de l'eau partout. Après quoi il pénétra dans le salon, où il jeta un coup d'œil circulaire autour de lui.

Cinq ans plus tôt, en prenant cette location, ils avaient trouvé l'endroit triste et défraîchi. La propriétaire les ayant autorisés à faire quelques travaux, ils avaient tout repeint en beige, et choisi un confortable tapis marron et crème assorti. Mais à présent, il ne reconnaissait rien.

En parfait accord avec le style du cottage, une chaleureuse teinte prune recouvrait les murs. On avait retiré le lino, posé du parquet. La table et les chaises modernes avaient laissé place à du mobilier ancien. Une vieille commode, soigneusement poncée et revernie, trônait en lieu et place de la console sans charme qui avait servi de meuble TV.

Comme il admirait cette nouvelle décoration, Mimi lui fit signe d'entrer dans la cuisine. Il la suivit et, là encore, resta bouche bée. Les portes de placard en bois qu'il avait posées avaient disparu, remplacées par des blanches. Ce n'était ni mieux ni moins bien. Juste différent.

La seule chose qu'il reconnut fut l'énorme poêle qui trônait dans un coin de la pièce. Sans doute Mimi l'avait-elle jugée trop lourd et trop encombrant pour vouloir s'en débarrasser !

Elle tira une chaise — blanche et neuve — devant le feu, puis pivota vers lui.

— Pose ton manteau ici. Il va sécher.

Il s'exécuta puis s'assit devant le nouveau bar-plan de travail, et observa Mimi qui préparait le thé. Cinq ans plus tôt, il n'avait emporté que ses affaires personnelles, estimant que laisser le reste était la moindre des choses. Mais, visiblement, elle n'avait rien gardé. Elle avait tout changé, même les tasses et les torchons…

Ce constat le chagrina bien plus qu'il n'aurait pu l'imaginer. La vie avait continué. Il devait l'admettre.

— C'est magnifique, ici, commenta-t-il. Tu as fait du bon boulot.

Mimi haussa les épaules.

— Merci.

— Donc, tu as trouvé le temps d'étudier, de t'occuper de Charlie et de rénover le cottage… As-tu eu cinq minutes de temps libre depuis cinq ans ?

Un demi-sourire éclaira ses traits fatigués.

— J'en ai eu six, environ. J'en ai profité pour manger du chocolat devant la télé.

Cette remarque lui rappela l'époque où ils vivaient ensemble. Combien de tablettes n'avaient-ils pas dévorées, le soir, blottis sur le canapé ?

— Super…, répondit-il. Tu as dû avoir besoin d'énergie…

Elle versa l'eau bouillante dans les tasses et en déposa une devant lui. Il crut qu'elle allait s'asseoir, mais, finalement, elle resta debout, accoudée au plan de travail. Sa présence la perturbait. C'était normal. Peut-être les choses iraient-elles mieux s'il parlait de lui, pour changer ?

— Je travaille au nouveau service d'urgences de l'hôpital d'Hartsholme, dit-il.

— Ah, bon ? s'exclama-t-elle, l'air étonné. J'en ai entendu parler comme d'un service ultramoderne. Apparemment, c'est le top du top ! J'ignorais que tu en faisais partie…

— J'avais besoin d'un défi, de repartir de zéro. Je n'ai pas été déçu. J'y suis depuis quatre ans et je compte y rester.

— Je… vois. Et… ta mère ?

— Elle va très bien. Elle est en rémission complète.

Cette fois, le sourire de Mimi se teinta d'une chaleur indéniable.

— Ça me fait plaisir. Vraiment…

— Merci. Je lui dirai que tu as pris de ses nouvelles. Mes parents vivent en Ecosse maintenant, alors je ne les vois plus beaucoup, mais je les ai régulièrement au téléphone.

Elle pinça les lèvres.

— Ne t'embête pas. Ils ne se souviennent probablement plus de moi. Je suis contente qu'elle aille mieux, voilà tout.

Son air tendu déclencha une sonnette d'alarme dans l'esprit de Rafe. Le vieux Toby avait raison. Pour résoudre les problèmes, il valait souvent mieux tout mettre à plat…

— Que se passe-t-il, Mimi ? Apparemment, tu te retiens de me dire certaines choses…

Elle inspira à fond et le regarda droit dans les yeux.

— Le premier hôpital où tu as travaillé, en partant d'ici… Pourquoi n'y es-tu pas resté ? demanda-t-elle.

— Je faisais un remplacement de congé maternité. J'ai toujours su que c'était temporaire.

— Et à la fin de ton contrat, subitement, tes parents ont décidé d'aller vivre en Ecosse ?

Il voyait bien où elle voulait en venir. Elle allait comprendre qu'il avait menti. Qu'il n'était pas allé vivre près de sa famille comme il l'avait prétendu. Pour la simple raison qu'il avait manqué de courage pour lui parler, lui confier ses peurs…

Néanmoins, il ne pouvait plus reculer.

— Non, répondit-il sans détour. Ils avaient prévu de déménager quand mon père a pris sa retraite. La maladie de maman a juste… retardé les choses.

Soudain, Mimi lui tourna le dos. Puis elle baissa la tête, et agrippa le comptoir tellement fort qu'il vit ses jointures blanchir.

— Comment… as-tu osé ? chuchota-t-elle dans un sanglot.

Une terrible vague de culpabilité déferla en lui. Puis, quand Mimi se retourna, il frissonna en voyant son visage crispé. En un sens, sa colère était pire que si elle avait fondu en larmes. Cette fureur masquait une blessure dont il n'avait jamais soupçonné l'ampleur, et dont il était responsable…

— Va-t'en ! ordonna-t-elle d'une voix sourde.

— Non.

Mimi dévisagea Rafe, stupéfaite. C'était bien le moment de vouloir s'incruster ! Cinq ans plus tôt, il avait pourtant filé sans demander son reste !

— Je t'ai dit…

— Oui, j'ai entendu, Mimi. Mais je ne partirai pas avant de m'être expliqué, une bonne fois pour toutes.

— Et moi, je ne veux rien entendre.

Elle enrageait tellement qu'elle avait le souffle court. S'avançant, elle se planta devant lui, les poings sur les hanches.

— Tu as toujours pensé que je n'étais pas assez bien pour toi ! s'écria-t-elle. Mais tu sais quoi ? Je m'en fiche ! J'ai fait ma vie sans avoir besoin de personne. Et maintenant, ici, c'est *ma* maison. Alors déguerpis, Rafe !

Il écarquilla les yeux, l'air choqué.

— Quoi ? Qu'est-ce que tu racontes ? Comment ça, tu n'étais pas assez bien pour moi ?

— Inutile de jouer la comédie, tu as compris. Je ne suis ni médecin ni avocate comme ta sœur. Mes parents étaient d'origine modeste. Je n'ai jamais fréquenté d'école privée…

— C'est ridicule ! Tout ceci n'a aucune importance.

— Menteur ! Si j'avais compté pour toi, tu m'aurais laissée t'aider quand ta mère est tombée malade. Au lieu de cela, *monsieur* a pris ses cliques, ses claques, et la poudre d'escampette !

Rafe leva les deux mains, comme s'il voulait repousser ces accusations.

— Tu avais assez de soucis ! Avec Charlie…

— Ne prends pas ce prétexte, s'il te plaît. La vérité, c'est que tu m'as complètement exclue. Tu t'es investi à fond pour Charlie et pour moi, mais tu ne m'as jamais donné l'occasion de te rendre la pareille.

Elle sentit des larmes brûlantes lui piquer les yeux, mais s'obligea à poursuivre :

— Comment crois-tu que j'ai pris la chose quand tu m'as tourné le dos alors que je voulais te soutenir ?

Rafe ne répondit rien. Sans doute n'avait-il jamais deviné combien elle avait souffert, mais au fond, peu importait. Elle se sentait mieux, maintenant. Elle s'était libérée d'un poids. A l'époque, elle aurait peut-être mieux fait de vider son sac.

— Ce n'était pas… Je n'ai jamais voulu te « tourner le dos », murmura-t-il.

Elle vit ses mains trembler légèrement. Puis il se leva et commença à arpenter la cuisine de long en large. Enfin, il manifestait un semblant d'humanité ! C'était un peu tard…

Finalement, il s'arrêta devant elle. Mais elle détourna les yeux et sursauta quand il lui effleura le bras.

— Mimi, regarde-moi.

Elle fit la sourde oreille. Rafe retira sa main, mais sans reculer d'un pouce.

— OK, ne me regarde pas, mais par pitié, écoute-moi, reprit-il. Quand le ciel m'est tombé sur la tête… j'aurais voulu m'appuyer sur toi. Simplement, je n'ai pas su comment faire. Chez moi, on m'a toujours dit que parler ne servait à rien, qu'il fallait agir et se taire. Que, pour un homme, confier ses problèmes était un signe de faiblesse.

— Pourtant, tu n'avais qu'à demander, Rafe…

Son visage tendu, son air triste la réduisirent au silence. Visiblement, il était sincère.

— Ce n'était pas aussi simple, Mimi. Mon propre père, celui qui m'avait inculqué tous ces grands principes, a craqué quand ma mère est tombée malade. Il était tellement malheureux qu'il s'est replié sur lui-même, et moi, j'ai fait la même chose. A ce moment-là, j'ai eu l'impression de devenir un fardeau pour toi.

Muette de stupeur, elle le fixa. Elle n'avait jamais vu le problème sous cet angle…

— Si seulement tu me l'avais dit !

— Cela n'aurait rien changé. De toute manière, j'en aurais été incapable. Je pensais que raconter sa vie n'était pas une option…

— Et partir, c'était mieux, peut-être ?

D'une certaine façon, oui, songea-t-elle. Elle s'était sentie libérée. Elle avait comblé le vide par une activité incessante, et, maintenant, elle pouvait être fière du résultat.

— Pour toi, oui, répondit-il, en écho à ses propres pensées. Regarde ce que tu as réussi à faire !

— Mais… et toi ?

— J'ai appris à gérer mon stress pour bien épauler ma mère. C'était compliqué, mais j'ai réussi. Quant à mon père, il a appris à envoyer des textos, ajouta-t-il avec un rire sans joie.

— Ça marche ?

— Pas trop mal. Dès qu'il s'inquiète, il envoie un SMS à ma sœur, ou à moi, ou à nous deux si c'est plus grave. On appelle ma mère, on discute. Après cela, elle prend papa entre quatre yeux et le recadre.

— Et… ils sont heureux comme ça ?

— De vrais tourtereaux ! Enfin, des tourtereaux discrets. Mon père n'a jamais été très expansif. Simplement, avec la maladie, nous avons contourné l'obstacle.

Rafe marcha vers le poêle et prit son manteau. Elle le regarda, le cœur serré. Elle avait voulu qu'il parte, mais, maintenant, ce n'était plus la même chose.

— Attends, murmura-t-elle. Tu n'as pas bu ton thé.

— Ah, c'est vrai. Merci.

Il se réinstalla devant son mug tandis qu'elle s'asseyait face à lui, et le calme retomba. C'était finalement assez agréable de se trouver dans la même pièce sans se déchirer…

— Pourquoi es-tu venu ce soir ? reprit-elle au bout d'un moment. Et pourquoi es-tu venu, tout court ? Il était évident que nous allions nous rencontrer.

— Quand ils ont fait appel aux volontaires, je n'ai pas réfléchi. Je me suis dit que si on se croisait, j'aviserais en temps utile. Et pour ce soir… j'avais besoin de m'expliquer. Puisque tu me détestes, autant que ce soit pour les bonnes raisons.

Elle voulut confirmer, dire qu'elle le haïssait, mais les mots se bloquèrent dans sa gorge. En était-elle sûre ? Elle baissa la tête, perturbée, quand le téléphone de Rafe sonna.

Il soupira puis prit le mobile qu'il avait abandonné sur le plan de travail.

— Dr Chapman… Oui… Non, je n'étais pas couché. Envoyez-moi tout par SMS. J'y vais.

— Que se passe-t-il, Rafe ?

— Un problème dans la maison de l'écluse. Les pompiers sont sur place. Il leur faut un médecin.

— Je t'accompagne.

— D'accord. Je n'aurais pas osé te le demander, mais je vais sans doute avoir besoin de toi.

Elle croisa son regard, y lut confiance et gratitude. Elle sut alors que, quoi qu'il advienne, ils formeraient une équipe solide. Pour ce soir-là, au moins, c'était l'essentiel.

Le jour de son départ, Rafe aurait dû comprendre que l'indifférence qu'elle affichait n'était qu'un leurre. Une façade destinée à masquer son chagrin.

Il avait été soulagé de pouvoir faire ses valises sans scène et sans effusion. Tellement soulagé qu'il n'avait pas vu plus loin que le bout de son nez.

A l'époque, il avait cru agir pour le bien de la femme qu'il aimait, mais il avait eu tout faux. Mimi n'était pas sortie indemne de cette histoire. Au contraire, il l'avait profondément blessée.

Malgré tout, il avait du mal à comprendre pourquoi elle s'était dévalorisée de la sorte, un peu plus tôt. « Pas assez bien pour lui » ! Qu'avait-elle voulu dire ? Il brûlait de le savoir, mais devrait attendre. L'heure n'était pas aux conversations personnelles.

— Rafe ! Tu as pris la mauvaise route.

La voix de Mimi le ramena d'un coup à la réalité. Ils étaient arrivés à une bifurcation qu'il connaissait bien car il empruntait souvent l'autoroute à partir de là, autrefois. Mais ce soir, il aurait dû tourner à gauche, pas à droite !

— Désolé, marmonna-t-il.

Avec précaution, il fit demi-tour sur la nationale déserte, en évitant le bas-côté inondé, et, bientôt, ils arrivèrent en vue de l'écluse automatique, laquelle était en train de déborder.

— Oh non, catastrophe ! s'exclama Mimi. Il n'y a plus d'éclusier depuis longtemps. La maison, qui est devenue une résidence secondaire, appartient à des Londoniens. Mais je ne pensais pas que les propriétaires étaient là.

— Selon les pompiers, il y a bien quelqu'un, répondit-il.

La situation était inquiétante, pour ne pas dire critique. L'eau avait dû monter très vite. Elle atteignait maintenant les fenêtres du premier étage.

Le véhicule des secours était stationné un peu plus loin, en haut d'une butte. Rafe se gara près du camion puis descendit du 4x4 et se présenta au chef des pompiers.

— On ne peut pas mettre la grande échelle, on n'aura jamais de prise, expliqua celui-ci. On va devoir y aller en canot à moteur. On cassera une vitre. D'après nos informations, il y a un blessé à l'intérieur. On n'a pas plus de précisions.

— D'accord. On vient avec vous.

— Une personne seulement. Il y aura deux pompiers, plus les deux gars, là-bas. Donc, il ne reste qu'une place.

Le chef des pompiers avait désigné deux hommes de grande taille qui s'abritaient sous les arbres, un peu plus loin.

— Ce sont des policiers en civil, ajouta-t-il. Il y a des cambrioleurs dans la maison.

— Quoi ?

Rafe pivota en entendant la voix de Mimi. Il ne s'était pas rendu compte qu'elle l'avait rejoint. Elle semblait catastrophée.

— Eh oui, dit le chef des pompiers. Quand l'alarme s'est déclenchée, la compagnie a prévenu la police. Ils sont vite arrivés, mais comme l'eau montait, ils nous ont téléphoné.

— Les cambrioleurs sont peut-être partis avant la grosse inondation, murmura Mimi en tendant le cou vers la maison.

— Non, ils sont toujours là. Le cottage est équipé d'alarmes dernier cri, avec détecteurs sensoriels, webcams, etc. Celles du bas sont H.S., mais celles du haut fonctionnent toujours. D'après nous, il y aurait deux gars, dont un blessé.

— Et la police fait profil bas pour ne pas envenimer les choses, intervint Rafe.

— Exactement. Si ces loustics pensent qu'il n'y a que les pompiers et un médecin, il y aura peut-être moins de grabuge. Logiquement, quatre hommes devraient suffire pour les maîtriser. Le canot sera prêt dans dix minutes.

— OK. On va attendre en voiture, répondit Rafe.

Le chef des pompiers, levant les yeux au ciel, soupira.

— Comme je vous comprends… A tout de suite.

Dès qu'ils se furent rassis dans le 4x4, Rafe pivota vers Mimi. Sa décision était prise. Il voulait que les choses soient claires.

— Je vais y aller, annonça-t-il.

Elle soutint son regard. Pour une fois, elle n'avait pas l'air fâchée, mais il lut la détermination dans ses yeux.

— C'est mon travail, dit-elle.

Même si cela faisait partie de ses missions, il s'en moquait. Il ne la laisserait pas courir le moindre risque !

Il inspira à fond pour conserver son calme.

— Ecoute, Mimi… Dans ce genre de situations, je pense être plus habile de mes poings que toi.

— Tu veux frapper le patient ? demanda-t-elle, un soupçon de malice dans la voix.

— Arrête de faire l'idiote.

— Ce n'est pas mon genre… Et je te rappelle que, dans notre *équipe*, je suis la personne formée aux interventions de terrain. Je travaille régulièrement avec les pompiers et la police. Je connais les procédures par cœur, et je sais ce qu'ils attendent de moi.

Rafe voulu se raccrocher au dernier argument qu'il avait sous la main :

— Tu dois toujours en référer à un médecin, non ?

Elle croisa les bras sur la poitrine.

— Exact. Donc, à toi de décider. Avec toute l'objectivité professionnelle dont tu es capable…

Et voilà. Elle lui coupait l'herbe sous le pied. Il n'avait pas le choix. Mais que cette décision était difficile à prendre !

— Je te laisse y aller, dit-il, la mort dans l'âme. Tu es la plus qualifiée pour cette mission.

— Merci.

Il vit son visage se détendre, ses traits s'adoucir.

— Ne t'inquiète pas, ajouta-t-elle. Tout va bien se passer.

— Il y a intérêt. Sinon, gare à toi !

Le rire cristallin de Mimi résonna comme une douce musique à ses oreilles. Et quand, un peu plus tard, elle grimpa dans le canot, il eut l'impression de l'entendre encore.

6.

Les deux policiers n'avaient eu aucun mal à briser une vitre, ni à ouvrir la fenêtre de l'étage qui donnait sur un petit balcon.

Quand le premier pompier les suivit à l'intérieur, Mimi demeura sagement assise dans le canot. Ils devaient assurer sa sécurité avant de l'autoriser à venir. C'était la règle. Personne n'y dérogeait, sauf urgence absolue.

Au bout de cinq minutes, le pompier réapparut et quand il lui tendit la main, elle l'agrippa pour monter sur le balcon, tandis que le second sauveteur la poussait aux fesses sans cérémonie. Efficacité oblige !

Suivant son guide, elle longea un couloir et se retrouva bientôt dans une chambre éclairée par des lampes torches. L'électricité venait, apparemment, de sauter.

Un jeune homme d'une vingtaine d'années était allongé sur le lit. Les yeux fermés, il gémissait de douleur sous le regard inquiet du policier penché sur lui. L'autre inspecteur, lui, surveillait un garçon plus jeune qui s'était assis dans un coin de la pièce.

— Il n'est pas armé. Et je n'ai vu de saignement nulle part, annonça le premier officier.

— Merci.

Mimi prit place de l'autre côté du patient et sentit son cœur se serrer. Même s'il avait fait une grosse bêtise, c'était presque un enfant.

— Bonjour, dit-elle. Je suis ambulancière secouriste.

Aucune réponse. Le blessé avait l'air conscient, mais il n'ouvrit pas les paupières. Elle pivota vers l'autre cambrioleur.

— Comment s'appelle ton ami ?

Le garçon sanglotait, le visage enfoui dans les mains. Le policier qui le surveillait se pencha vers lui.

— Allez, mon gars ! Donne-nous le nom de ton copain.

— Terence… Arthur Wolfe. Entre nous, on l'appelle Wolfie.

Mimi tapota la joue du blessé, lequel finit par ouvrir les yeux.

— On est des sauveteurs, Wolfie ! On est là pour toi.

Sans perdre de temps, elle commença à l'examiner, tout en s'adressant à l'autre voleur par-dessus son épaule :

— Que s'est-il passé, au juste ?

— Wolfie… est descendu au rez-de-chaussée, dit-il. Moi, je voulais pas, mais il a dit qu'il y avait plein de trucs à récupérer. Sauf qu'en bas, tous les meubles, ils flottaient. Et Wolfie a été projeté contre un mur par une grosse armoire.

— A-t-il été sous l'eau ?

Elle en doutait car les cheveux du patient étaient secs. Néanmoins, elle voulait s'en assurer.

— Non, madame.

— A-t-il perdu connaissance ?

— Je crois pas. Quand je l'ai entendu crier, je suis vite descendu et je l'ai remonté jusque-là.

Mimi avait déjà constaté que le patient avait deux doigts brisés et plusieurs côtes cassées. Il respirait bien, mais dans ce genre de situation, on pouvait craindre une hémorragie interne. Elle pivota vers les pompiers.

— Il nous faudrait une coque, annonça-t-elle.

— On en a une dans le camion, répondit l'un d'eux.

— Génial…

Sans attendre, elle prit son mobile et composa le numéro de Rafe.

Rafe, qui attendait l'appel de Mimi avec impatience, décrocha à la première sonnerie tout en marchant vers l'eau. Dès qu'il avait vu le canot revenir, et le chef des pompiers sortir une coque du camion, il avait deviné que la situation était grave. Mimi ne fit que confirmer ses craintes.

— Je te rejoins ! dit-il.

Il aida le pompier qui se trouvait à bord à charger le matériel puis grimpa dans le canot.

A l'arrivée, c'est à peine s'il attendit le feu vert pour entrer. Parvenu au milieu du couloir, il croisa un policier, lequel escortait un jeune garçon vers la fenêtre. Ce lascar-là serait conduit au poste directement. Son complice, lui, n'avait pas eu la chance de s'en sortir indemne.

Dans la chambre, il découvrit Mimi agenouillée sur le lit. Elle donnait des directives au pompier resté avec elle pour que celui-ci plaque bien le masque à oxygène sur le visage du patient.

Une vague de tendresse et d'admiration le submergea. Depuis un quart d'heure, elle dirigeait le sauvetage dans des conditions difficiles, et son sang-froid forçait le respect.

Heureusement qu'il l'avait laissée monter dans le canot ! Comme autrefois, son réflexe avait été de la protéger, mais ce vieux scénario ne tenait pas la route. Elle était une professionnelle aguerrie, indépendante. Il devait la considérer comme sa partenaire, non comme une femme fragile.

— Egratignures, contusions multiples. Index et majeur gauche fracturés, trois ou quatre côtes cassées, annonça-t-elle. Douleur à l'abdomen et à l'épaule du côté gauche. Tension et pouls à la limite de la normale, un peu faibles.

— Tu penses à un éclatement de la rate ? demanda-t-il.

Elle s'était probablement retenue de « poser » un diagnostic par respect pour lui. Mais sur le terrain, la hiérarchie importait peu. Seul comptait le résultat.

— Oui, dit-elle. A mon avis, on peut exclure la prise de stupéfiants. Son haleine ne sent pas l'alcool et, d'après l'autre gars, ils n'avaient pas consommé de drogue... *Aïe !*

Le patient venait de lui agripper la veste avec une force insoupçonnée, la faisant tomber à plat ventre sur le lit.

— Donne-moi un truc, ma jolie..., marmonna-t-il.

Rafe se précipita pour intervenir, tandis que le pompier allongeait un bras protecteur. Mais elle les retint du geste.

— Lâche-moi, Wolfie, ordonna-t-elle, très ferme. Sinon, je ne pourrai rien faire pour t'aider.

Le jeune homme obtempéra puis gémit en portant la main à son côté gauche. Le pompier lui réappliqua fermement le masque sur le nez.

— Ça va, Mimi ? demanda Rafe.

— Mais oui ! Je ne m'attendais pas à ce qu'il ait tant de force, répliqua-t-elle avec un petit sourire.

— Tu m'étonnes… Bon, je vais l'examiner.

Une palpation minutieuse déclencha des cris de protestation chez Wolfie qui réclama un calmant en des termes plutôt imagés !

— Tu as vu juste, pour l'éclatement de la rate, conclut Rafe. On va lui mettre une couverture chauffante, le laisser sous oxygène, et surveiller son pouls et sa tension. Tu es d'accord ?

Elle parut étonnée qu'il lui demande son avis, mais se reprit rapidement.

— Bien sûr. On ne peut rien faire de mieux.

— As-tu du sulfate de morphine ?

— Oui, et du Naloxone.

Wolfie n'était visiblement pas sous l'emprise de stupéfiants. Mais dans le cas contraire, le Naloxone inverserait les effets de la morphine.

Mimi s'installa sur la table de chevet pour préparer une seringue qu'elle lui tendit. Mais il secoua la tête. En sa qualité de technicienne paramédicale, elle avait le droit d'injecter de la morphine.

— Non, Mimi. C'est ton patient.

Son sourire reconnaissant le toucha. Pourtant, il ne lui avait fait aucune faveur. Il était sincère en disant que cette manipulation lui revenait de droit.

Après avoir fait la piqûre, elle resta assise près de Wolfie, le temps que le calmant fasse effet. Après quoi elle réussit à le perfuser dès la première tentative. Un exploit, étant donné le manque de lumière et les conditions difficiles dans lesquelles elle travaillait !

Dès que Wolfie commença à somnoler, ils le sanglèrent dans la coque puis sortirent dans le couloir. Ils virent que le pompier resté dehors essayait de stabiliser le canot, aidé par le second inspecteur.

— Je vais y aller, dit Rafe. J'ai plus de force que toi.

Cette fois, Mimi ne protesta pas.

— Tu as raison. Ils reviendront me chercher plus tard.

— Merci, murmura-t-il. A tout de suite.

Cette fois, ils avaient vraiment formé une équipe. Nul ne pouvait en douter.

Rafe avait supervisé le transfert de Wolfie dans l'ambulance puis il avait appelé l'hôpital pour informer les urgences de l'arrivée d'un patient avec éclatement de la rate. Ensuite, il avait fourragé dans son sac de voyage pour trouver un pantalon de sport qu'il avait troqué contre son jean trempé à l'arrière du 4x4.

Quand il s'était assis au volant, Mimi somnolait déjà sur le siège passager. Elle avait dormi pendant tout le trajet. Et maintenant qu'ils étaient arrivés chez elle, elle peinait visiblement à refaire surface.

— On est quel jour ? demanda-t-elle en bâillant.

— Hmm… Jeudi, je crois. Oui, c'est ça.

— D'accord. Qu'est-ce que tu vas faire ?

— Je vais vite aller me coucher. Je suis mort, et je suis censé reprendre du service dans quelques heures.

Elle haussa les épaules.

— Tu ferais mieux de rester là. Tu vas très mal dormir à l'hôpital. En plus, il faut que tu laves tes vêtements. Et puis, comme ça, tu n'auras pas à revenir me chercher.

— Je croyais que tu étais de repos demain et après-demain ?

— Exact. Mais je ne m'imagine pas rester sans rien faire quand tous les services d'urgence sont débordés. Je préfère travailler… enfin, si tu veux bien de moi.

Il esquissa une petite grimace.

— Et toi ? Tu pourras me supporter ?

Un sourire éclaira le visage fatigué de Mimi.

— J'essaierai.

Elle ouvrit sa portière et mit un pied dans la cour.

— Alors, tu viens ?

Il descendit pour aller chercher son sac dans le coffre avant de la suivre à l'intérieur, épuisé. Elle l'emmena directement dans la chambre d'amis où elle prit encore la peine d'enlever le linge qui séchait et de replier son étendage.

— Va donc te coucher, dit-il.

— Oui, j'y vais ! Laisse tes affaires à laver dans la salle de bains. Je ferai tourner une machine demain.

— D'accord.

— Je vais te chercher une serviette.

Elle reparut deux minutes plus tard, apportant un drap de bain.

— Voilà ! Si tu n'as plus besoin de rien…

— Non, merci, ne t'inquiète pas. Va te coucher, répéta-t-il.

Si Mimi ne tenait plus debout, lui-même ne valait guère mieux. Néanmoins, il trouva la force de prendre une douche rapide avant de se mettre au lit.

Quant au reste… Il n'avait pas le courage de réfléchir à ce qui se passerait le lendemain matin. Mimi et lui risquaient d'être gênés, mais il refusait d'y penser. Il voulait juste dormir…

Lorsqu'il se réveilla, quelques heures plus tard, il eut la sensation de se trouver dans un endroit inconnu. Rêvait-il ? Il percevait une délicieuse odeur d'agrumes, comme celle du savon citronné de Mimi. Etait-elle là, allongée près de lui, vêtue d'une nuisette affriolante ?

Il ouvrit les paupières. Mauvaise pioche. La place à côté de lui était vide. En revanche, la bonne odeur de bacon grillé qui lui chatouillait les narines ne semblait nullement le fruit de son imagination.

Tout engourdi, il se leva et s'étira avant d'aller ouvrir les rideaux. Le ciel était toujours menaçant, mais au moins, il ne pleuvait plus. C'était déjà quelque chose.

Il pivota vers la chambre et eut soudain l'impression de recevoir un uppercut en pleine poitrine. Ce grand lit en pin massif… Fatigué comme il l'était, il n'y avait pas prêté attention, la veille, mais c'était celui qu'il avait partagé avec Mimi, autrefois !

D'ailleurs, cette pièce était une vraie caverne à souvenirs. Mimi avait casé là plusieurs objets de leur vie commune, ceux dont elle ne s'était pas débarrassée. Comme cette coiffeuse ancienne en merisier massif pour laquelle elle avait eu un coup de cœur dans une vente aux enchères, et qu'il lui avait offerte.

Elle l'avait décapée, polie, revernie avec soin. Ils l'avaient mise dans leur chambre. Elle était devenue le symbole de leur amour…

Allons, le passé était mort. Rafe avait cru oublier Mimi. Il savait maintenant qu'il n'en était rien, mais cela ne faisait aucune différence. Il était trop tard pour revenir en arrière.

Il espérait juste qu'avec le temps, ils deviendraient amis. Depuis l'intervention à l'écluse, leurs relations s'étaient améliorées, et il y croyait sincèrement.

Fort de cette pensée positive, il s'enroula dans le drap de bain que Mimi lui avait prêté. Inutile de s'habiller pour gagner la salle d'eau : il lui suffisait de faire trois pas dans le couloir. De toute façon, à en croire les bonnes odeurs qui montaient de la cuisine, Mimi devait être en bas !

Cette conjecture se révéla entièrement fausse.

Il venait juste de passer dans le couloir quand il la vit sortir de sa chambre. Il eut à peine le temps d'apercevoir son uniforme vert puis de croiser son regard : très vite, elle fit demi-tour et claqua sa porte.

— Pardon ! Toi d'abord ! cria-t-elle.

— Merci…

Surpris, il marqua un temps d'arrêt. Ce n'était pas la première fois qu'elle le voyait en tenue légère, tout de même ! Alors pourquoi avait-elle sursauté à ce point ? Et pourquoi cette réaction avait-elle provoqué en lui une vague de chaleur inattendue ?

Décidément, les choses n'étaient pas aussi simples qu'elles le paraissaient. Son challenge, durant les prochains jours, serait d'éviter qu'elles ne se compliquent trop !

7.

Mimi n'avait pas quitté sa chambre avant d'avoir entendu couler l'eau de la douche. Alors seulement, elle était descendue à la cuisine où Charlie était en train de préparer le petit déjeuner.

Elle avait ensuite guetté le moindre bruit — sous le regard moqueur de son frère. Puis, quand elle avait été sûre que Rafe avait fini, elle était remontée à la salle de bains pour prendre le linge sale…

A son retour, Charlie la gratifia d'un sourire malicieux.

— Tu fais sa lessive, maintenant ?

— Oh ! ça va ! marmonna-t-elle. Il est censé dormir aux urgences, il ne peut pas faire ça là-bas. Et on n'aura pas le temps de courir à la laverie du coin.

Elle pinça les lèvres. Charlie avait levé les deux mains en signe de capitulation, mais il souriait toujours, et elle comprit qu'elle s'était justifiée un peu trop vigoureusement.

Lui tournant le dos, elle laissa tomber sa pile de linge près de la machine encastrée au bout du plan de travail. Puis elle attrapa le jean de Rafe dont elle explora machinalement les poches. Il y avait quelques pièces de monnaie dans la droite. Quant à la gauche… elle n'eut même pas besoin de la vider pour reconnaître ce qu'elle cachait.

La montre en or blanc de Rafe.

Elle la prit délicatement et l'effleura du bout des doigts. Jamais elle n'aurait cru la revoir…

— Regarde-moi ça ! commenta Charlie.

— Oui… Il a dû la retirer hier soir pour ne pas l'abîmer pendant le sauvetage à l'écluse.

Même si la famille Chapman était aisée, c'était le seul objet précieux auquel Rafe avait jamais attaché une quelconque importance. Et encore, pas pour son prix : cette montre avait surtout une valeur sentimentale.

Le jour où il avait rejoint la fac de médecine, son grand-père la lui avait offerte. Le vieil homme avait fait insérer sous les aiguilles l'antique pièce de six pence qu'il avait toujours gardée sur lui. « J'ai eu beaucoup de chance dans ma vie, avait-il expliqué. Tu es mon seul petit-fils, alors maintenant, je te la donne. Elle te portera bonheur. »

Mimi avait été très émue quand Rafe lui avait raconté son histoire, et, chaque jour, elle l'avait regardé mettre ce bijou à son poignet gauche. C'était l'un de ses premiers gestes matinaux…

— Heureusement qu'elle n'est pas passée dans la machine ! s'exclama Charlie.

Elle posa la montre sur la table puis détourna les yeux. Tous ces souvenirs, c'était trop. Elle n'avait pas envie de les laisser remonter à la surface.

— Oui, heureusement…, murmura-t-elle.

Perturbée, elle fourra le linge dans la machine et elle venait de tourner le bouton quand Rafe apparut.

Elle avait cru que le voir tout habillé serait mieux pour sa tranquillité d'esprit, mais elle s'était trompée. En chemise blanche et jean moulant, il dégageait un tel pouvoir de séduction qu'elle sentit le rouge lui monter aux joues. Elle avait toujours admiré ses épaules larges, ses hanches étroites. Son corps parfait qui lui avait donné tant de plaisir…

— As-tu vu…

Il semblait chercher quelque chose. Elle se ressaisit.

— Sur la table…

— Ah, merci !

Pour ne plus le regarder, elle fixa la machine comme une idiote. Heureusement, Charlie vint à son secours.

— Salut, Rafe ! dit-il d'un ton gai. Bien dormi ?

— Comme un bébé. Je me serais beaucoup moins reposé à l'hôpital.

— Oui, je m'en doute. Assieds-toi. Le petit déjeuner sera bientôt prêt.

Mimi entendit le bruit d'une chaise puis le rire incrédule de Rafe.

— Charlie ! Tu es… debout !

Elle pivota et vit que son frère avait quitté son fauteuil roulant pour aller s'asseoir sur un tabouret haut, près de la plaque de cuisson.

— Eh oui, répliqua-t-il avec un sourire jusqu'aux oreilles. Il m'a fallu des mois d'effort, mais j'y arrive.

Rafe secoua la tête, l'air estomaqué.

— C'est vraiment génial…

Mimi avait eu la même réaction quand elle avait vu son frère repousser la main du kinésithérapeute pour s'appuyer sur des barres parallèles. Quel chemin il avait parcouru depuis ! A présent, il marchait un peu chaque jour, et même plusieurs fois par jour.

La joie de Rafe faisait plaisir à voir au point qu'elle se sentit coupable de l'en avoir privé. Elle aurait pu lui envoyer un SMS pour lui parler de Charlie… si elle n'avait jugé préférable de le bannir totalement de son existence.

— As-tu des nouvelles de Jack ? demanda-t-il, souriant toujours.

— Oui, j'ai reçu un texto il y a une demi-heure. Comme Holme est complètement coupée du monde, il reste là-bas. Le central lui a dit de ne pas s'inquiéter. De toute façon, même s'il avait pu revenir, il n'y a plus d'ambulance disponible.

— Donc, en attendant, tu continues avec Rafe, commenta Charlie, non sans malice.

Tais-toi, eut-elle envie de répondre, mais elle se contenta de lui jeter un coup d'œil assassin qu'il ignora complètement. Il se mit à remplir trois assiettes de pain grillé, d'œufs, de bacon et de haricots blancs. Comme autrefois, lorsqu'ils prenaient le petit déjeuner ensemble avec Rafe. C'est-à-dire, tous les week-ends…

Rafe observait Charlie d'un air admiratif. Sans doute avait-il envie de l'aider, mais il le connaissait bien : il ne fallait surtout pas intervenir sans son autorisation !

— Tiens, Mimi, prends les assiettes, dit Charlie.

— Hmm ! Ça sent bon, commenta-t-elle. Je meurs de faim…

— Moi aussi !

Rafe avait parlé derrière elle, mais elle n'osa pas se retourner pour lui sourire. Néanmoins, du coin de l'œil, elle le vit allonger le bras pour serrer la main de Charlie.

— Ça me fait plaisir de te voir sur tes deux jambes, mon gars, dit-il d'une voix émue.

Ses assiettes à la main, elle s'approcha de la table puis se retourna… et elle faillit tomber à la renverse. Rafe avait pris Charlie dans ses bras ! Pour son frère, une étreinte amicale n'avait rien d'extraordinaire. Pour Rafe…

— Je suis désolé d'avoir raté ça, ajouta-t-il.

Cette phrase la stupéfia autant que la scène qui se déroulait sous ses yeux. L'ancien Rafe aurait remâché ses regrets, sans jamais en parler. Mais voilà que, maintenant, il exprimait ses émotions. Avait-il changé à ce point ?

Elle haussa les épaules. Ce qu'il était devenu ne la concernait pas. Elle ne voulait pas s'y intéresser. Moins elle ferait attention à lui, mieux cela vaudrait.

Du reste, elle n'eut pas le loisir de se poser davantage de questions : à peine avaient-ils fini de manger que le mobile de Rafe sonna. Heureusement, après six heures de sommeil et un bon petit déjeuner, elle se sentait prête à soulever des montagnes. Et puis au moins, il faisait jour !

Ils prirent la route rapidement pour leur première intervention de la journée. Néanmoins, ils durent s'arrêter à mi-parcours : la nationale s'était affaissée. Le creux, long de plusieurs mètres, était rempli d'eau boueuse.

— Avec le 4x4, ça ira peut-être ? suggéra Mimi, pleine d'espoir.

Rafe secoua la tête.

— Je préfère ne pas m'y risquer. S'il y a des ornières en dessous, on ne les verra pas et si on tombe dedans, on aura du mal à s'en sortir.

— Tu as raison.

— Mieux vaudrait faire le tour par là-bas.

Il désignait du geste une route secondaire, sur leur gauche. Au bord du chemin, à demi-submergée, une pancarte affleurait, indiquant un hôtel, le Manor.

Mimi sentit un long frisson la parcourir. Elle avait toujours un coup au cœur lorsqu'elle passait par là. Le Manor Hotel avait été le cadre d'une soirée d'anniversaire romantique avec Rafe. S'en souviendrait-il ?

Pour sa part, elle n'avait rien oublié. Cela faisait plus de six ans, mais elle avait l'impression que c'était la veille. Toute sa vie, elle chérirait ce souvenir comme un trésor…

Un beau soir d'été. Elle en robe de soirée, Rafe en smoking. Un dîner aux chandelles sur la terrasse du vieux manoir. A la fin du repas, le fou rire pour monter à la suite nuptiale. Et l'amour…

— Je veux te voir, chérie. Je veux te toucher…

Rafe assis sur une chaise devant l'immense miroir de la chambre. Et elle, nue sur ses genoux. L'amour fou, passionné. Le plaisir…

— Rafe, je ne peux plus attendre…

— Laisse-toi aller, mon amour…

Un violent coup de frein projeta Mimi en avant, rompant le fil de ses souvenirs.

— Désolé…, marmonna Rafe.

Un embouteillage s'était formé dans le virage étroit qui menait à l'hôtel. Tout le monde essayait de négocier la courbe en évitant d'atterrir dans le fossé inondé.

— Pas de souci, répondit-elle, balayant la délicieuse torpeur qui l'avait submergée. Le gars devant toi a bien failli nous emboutir en reculant.

— Il y a du monde, par ici.

Rafe avait descendu sa vitre pour faire signe à plusieurs conducteurs qui le suivaient de le dépasser par la droite. Il attendit que le flot se résorbe puis braqua.

Trois minutes plus tard, ils gagnaient la route principale sans encombre. Mimi se demanda si Rafe avait pensé à la même chose qu'elle. Mais, comme souvent, son visage impassible ne trahissait rien.

Il avait été un amant merveilleux. Doux, tendre, passionné. Leur osmose avait été totale sur tous les plans. Puis leurs vies avaient pris des chemins séparés. Chacun s'était reconstruit loin de l'autre…

— Où va-t-on, déjà ? demanda-t-elle pour balayer ces réflexions.

— Chez une certaine Mme Potter. Au téléphone, la standardiste n'a rien compris. La dame pense que son fils est malade.

Il s'avéra finalement que Mme Potter, très âgée, avait mal composé le numéro de son fils et n'arrivait pas à le joindre.

Patiemment, Rafe l'aida à corriger le problème. Une intervention bien « inutile », mais cela faisait quelquefois partie du travail.

Mimi en avait l'habitude !

8.

Trois interventions plus tard, Rafe avait presque réussi à se sortir le Manor Hotel de la tête.

Chose rare, il avait eu du mal à se focaliser sur ses patients. Avec l'effort de concentration supplémentaire qu'exigeait l'état des routes, il était déjà rompu.

Mimi, elle, s'étirait en bâillant depuis dix bonnes minutes.

— Il est presque midi et nous n'avons pas reçu de nouvel appel. Si on prenait notre pause ? suggéra-t-il.

— Bonne idée ! Le parc public n'est pas très loin. On pourrait y manger nos sandwichs.

— Justement, j'y avais pensé.

Les tables en bois seraient sans doute trempées et inutilisables. Mais au moins, ils auraient du calme et une vue imprenable sur la campagne environnante.

Séduit par cette perspective, il accéléra.

— Stop ! Attention !

Au moment où Mimi avait crié, deux petites créatures étaient apparues dans le champ de vision de Rafe.

Il freina à fond, braqua, et les évita de justesse. A sa grande surprise, les animaux ne s'enfuirent pas.

— Mais enfin, c'est quoi, ces bestioles ? s'exclama-t-il.

— Les chèvres naines de la ferme pédagogique, Tommy et Tallulah ! Ils ont dû s'enfuir.

Mimi ouvrit sa portière avec précaution pour ne pas les effaroucher.

— La ferme a ouvert il y a deux ans, expliqua-t-elle. Avec Jack, on y a emmené Ellie au printemps dernier. Elle a adoré.

— Ellie…, répéta-t-il sans comprendre.

Décidément, bien des choses avaient changé en cinq ans. Il n'avait pas tout suivi.

— Ah, pardon, c'est vrai, dit Mimi avec un sourire d'excuse. Ellie est la fille de Jack. Elle aura cinq ans à Noël.

Il effectua un rapide calcul mental. Avant son départ, il n'avait jamais entendu parler de quoi que ce soit…

— J'ai dû rater quelque chose. Si mes souvenirs sont exacts, Jack ne fréquentait personne ?

— Non, et d'ailleurs, il est toujours célibataire. C'est une longue histoire. Il n'a pas su tout de suite, pour Ellie.

Mimi descendit du 4x4 en laissant sa portière ouverte, puis elle avança vers les chèvres. Les deux boules de poils avaient vraiment une drôle d'allure avec leurs petites cornes, leurs grands yeux sombres et leur fourrure trempée.

— Coucou, vous deux, dit-elle d'une voix douce. Tallulah, tu viens ? ajouta-t-elle, s'adressant à la chèvre plus proche.

Rafe descendit à son tour.

— Elles nous regardent bizarrement, dit-il. Ne tends pas la main comme ça, elles vont te mordre.

— Bien sûr ! Ce sont des chèvres naines, pas des tigres, chuchota Mimi, du rire dans la voix. Et on doit les récupérer.

— D'accord, marmonna-t-il, résigné. Tu prends la blanche, moi, la beige et marron.

Pourvu que ces animaux ne courent pas trop vite ! Il n'avait aucune envie de piquer un sprint dans la boue.

A l'évidence, Mimi se posait moins de questions. Elle se rapprocha encore de Tallulah en chuchotant, puis, sans autre forme de manières, la prit dans ses bras.

— Voilà, ma belle… Alors, qu'est-ce tu fabriques ici ?

Comme si cet animal allait lui répondre ! Rafe marmonna cette réflexion entre ses dents… ce qui dut contrarier Tommy, lequel lui tourna le dos. Le mâle s'éloigna en trottinant, et Rafe le suivit.

— Attrape-le ! Dépêche-toi ! dit Mimi.

Elle avait parlé trop fort : effrayé, Tommy sauta dans les hautes herbes du bas-côté, et Rafe accéléra puis se pencha pour le récupérer. Mais la bête, agile, disparut dans un bosquet.

Génial. S'il fallait se ridiculiser en faisant la course avec une chèvre…

Tommy avait maintenant gagné le pré en contrebas, mais Rafe ne s'avoua pas vaincu.

— D'accord, mon gars. Si tu veux du sport, on va jouer !

Apparemment, c'était le cas. L'animal le laissa approcher à un mètre puis bondit de nouveau. Rafe plongea alors vers lui, mais, trébuchant sur une souche d'arbre, il s'étala de tout son long dans les feuilles détrempées.

— Bien joué, mon vieux. Un point pour toi.

Changeant de tactique, il attendit sans bouger que Tommy vienne vers lui. Il ne fut pas déçu : bientôt, deux grands yeux innocents plongèrent dans les siens. Aussi allongea-t-il le bras pour effleurer la fourrure détrempée de Tommy qui lui lécha la main.

Avec précaution, il ouvrit son manteau pour permettre à l'animal frigorifié de se blottir contre lui. Puis, son précieux fardeau dans les bras, il se leva en évitant tout geste brusque, remonta sur la route et marcha vers le 4x4.

Il déposa Tommy aux pieds de Mimi, laquelle s'était déjà réinstallée à l'avant, avec Tallulah enroulée dans une couverture.

Pourquoi avait-elle mis des gants ? Et pris *sa* paire de ciseaux de suture ? se demanda-t-il, irrité.

— Qu'est-ce que tu fais, Mimi ?

— La pauvre, regarde ! Elle a un sac plastique enroulé autour d'une patte. Elle saigne.

— Tu n'es pas vétérinaire.

— Non, mais quitte à jouer les bons Samaritains, autant le faire jusqu'au bout.

Habilement, elle découpa le sac plastique, révélant une plaie à vif sur la patte de Tallulah.

— Voilà, ma chérie. Ça va s'arranger… On va te soigner.

Tallulah lui lécha la joue, et Rafe faillit dire que les contacts rapprochés avec les animaux sauvages n'étaient pas une bonne idée. Mais il s'abstint, de même qu'il ne parla pas des ciseaux qui devraient maintenant être stérilisés… Heureusement qu'il en avait d'autres dans sa sacoche !

— Je suppose qu'on remmène nos passagers au bercail ? demanda-t-il.

— Oui ! La ferme pédagogique est à un kilomètre d'ici environ. Il faut prendre le petit chemin sur la droite, là-bas.

— D'accord. On va se dépêcher.

Rafe avait beau marmonner, il trouvait les chèvres naines tellement craquantes qu'il les aurait volontiers adoptées. Après tout, il avait un grand jardin…

Décidément, la fatigue lui jouait de mauvais tours. Lui, avoir ces *créatures* pour animaux de compagnie ?

— Roule doucement, dit Mimi. Il ne faudrait pas que Tommy se cogne.

— Je vais faire attention. J'espère juste qu'on ne recevra aucun appel dans le quart d'heure qui vient.

— On n'en recevra pas, répondit-elle d'un ton gai. On a charge d'âmes.

De fait, le trajet se déroula sans encombre et sans interruption. Guidé par Mimi, Rafe s'engagea dans une vaste cour pavée, entourée de bâtiments bas en pierre de taille. Une jeune femme sortit de l'un d'eux, et accourut au-devant du 4x4. Un large sourire éclaira son visage lorsqu'elle aperçut Tallulah sur les genoux de Mimi.

— Merci, merci ! Vous l'avez ramenée !

Elle ouvrit la portière du côté passager. Tommy sauta hors de l'habitacle et se nicha contre elle en bêlant.

— Et toi aussi ! C'est merveilleux…

Rafe ne put s'empêcher de rire devant la « joie » manifeste des deux petites créatures. Il avait eu l'intention de repartir très vite, mais il ne put s'empêcher de descendre puis de contourner la voiture pour aider Mimi — laquelle tenait toujours Tallulah — à en faire autant.

— Je te présente Mary, la responsable de la ferme, dit-elle. Mary, voici le Dr Chapman.

Après les échanges de politesses d'usage, Mary les regarda tour à tour.

— Vous êtes en service, je suppose ? Vous n'avez pas le temps de boire un thé ?

Rafe se laissa convaincre par le regard implorant de Mimi.

— En fait, si, répondit-il. C'est l'heure de la pause.

— Magnifique ! Entrez donc…

Il récupéra leur pique-nique dans le 4x4 puis ils suivirent Mary à l'intérieur du bâtiment principal.

— Je suis tellement contente de les revoir ! déclara-t-elle, les yeux brillants. Avec cette pluie, trois clôtures ont lâché hier et plusieurs animaux se sont enfuis. Nous les avons tous retrouvés. Il ne manquait qu'eux !

— Ils n'étaient pas loin, expliqua Mimi. Mais Tallulah est blessée à cause d'un sac en plastique enroulé autour de sa patte. Je l'ai libérée.

— Les gens sont irresponsables ! s'écria Mary, l'air outré. Ils jettent n'importe quoi. Vous n'imaginez pas le nombre d'animaux qu'on soigne à cause de ça.

Ils longèrent un couloir qui débouchait sur une pièce spacieuse et bien éclairée. Stupéfait, Rafe découvrit plusieurs tables d'examen miniatures derrière le comptoir d'accueil, ainsi qu'un matériel « médical » dernier cri.

Un jeune homme en blouse blanche s'avança vers eux.

— Ah, Tom ! dit Mary. Je te présente Mimi et Rafe.

Quand elle lui eut expliqué la situation, Tom prit Tallulah pour l'examiner.

Mimi, elle, avait déjà retiré son imperméable. Rafe s'en empara et le secoua avec vigueur pour en chasser l'eau avant de le poser sur un radiateur puis il fit de même avec son propre manteau. La journée était loin d'être finie. Rester mouillé n'était pas une sensation très agréable.

Comme il s'activait, il entendit un bêlement plaintif, et sentit une légère pression contre son mollet gauche. Tommy ! Maintenant que Mary l'avait séché avec un drap de bain, il était encore plus craquant. Rafe s'agenouilla pour le caresser.

— Il vous aime bien, commenta Mary.

Elle venait de déposer quatre tasses fumantes sur le comptoir. Mimi en prit une puis commença à déguster son sandwich. Mais Rafe, lui, était fasciné par son nouvel ami.

— Il aime bien mon pull, en fait, répondit-il en riant.

— Les chèvres mangent tout ! Tommy, stop !

Mary se pencha pour détourner la tête du jeune mâle… lequel se mit à lécher la main de Rafe consciencieusement. Quand il voulut aller chercher son thé, l'animal le suivit telle une ombre.

— A ce train-là, il va repartir avec toi, dit Mimi.

Elle souriait, du sourire qu'elle réservait d'habitude à Charlie ou à ses patients. Mais, cette fois, son regard chaleureux était pour lui, et lui seul. Jamais il n'aurait cru que cela lui ferait tant plaisir.

— Il est mignon, répondit-il en caressant la tête de l'animal. Je l'adopterais bien, mais il manquerait à Tallulah. Comment va-t-elle, au fait ? demanda-t-il à Tom.

Le jeune vétérinaire leva la tête en souriant.

— Très bien ! Elle a une grosse écorchure, mais je n'aurai pas besoin de recoudre. En fait, elle s'est blessée en voulant se débarrasser du sac. Plus elle se débattait, plus l'étau lui comprimait la patte. Vous l'avez dégagée au bon moment.

— Tant mieux, répondit Mimi. Je suppose qu'avec les inondations, vous avez récupéré pas mal d'animaux ?

— Oui, de toutes sortes, dit Tom. Des oiseaux, des renards, et même deux couleuvres. Elles sont là-bas, dans le grand terrarium.

Rafe s'en approcha, curieux. Quand Mimi fit de même, il faillit l'entourer de ses bras pour observer les reptiles avec elle. Mais, heureusement, la sonnerie de son portable l'empêcha de faire cette grosse bêtise.

— Une urgence ? demanda Mimi quand il eut raccroché.

— Oui, on nous attend pour un bébé de trois mois. C'est probablement des coliques, mais il vaut mieux aller vérifier.

— Bien sûr.

Il avala son sandwich en quatrième vitesse tout en buvant son thé. Après quoi Mimi et lui prirent congé de Mary, de Tom, et de leurs protégés.

La pause se terminait. A l'idée que cet épisode charmant aurait peu de chances de se reproduire, il ressentit un pincement au cœur. Il devenait bien sentimental, avec l'âge…

Il espérait juste que Mimi n'aurait pas la mauvaise idée de prendre leur prochain patient dans ses bras. A l'émotion qui l'avait saisi en la voyant avec Tallulah, il n'imaginait même pas ce que pourrait être sa réaction si elle cajolait un bébé. Et dire qu'ils projetaient d'avoir des enfants, à une certaine époque…

Ah, non. Là, il devait *trop* sentimental.

Il devait se reprendre. Sinon, cette journée risquait de mal finir !

9.

La route de la ferme Forrester était complètement inondée. Mimi soupira en constatant que la cour de la vieille maison disparaissait sous une mare d'eau boueuse.

— Je vais me mouiller les pieds, marmonna-t-elle.

La veille, elle avait laissé ses bottes en caoutchouc et ses cuissardes dans son casier, à l'hôpital. Néanmoins, elle portait des chaussures montantes bien imperméabilisées. Si elle relevait le bas de son jean, peut-être pourrait-elle limiter les dégâts ?

Rafe sortit du 4x4, enfila ses propres bottes, puis vint se planter devant elle.

— Veux-tu que je te porte ? demanda-t-il en souriant.

Quoi ?

— Je… Non, merci.

Soudain, il reprit son sérieux.

— On n'a pas le choix, Mimi. On est loin d'avoir fini, et si tu te mouilles, tu n'auras aucun vêtement de rechange.

Il avait raison, bien sûr. Un secouriste devait veiller à son propre bien-être. Comment faire du bon travail lorsqu'on était trempé ? Mieux valait être raisonnable.

Rafe essaya de la soulever, mais sans succès tant elle était tendue comme un arc.

— Hé, relax ! Plie un peu les genoux !

— Je… Oui, pardon.

— C'est rigolo, un médecin qui porte secours à une secouriste, commenta-t-il.

Malgré la plaisanterie, sa voix ne contenait aucune trace d'humour. Rester professionnel ? Il n'y croyait pas non plus, c'était évident. Mais ils devaient faire comme si…

Le cœur battant, elle lui entoura le cou de son bras. Fermant les paupières, elle enfouit le visage dans son épaule. Quelle épreuve…

— C'est mieux, dit-il encore.

Il commença à marcher, lentement, et elle se mordit la lèvre inférieure. Penser à autre chose. C'était la seule solution. Où en était-elle de sa liste de courses ? Quels papiers devait-elle remplir pour son futur employeur ? Que…

Rafe dut mettre le pied dans une ornière car, soudain, elle le sentit tanguer. Quand il resserra son étreinte, elle se blottit instinctivement contre lui, la joue contre son menton.

Non, non, non... Tu n'as pas fait ça, espèce d'idiote ?

Une vive rougeur lui enflamma les pommettes. Si, elle l'avait fait. Elle avait embrassé Rafe dans le cou ! Et son murmure approbateur ne laissait planer aucun doute : il s'en était rendu compte.

Quand ils atteignirent la ferme, elle avait toujours les joues en feu. Rafe se pencha par-dessus le mur de sacs de sable qui protégeait le jardin pour la déposer de l'autre côté, au sec. Dans le mouvement, il lui avait effleuré les cheveux et elle ne résista pas à l'envie de le regarder.

A sa grande surprise, il ne souriait pas. Il avait même l'air un peu triste, et elle en fut navrée. Elle avait beaucoup remâché sa rancœur, mais, au fond, elle ne s'était jamais beaucoup demandé ce que *lui* éprouvait.

— Rafe, je… suis désolée, chuchota-t-elle.

— Désolée de quoi ?

— Je…

Le moment était mal choisi pour une explication. Ils étaient attendus.

— Ne t'inquiète pas, ajouta-t-il gentiment. Tout va bien. Attention, tu marches dans une flaque.

— Oh… Merci.

— Je retourne chercher ma mallette en voiture. Examine ce nourrisson, et appelle-moi s'il faut quelque chose de spécial.

— D'accord.

Par chance, il s'avéra que le bébé souffrait de coliques sans gravité. Les patients suivants ne posèrent pas non plus de problème majeur, si bien que l'après-midi se termina dans le calme. Il était « seulement » 18 heures et Mimi aurait bien voulu continuer un peu, mais le central venait d'appeler Rafe pour dire qu'on n'avait plus besoin de leurs services.

— Inutile de jouer les prolongations. On rentre, dit-il. N'oublie pas qu'on doit encore tenir plusieurs jours. D'ailleurs, tu as sûrement des choses à faire ?

Pas vraiment, non. Elle avait liquidé ses corvées, et même si elle se sentait lasse, elle n'avait aucune envie de rentrer.

La sonnerie de son portable l'empêcha toutefois de répondre à la question de Rafe.

— Charlie ? Tu as un problème ?… Quoi ? Oui, je m'en occupe. Envoie-moi l'adresse par SMS !

Dès qu'elle eut raccroché, elle se tourna vers Rafe.

— Pourrais-tu me déposer à l'hôpital, s'il te plaît ? Je dois récupérer ma voiture.

— Bien sûr, puisque j'y vais. Quel est le problème ?

— Charlie a des amis qui vivent en zone inondable. Il leur a proposé de se réfugier chez lui. L'eau atteindra leur maison dans quelques heures, c'est inévitable. Il voulait savoir si je pouvais aller chez eux et rapporter un maximum d'affaires. Mon coffre est plus grand que le sien alors…

Elle s'interrompit, se tordit nerveusement les doigts. Si Rafe pouvait embrayer…

— On en mettrait encore plus dans le 4x4, dit-il, comme s'il avait lu dans ses pensées. On pourrait aller chercher ta voiture, déposer le matériel médical chez toi, et y aller tous les deux ?

— Je… C'est gentil, murmura-t-elle. Je n'aurais jamais osé te le demander, mais s'il y a des choses lourdes…

— Ne t'inquiète pas, Mimi. On fera le maximum.

Il mit le contact et elle se détendit, rassérénée. Avec lui, les choses seraient beaucoup plus simples…

Le temps qu'elle récupère sa voiture — et ses bottes —, puis qu'ils arrivent à destination, une heure s'était écoulée. Il pleuvait de nouveau très fort, aussi Matthew et Janet, les amis de Charlie, avaient-ils pris leurs précautions. Ils avaient stocké un maximum de choses au premier étage, et emballé tout ce qu'ils souhaitaient prendre dans des cartons.

L'eau s'infiltrait déjà par la porte du garage. Il n'y avait pas une minute à perdre !

Rafe se gara devant chez Charlie, satisfait d'avoir pu se rendre utile. Le déménagement de Janet et Matthew s'était fini juste à temps.

Le jeune couple avait emporté les affaires auxquelles il tenait. Rafe avait aidé Matthew à monter un meuble ancien au premier étage puis il avait fait le tour des issues avec lui, protégeant tout ce qui pouvait l'être. Il y aurait des dégâts, mais rien d'irréparable…

Mimi et Matthew avaient à peine fini de reculer leur voiture respective dans l'allée que la porte du sous-sol s'ouvrit en grand. Charlie devait guetter leur arrivée.

— Mettez tout dans le garage ! cria-t-il depuis le seuil.

Janet s'avança puis se baissa pour le serrer contre elle.

— Merci beaucoup… Tu nous sauves la vie.

— De rien ! répondit-il, bourru. Allez, hop ! Dès que vous aurez fini, on passera à table. Mimi et Rafe, vous dînez avec nous, bien sûr.

Sans attendre leur réponse, il fit pivoter son fauteuil vers la porte du fond qui ouvrait sur la cuisine. Rafe aurait voulu décliner l'invitation, mais n'en avait pas eu le temps aussi prévoyait-il de demander à Mimi de l'excuser.

Voyant que Janet et Matthew s'activaient, il la prit à part.

— Je… vais retourner à l'hôpital, dit-il.

— Ah, bon ? Mais tu n'es pas obligé ! Tu ferais mieux de manger ici et de dormir chez moi.

En croisant son regard, il faillit céder. Néanmoins, un repas froid et une mauvaise nuit sur un lit de fortune n'étaient rien, comparés aux ennuis qui l'attendaient s'il acceptait son invitation. Il ne pouvait pas courir ce risque.

— Ce n'est pas une bonne idée, Mimi.

La nuit précédente, il ne s'était pas rendu compte qu'il dormait dans *leur* lit. Cette fois, il y penserait forcément…

— Je… t'ai fait de la peine, chuchota-t-elle, l'air navré.

— Ce n'était pas ta faute, Mimi.

Elle secoua la tête, et quelques mèches humides lui retombèrent sur le front. Comme il aurait voulu les remettre en place ! Il rêvait de pouvoir la toucher…

— Quand même, insista-t-elle. Ça m'embête.

Il s'aperçut soudain qu'il avait eu tort de lui cacher sa souffrance. Elle aurait eu besoin de connaître ses sentiments, tout comme il aurait été heureux qu'elle exprime les siens, le jour de son départ. Mais elle n'avait rien dit. Elle s'était repliée sur elle-même. Le silence avait détruit leur couple…

Il fit un pas en avant puis un autre. Ils étaient si proches maintenant que leurs visages se touchaient presque.

— Mimi… J'ai eu le cœur brisé quand je t'ai quittée. J'ai beaucoup souffert et, quelque part, je ne m'en suis jamais remis. Mais rétrospectivement, je pense avoir fait le bon choix.

— Ah, oui ? Tu crois ?

Elle lui en voulait encore. La tension dans sa voix, sa manière de froncer les sourcils étaient révélateurs.

— Qu'en penses-tu, toi ? demanda-t-il d'un ton doux.

Il vit les joues de la jeune femme s'enflammer dans la semi-pénombre.

— Je n'en sais rien, Rafe. Vraiment rien.

Avant qu'il ait pu répliquer, elle lui tourna le dos et se dirigea vers sa voiture à grandes enjambées. Il la vit empoigner un énorme carton, le visage sombre, l'air buté.

— Là, tu m'as fait de la peine..., marmonna-t-il entre ses dents.

Heureusement, il avait aussi des choses à faire pour s'empêcher de réfléchir. Il commença à vider son 4x4, méthodiquement, pour ne plus penser à ce qu'il venait d'entendre. Lorsqu'il eut terminé, Janet et Matthew se confondirent en remerciements. Il prit congé du jeune couple, et bien sûr de Charlie, lequel protesta bruyamment quand il annonça qu'il ne resterait pas.

Mimi, elle, l'ignorait. Elle s'était retranchée dans un coin du garage. Il se rapprocha.

— A quelle heure veux-tu que je vienne, demain matin ?

— Je... A 8 heures, s'il te plaît. Tu seras debout à l'aube, de toute façon. Si tu arrives à dormir...

Elle essayait de lui faire comprendre qu'il faisait des manières pour rien. Bizarrement, cette réaction lui fit plaisir.

— Je serai là à 8 heures, répondit-il d'un ton neutre. Prépare du café.

— Tu en auras besoin. Les matelas de la salle de repos sont durs comme des planches à repasser.

— Ne t'inquiète pas pour ça...

Réprimant un sourire, il se détourna. Mimi avait toujours eu du caractère, mais là, un cap était franchi. Visiblement, elle n'était plus décidée à se taire !

10.

Le lendemain matin, Mimi fut surprise de voir Rafe arriver à 8 heures tapantes. Après la scène de la veille, elle s'était presque attendue à ce qu'il change d'avis et la laisse en plan.

Il n'était pas rasé, et elle lui trouva l'air un peu fatigué, mais il souriait.

— J'allais prendre mon petit déjeuner. Tu te joins à moi ? proposa-t-elle.

— Avec plaisir, merci.

Dans la cuisine, il posa son manteau sur le dossier d'une chaise puis s'approcha du plan de travail. Elle avait déjà préparé des couverts pour deux, et mis des croissants à tiédir dans le four.

— Charlie me les a donnés hier, dit-elle.

En réalité, elle avait fait l'ouverture de la boulangerie, ce matin-là, ce qu'elle n'aurait cependant avoué pour rien au monde. Rafe ne devait pas avoir l'impression qu'elle s'était mise en quatre pour lui…

— Ça sent bon, commenta-t-il. Figure-toi que je suis à jeun. Je n'ai pas eu le courage de descendre au réfectoire.

— Comme je te comprends ! Mais on ne peut pas bien travailler le ventre vide.

Elle s'en voulut de cette remarque. Rafe se rappellerait-il l'époque où ils partageaient de copieux petits déjeuners avant de partir pour l'hôpital ?

— Tu as raison, dit-il. Assieds-toi, si tu veux. Je vais servir le café.

Elle s'installa devant son assiette et le regarda prendre la cafetière. Elle avait toujours admiré ses gestes fluides, sa grâce, son élégance innée. Il était beau, même avec une barbe de deux jours, un jean délavé et un pull-over basique. Un rien lui allait, de toute façon.

— Tu ne veux pas savoir si j'ai passé une bonne nuit ? demanda-t-il, malicieux.

— Inutile ! Il me suffit de te regarder.

— Tout de même, tu es bien fair-play. Je m'attendais à ce que tu enfonces le clou…

Elle lui jeta un regard faussement innocent.

— C'est ce que tu veux ? D'accord… As-tu bien dormi ?

— Pas du tout ! Le lit était minuscule. Mes épaules me font un mal de chien…

A une époque, elle lui aurait prodigué un massage pour le soulager. C'était évidemment hors de question, mais en attendant, il avait progressé. Autrefois, il rechignait toujours à avouer qu'il avait mal quelque part !

— Ça ira mieux en bougeant, répondit-elle gentiment.

Il lui sourit.

— Ça ira déjà mieux avec un bon café.

Comme la veille, ce fut une journée bien remplie.

Au fil des interventions, Mimi s'était détendue. Et maintenant, à 16 heures, elle devait admettre que le bilan était positif.

Rafe et elle avaient bien travaillé, sans anicroche. Ils s'étaient comportés en professionnels dans l'intérêt des malades. Il lui avait laissé prendre beaucoup d'initiatives, attitude qu'elle avait appréciée au plus haut point.

Quand il s'arrêta près d'un petit kiosque à boissons, elle pivota vers lui, l'air interrogateur.

— C'est l'heure de la pause-café, dit-il.

— Chouette ! J'y vais.

Le temps qu'elle fasse la queue devant la petite échoppe, puis qu'elle revienne vers le 4x4, il n'était plus là. Elle l'aperçut, assis sur un banc de l'autre côté de la route. D'habitude, la rivière se trouvait à bonne distance, mais là, il avait presque les pieds dans l'eau.

Elle le rejoignit et lui donna son café, un peu inquiète.

— Tu voulais me parler de quelque chose, Rafe ?

Il secoua la tête en souriant.

— Non. Juste faire un break.

Son sourire éclatant la fit frissonner. Il avait toujours su évacuer la pression quand il le fallait. Il était capable de tout mettre entre parenthèses pour recharger ses batteries et, dans ces moments-là, il donnait l'impression que le monde s'arrêtait de tourner…

— Qu'est-ce que tu fais ? demanda-t-elle, constatant qu'il avait un carnet sur les genoux.

— Quelle question ! Un bateau !

Joignant le geste à la parole, il arracha une feuille de son bloc. Mimi posa son café sur le banc.

— Super… Donne-m'en une, s'il te plaît.

Son papier en main, elle effectua un pliage basique, comme le faisaient parfois les écoliers. Rafe, lui, s'était lancé dans une création plus complexe, au point qu'elle termina trois bateaux avant qu'il ait fini le sien !

Ils se levèrent pour s'approcher du bord de l'eau. Mimi y plaça délicatement ses embarcations. Mais sous la force du vent, deux des trois esquifs furent poussés vers le bateau de Rafe.

— Attention, Rafe ! Mes pirates vont te faire couler.

— Que nenni ! De toute manière, j'ai une arme secrète. J'ai retrouvé ça dans ma boîte à gants…

Elle le vit sortir un sachet plastique de sa poche. Des grains ! Il avait continué à nourrir les canards sans elle. Evidemment. La terre ne s'était pas arrêtée de tourner…

Il plongea la main dans le sac, et elle l'imita. Après avoir jeté quelques grains dans la rivière, ils n'attendirent que quelques secondes avant de voir apparaître leur premier client : c'était un gros colvert, lequel renversa un des canots de Mimi dans sa précipitation.

— Hé, là ! On va voir ce qu'on va voir.

Quand elle lança de la nourriture vers le bateau de Rafe, ses espoirs ne furent pas déçus. Une jolie femelle marron se lança à l'abordage, manquant le faire couler.

— C'était moins une, marmonna Rafe. Attends...

Bientôt, le deuxième bateau de Mimi connut le même sort que le premier. Le troisième s'étant pris dans une souche d'arbre, un peu plus loin, elle prit un bâton pour le décoincer, s'avança encore... et ne put retenir un cri de panique.

— Rafe !

Il réagit au quart de tour. Se précipitant, il l'enlaça fermement pour l'empêcher de tomber à l'eau. Comme il ne relâchait pas son étreinte, elle lâcha son bâton et pivota dans ses bras.

— Merci..., bredouilla-t-elle.

Soudain, il fit mine de la faire basculer dans l'onde tumultueuse et elle s'accrocha à ses épaules en un geste réflexe.

— Tu n'oserais pas, marmonna-t-elle.

— C'est un défi ?

Elle secoua la tête. Elle savait pertinemment ce qu'il en coûtait de provoquer Rafe. Il ne la laisserait jamais tomber, mais il trouverait un moyen de lui faire frôler la surface jusqu'à ce qu'elle le supplie d'arrêter. Autrefois, leurs jeux dangereux se terminaient toujours par un baiser...

— Me mettre au défi serait une grosse erreur..., insista-t-il, l'air taquin.

— Ce serait dangereux.

— Oui. Très.

Mais à cet instant, tomber à l'eau était le cadet de ses soucis. En voyant cette étincelle briller dans les yeux de Rafe, elle se disait que tout était encore possible. Elle s'imaginait nue, alanguie dans ses bras après un corps-à-corps fiévreux.

Leurs visages se frôlaient, à présent. Il n'aurait eu qu'un tout petit mouvement à faire pour l'embrasser. Et si elle prenait l'initiative ? Que risquait-elle, après tout ?

Dans un sursaut de lucidité, elle laissa retomber ses mains.

— Lâche-moi… S'il te plaît.

Un baiser n'apaiserait pas son chagrin. Au contraire, elle risquait d'avoir plus mal encore. Rafe le comprit-il ? En tout cas, il desserra son étreinte.

— On y va ? demanda-t-il.

Sa voix tendre, son regard pensif l'émurent davantage qu'elle ne l'aurait voulu.

— Oui, allons-y. On est loin d'avoir terminé.

Elle ne croyait pas si bien dire.

Alors qu'ils regagnaient l'hôpital, peu après 18 heures, elle crut distinguer une lumière vacillante sur la route, une centaine de mètres plus loin. Il pleuvait de nouveau à torrents, et elle vit Rafe coller le nez au pare-brise. Lui aussi avait vu quelque chose.

Il ralentit, jusqu'à ce que, soudain, une femme apparaisse dans la lueur des phares. Elle était en plein milieu de la chaussée et agitait frénétiquement une lampe de poche. Cinq ou six mètres plus loin, quelqu'un était assis sous un arbre, les jambes repliées, la tête sur les genoux… non loin d'une grosse berline qui avait basculé dans le fossé.

Le « D » sur la plaque d'immatriculation arrière laissait supposer que ces personnes venaient d'Allemagne.

— J'espère qu'on va se comprendre ! dit Rafe après s'être garé sur le bas-côté.

Ils se précipitèrent vers la dame, laquelle se mit à parler très vite, avec force gestes. Ses propos étaient totalement incompréhensibles.

— Parlez-vous anglais ? demanda Mimi d'un ton doux.

— *Ja*… Oui…

— Ce monsieur est médecin, et moi, ambulancière secouriste.

Tremblante, la dame agrippa le bras de Rafe.

— Mon mari… est blessé. Aidez-nous…

— Le médecin va s'occuper de votre mari, dit Mimi d'un ton rassurant, en détachant les mots.

Rafe s'était déjà précipité vers l'homme immobile sous l'arbre. Mimi se présenta, et apprit que la dame s'appelait Annaliese.

— Venez, Annaliese, allons rejoindre votre mari. S'il a du mal à nous comprendre, ou à s'exprimer, on aura besoin de vous pour traduire.

— D'accord. Merci… beaucoup.

Rafe s'était agenouillé dans la boue, près du blessé. Elles se rapprochèrent.

— Comment s'appelle votre époux ? demanda Mimi.

— Leo, répondit Rafe. Il m'a dit quelques mots.

Mimi devina que le conducteur n'allait pas trop mal. Rafe avait commencé l'examen clinique, apparemment sans détecter de lésion préoccupante.

— Même s'il a bougé, on va lui mettre une minerve, dit-il. Ensuite, on le fera monter en voiture.

Après qu'Annaliese eut traduit ces propos, Leo voulut se mettre debout, mais Rafe l'en empêcha.

— Du calme, dit-il d'un ton doux. Attendez que ma collègue revienne.

Mimi courut chercher la minerve. Puis, dès que la nuque du blessé fut immobilisée, ils le soutinrent jusqu'au 4x4.

L'hôpital se trouvait à environ quinze kilomètres du lieu de l'accident. Un transfert allongé sous assistance respiratoire ne s'imposant pas, mieux valait sans doute qu'ils y conduisent Leo eux-mêmes. Ainsi, ils atteindraient vite les urgences, où on pourrait le réchauffer.

Rafe réfléchit un instant puis se tourna vers elle.

— Je crois qu'on peut l'emmener nous-mêmes. Et toi ?

— Idem. J'y pensais, justement. Veux-tu que je conduise ?

— Hmm… Tu n'es pas habituée…

Il hésita, sourit, et finit par lui tendre ses clés.

— Je veux bien, merci, reprit-il. Comme ça, je m'assiérai à l'arrière pour surveiller notre blessé.

C'était évidemment la meilleure solution. Pour elle qui conduisait un fourgon ambulance, piloter ce 4x4 serait un jeu d'enfant.

— Ne t'inquiète pas. Je vais faire bien attention à ton carrosse, répondit-elle d'un ton taquin.

— Tu as intérêt. Sinon, gare à toi !

Malgré les conditions météo exécrables, elle rejoignit l'hôpital sans difficulté. Les urgences bourdonnaient comme une ruche, mais en les voyant arriver, les infirmières chargées du tri les orientèrent immédiatement vers un box.

Mimi fit d'abord asseoir Annaliese sur une chaise. Elle aida ensuite Rafe à débarrasser Leo de ses vêtements trempés. Le placard du box ne contenait rien, hormis des chemises bleues, mais elle dénicha trois couvertures dont ils couvrirent le blessé dès qu'il fut allongé sur le lit.

Puis Rafe fit un discret signe de tête en direction d'Annaliese. Mimi se retourna, et vit que l'épouse de Leo pleurait dans son coin. Elle s'approcha d'elle.

— Il faut enlever votre manteau, dit-elle gentiment. Il est trempé.

La dame opina, mais ne bougea pas. Quand Mimi lui ôta son vêtement mouillé et son sur-pantalon imperméable, elle se rendit compte que la malheureuse tremblait comme une feuille. Sur la route, elle avait affirmé n'avoir mal nulle part. Mais à présent, elle soutenait son coude gauche de la main droite en grimaçant.

— Montrez-moi votre bras. Vous avez l'air de souffrir.

Annaliese releva sa manche de pull, révélant une longue traînée rouge vif au niveau de son avant-bras.

— Cela ressemble à une brûlure d'airbag, commenta Mimi.

— Oui, j'ai… eu le bras comprimé.

— Rassurez-vous, c'est douloureux, mais pas méchant. On va vous donner quelque chose pour vous soulager.

— Merci…

Maintenant que son époux et elle étaient hors de danger, Annaliese semblait sur le point de s'effondrer. Elle avait tenu bon dans l'épreuve. A présent, elle subissait le contrecoup du choc.

— Le Dr Chapman est notre meilleur médecin, chuchota Mimi avec des airs de conspiratrice pour la rassurer.

— J'ai entendu ! s'exclama Rafe depuis le lit.

— Moi aussi…, répondit Annaliese.

Sa voix tremblait, mais elle souriait, preuve que Mimi avait su trouver les mots. Satisfaite, celle-ci retira sa parka trempée qu'elle jeta sur le dossier d'une chaise. Puis elle prit une bouteille de désinfectant et des compresses sur le chariot de soins. Rafe lui suggéra aussi de pratiquer une injection d'antidouleur à sa patiente, conseil qu'elle s'empressa de suivre. Elle avait d'ailleurs eu la même idée. Dans l'urgence, ils étaient sur la même longueur d'onde !

Constatant que le pull d'Annaliese était mouillé, elle gagna le vestiaire pour prendre un sweat-shirt dans son casier. Elle la fit changer, la soigna, après quoi elle alla chercher deux thés bien chauds pour leurs protégés.

Leo avait maintenant recouvré ses esprits. Il s'exprimait dans un anglais très correct, ce qui facilitait beaucoup la tâche de Rafe.

Finalement, il s'avéra que le blessé avait le poignet droit fracturé. Il souffrait aussi d'une légère commotion et de contusions au niveau du visage et de la poitrine.

Rafe avait décidé de le plâtrer lui-même. En attendant qu'on lui prépare le matériel, il fit signe à Mimi de le suivre dans le couloir.

— En temps normal, Leo n'aurait pas besoin d'être hospitalisé, dit-il. Mais j'aimerais mieux qu'il reste ici cette nuit, sous surveillance. Je suppose qu'ils n'ont aucun endroit où aller ?

— Tu supposes bien. Ils sont partis d'Exeter ce matin. Ils avaient réservé un hôtel, mais les gérants n'ont pas pensé à envoyer un SMS aux touristes pour les prévenir que la zone était inondée. Ils s'étaient dit que les gens allaient y penser eux-mêmes et qu'ils ne viendraient pas.

— Ah, génial… C'est malin !

— Comme tu dis… Leo et Annaliese étaient en train de chercher un autre hôtel quand ils ont eu leur accident.

Rafe se frotta le menton, l'air soucieux.

— Où va-t-elle passer la nuit ? Il faudrait appeler un service d'hébergement d'urgence…

— Pour qu'elle se retrouve dans une auberge de jeunesse bondée ou une salle des fêtes ? La pauvre ! Ne t'inquiète pas, j'ai eu une idée, ajouta Mimi en souriant. L'hôtel de Charlie n'affiche pas encore complet : il offre son canapé.

— Annaliese est d'accord ?

— Oui, tu penses !

Elle détacha une clé de son trousseau et la lui tendit.

— Tiens, dit-elle. Je vais emmener Annaliese dans ma voiture. Tu pourras aller chez moi quand tu auras fini.

— Tu… es sûre ?

Le voyant hésiter, elle se sentit rougir. Mais elle irait jusqu'au bout. Elle se l'était promis.

— Oui, répondit-elle d'un ton ferme. Il faut que je te parle.

11.

Charlie avait préparé de la soupe de légumes. Janet avait fait une quiche, et Matthew, allumé un bon feu dans la cheminée.

En les voyant tous les trois avec Annaliese, Mimi regretta presque de devoir partir. Mais Rafe allait bientôt rentrer. *Chez elle.* Dans la maison qu'ils avaient partagée, et dont elle s'était évertuée à bannir toute trace de vie commune…

Cette pensée la déprima. De retour au cottage, elle gagna la cuisine, et sortit d'un placard la bouteille de cognac qu'elle gardait pour les urgences. Elle s'en servit un doigt, après quoi elle se déchaussa avant d'aller s'asseoir sur le canapé du salon.

Elle but une gorgée de cognac. Le liquide ambré laissa une trace de feu dans sa gorge, et elle eut l'impression de se réchauffer de l'intérieur. Peut-être réussirait-elle à affronter sereinement la discussion qui l'attendait ?

On ne pouvait pas changer le passé. Elle devait l'admettre. Si Rafe et elle se réconciliaient avec leur propre histoire, ce serait déjà une excellente chose, et, avec le temps, ils tourneraient la page.

Il n'y avait rien d'autre à faire.

— Coucou !

— Laisse… moi… tranquille.

Dans un brouillard, Mimi sentit qu'on la secouait gentiment par l'épaule. Elle voulut repousser la main importune, entendit un bruit de verre brisé, et se réveilla en sursaut.

— Attention…, marmonna-t-elle.

— Désolé, répondit Rafe. Je n'avais pas vu le verre.

Il s'était agenouillé près d'elle et ramassait les plus gros morceaux avec précaution. Elle le considéra en fronçant les sourcils.

— Arrête, tu vas te couper. Je vais chercher une pelle et une balayette.

Elle s'étira puis, encore à moitié engourdie, gagna la cuisine. Après avoir récupéré ses ustensiles, elle s'arrêta devant le placard et en sortit la fameuse bouteille de cognac ainsi que deux verres qu'elle rapporta également.

— Tu t'es mise à la boisson ? demanda Rafe sur le ton de la plaisanterie.

— Bien sûr ! C'est tout à fait mon style ! répondit-elle en riant.

— Attention où tu mets les pieds…

Elle était en chaussettes, et avait failli marcher sur un gros éclat de verre. Il lui enleva la balayette des mains.

— Assieds-toi, Mimi. Je gère.

Elle obtempéra en silence puis leur servit à chacun un verre de cordial. Encore quelques minutes et ce serait le moment de vérité. Elle avait hâte de pouvoir dire à Rafe tout ce qu'elle avait sur le cœur.

— J'ai réfléchi à ce que tu m'as dit, hier.

Après avoir rangé les ustensiles de ménage, Rafe venait à peine de revenir dans le salon que Mimi entrait déjà dans le vif du sujet. Quand elle avait un problème à résoudre, elle ne tergiversait jamais. Et, visiblement, ce soir-là, c'était lui le « problème » !

Il vint s'asseoir près d'elle et lui adressa un sourire encourageant.

— A quel propos ? demanda-t-il.

— A propos… de nous. Je te dois des excuses.

La veille, quand elle avait tenu les mêmes propos, il n'avait pas compris. Et voilà qu'elle recommençait. Mais que voulait-elle dire ?

— Tu n'as pas à t'excuser, voyons.

— Si ! Quand tu m'as quittée, j'aurais dû réagir. Mais j'avais trop peur de connaître tes raisons et, surtout, peur que le problème vienne de moi. Alors je t'ai laissé partir sans poser de questions. Et toi, tu as dû te sentir complètement rejeté.

Il la fixa, bouleversé. Comme toujours, l'émotion lui nouait la gorge. Il but une gorgée de cognac dans l'espoir de se détendre.

— C'est vrai, mais ça n'a aucune importance, Mimi. Ce que j'aimerais savoir, c'est *pourquoi* tu ne te trouves pas assez bien ? Qu'est-ce qui t'a mis cette idée en tête ?

Elle secoua la tête et but un peu de brandy. Comme elle n'avait pas l'air de vouloir répondre, il insista :

— Mimi, j'ai besoin de savoir. Vraiment.

— Tu veux la vérité ? Très bien… Je t'avais parlé de Graham, mon ex ?

— Un peu. Mais tu n'avais pas l'air de le porter dans ton cœur.

— Et pour cause ! Il m'a trompée. Quand je m'en suis aperçue, il m'a dit qu'il ne pouvait pas s'en empêcher. Il avait une liste longue comme le bras de reproches à me faire. Il me trouvait ennuyeuse, en particulier au lit. Voilà… C'est ce que tu voulais entendre ?

Stupéfait, il la dévisagea. Il n'en croyait pas ses oreilles.

— N'importe quoi ! Ce type est un crétin !

Il n'en revenait pas qu'elle ait pu prendre les méchancetés de cet imbécile pour argent comptant. Qu'elle se dévalorise ainsi le rendait malade. A ses yeux, elle était la femme la plus excitante de la planète, au lit comme ailleurs !

Il tendit une main vers elle, mais elle le repoussa.

— Non. S'il te plaît.

— Quand on vivait ensemble… tu aurais dû reprendre confiance en toi, non ?

A peine eut-il achevé sa phrase qu'il se traita d'idiot. Il savait pertinemment qu'il avait aggravé les choses. En se montrant silencieux et réservé, il avait renforcé les doutes de Mimi. Puis, en la quittant, il lui avait assené le coup de grâce.

— Ça… n'a plus d'importance, balbutia-t-elle.

Si, au contraire. Et il n'y avait qu'un moyen de le lui prouver !

Se penchant, il posa les lèvres sur les siennes. Laissant échapper un petit cri de surprise, elle s'abandonna pourtant à son étreinte. Alors, ce fut un déferlement de passion. Ils échangèrent un baiser ardent qui les laissa tous les deux hors d'haleine.

Ivre de désir, il attira Mimi dans ses bras. Alors qu'il s'attendait presque à ce qu'elle le repousse, elle s'assit sur lui, à califourchon, ses cuisses enserrant les siennes.

Cette fois, il ne commettrait plus d'erreur. Il allait lui dire qu'il la trouvait belle, ensorcelante, magnifique. Il voulait lui faire comprendre à quel point il tenait à elle…

Elle se pencha vers lui et il sentit son souffle chaud dans son cou.

— Combien, Rafe ? chuchota-t-elle.

— Que… quoi ?

— Combien de femmes y a-t-il eu, après moi ?

Comme elle lui mordillait le lobe de l'oreille, un frisson de désir le parcourut de la tête aux pieds. Néanmoins, il se maîtrisa. Mimi lui avait posé une question. Elle attendait sa réponse. D'ailleurs, lui aussi voulait savoir, pour elle…

— Cinq, murmura-t-il. Et aucune n'a jamais fait partie de ma vie. Ce n'était pas sérieux. Il y a eu quelques dîners, une ou deux sorties au cinéma…

Elle le fit taire d'un baiser, preuve qu'elle était satisfaite de ce qu'elle venait d'entendre.

— Trois, chuchota-t-elle contre sa bouche.

Un vague malaise s'empara de lui. Il savait qu'elle avait vécu deux histoires avant de le rencontrer. Un homme l'avait-il aidée à tourner la page après leur rupture ?

— Avec toi…, ajouta-t-elle.

A ces mots, une onde de chaleur le gagna. Personne ne l'avait « remplacé ». Cette découverte inattendue et bouleversante le laissa sans voix.

— Je… ne sais pas quoi dire, Mimi.

— Il n'y a rien à dire. Je voulais juste savoir. Pas toi ?

— Si !

Avant qu'il ait pu ajouter un mot, elle lui captura les poignets et lui immobilisa les bras derrière la tête. Puis elle l'embrassa de nouveau, douce et aguichante à la fois. Sa colère des derniers jours s'était muée en désir physique, mais il n'allait pas s'en plaindre !

Il avait toujours essayé d'être un amant attentif, passionné et tendre. Il pensait être capable de lui donner autant de plaisir qu'autrefois, mais ce soir, elle avait pris les commandes… pour son plus grand bonheur.

La perspective de se laisser séduire éveilla en lui un désir incontrôlable, et il allongea les jambes pour mieux se livrer à la délicieuse pression du corps de Mimi sur le sien. Mais soudain, elle s'immobilisa.

— Dis mon nom, comme avant, Rafe.

Il lui mordilla la lèvre inférieure.

— Mimi… Ma belle, mon adorable Mimi…

Avec une lenteur délibérée, elle promena la bouche sur sa joue, lui déclenchant une série de délicieux frissons.

— Je me demande jusqu'où je peux t'emmener, Rafe.

— A toi de le découvrir, mon cœur.

Il ne la supplierait pas, du moins pas tout de suite. Mais ce n'était qu'une question de minutes. Il avait déjà un mal fou à garder le contrôle.

— Fais attention à ce que tu dis ! le taquina-t-elle. Tu prends des risques.

Elle lui lâcha un poignet et fit courir sa paume sur son torse, puis son ventre, pour s'arrêter à sa ceinture. Quand elle lui déboutonna son pantalon, il sentit le souffle se bloquer dans sa gorge. Il rêvait de se perdre en elle jusqu'au bout de la nuit.

— J'ai toujours eu le goût du risque, répondit-il d'une voix rauque.

Si tel était son désir, ils feraient l'amour ici, sur ce canapé. Ensuite, il la porterait jusqu'à sa chambre. Là, il prendrait le temps de la goûter, de la savourer, de la faire craquer en douceur…

— Tu aimes ça ? chuchota Mimi.

— A ton avis ?

Elle eut un rire de gorge.

— Je pense que oui…

Ils échangèrent un nouveau baiser, encore plus passionné que le précédent. La bouche de Mimi, douce et ensorcelante, exhalait un doux parfum fruité. Elle avait le goût délicieux du brandy.

Oh ! non…

Une question insidieuse s'insinua dans un coin de son cerveau. Mimi avait-elle trop bu ? Elle avait un verre vide près d'elle quand il était arrivé, et elle avait repris un peu de cognac pendant qu'ils discutaient. Mais peut-être n'était-ce qu'un détail ?

Non, bien sûr que non. Aujourd'hui, ils ne formaient plus un couple. Le « détail » avait de l'importance. Si elle n'avait pas les idées claires, il refusait de profiter de la situation.

Comme Mimi ondulait contre lui, il inspira à fond pour maîtriser l'élan qui le poussait vers elle.

— Attends…, murmura-t-il.

— Rafe ?

Elle s'était redressée, l'air incertain. L'idée que tout allait s'arrêter lui brisa le cœur, mais il n'avait pas le choix. Avec une extrême douceur, il lui captura le visage.

— Combien de verres as-tu bus, mon ange ?

Ses joues s'enflammèrent. Elle se dégagea en fronçant les sourcils.

— C'est le prétexte que tu as trouvé pour te conduire en gentleman ? riposta-t-elle, dédaigneuse.

Elle s'était exprimée avec une clarté incisive. Elle semblait tout à fait lucide, mais puisqu'il avait commencé…

— Prendrais-tu le volant, ce soir ?

— Non, mais quel rapport avec nous, Rafe ? Quand on vivait ensemble, tu ne m'as jamais fait souffler dans le ballon avant de coucher avec moi !

— Les choses ont changé. On est séparés depuis cinq ans. S'il doit… se passer quelque chose, il faut que nous ayons l'esprit clair tous les deux.

Elle recula légèrement, très raide, le dos droit.

— Mais il ne se passera rien ?

Il eut l'impression qu'un trou béant lui déchirait la poitrine. Ce vide, cette insupportable sensation de perte… Pourrait-il y survivre ?

Résiste. Sois fort. Sinon, tu vas le regretter, et elle aussi.

— Non, dit-il. Je ne pense pas.

Elle se leva brusquement, marcha vers la porte à grandes enjambées et sortit dans le couloir.

— Je me demande ce qui me retient de te flanquer une gifle ! cria-t-elle par-dessus son épaule.

— Tu me rendrais service…

Elle pouvait même l'assommer si elle voulait. Au moins, il ne ressentirait plus cette tension douloureuse au creux du ventre…

Il l'entendit monter l'escalier comme un ouragan et redescendre une minute plus tard.

— Pour info, je te rappelle que tu as bu aussi, donc je t'interdis de prendre le volant ! cria-t-elle depuis le couloir. Tu n'auras qu'à dormir sur le canapé. De toute manière, ce sera mieux qu'à l'hôpital. Et ferme la porte du salon à clé !

Avant qu'il ait pu répondre, elle se matérialisa devant lui puis lui lança une couette à la volée avant de se détourner vers la porte. Sur le point de sortir, elle pivota vers lui, des éclairs dans les yeux.

— Au cas où les scrupules arrêteraient de t'étouffer, n'y pense même pas, Rafe. *Ma* porte sera aussi fermée à clé. Bonne nuit !

12.

Rafe ouvrit les yeux et les referma aussitôt.

La lumière du jour l'aveuglait et il avait les bras engourdis. Il mit quelques secondes à comprendre qu'il était enroulé dans une couette, sur un canapé…

Oh ! non !

Rouvrant les paupières, il balança les jambes sur le côté pour s'asseoir. Il allait devoir affronter Mimi. L'épreuve s'annonçait au moins aussi difficile que s'ils avaient couché ensemble.

Une fois debout, il s'étira en pestant, moulu et courbaturé. Il avait besoin d'un café, et cela tombait bien car une bonne odeur lui chatouillait les narines. De toute manière, retarder le moment de vérité ne servirait pas à grand-chose…

Il enfila son jean puis ouvrit la porte qu'il avait soigneusement fermée à clé. Comme prévu, il trouva Mimi dans la cuisine.

— Bonjour, dit-elle. Tu veux du café ?

— Bonjour. Je… Oui, merci.

Elle semblait fraîche comme une rose, au point qu'il eut de sérieux doutes sur son état d'ébriété de la veille. Elle avait probablement moins bu qu'il le croyait. D'ailleurs, s'enivrer n'était pas son genre. Il aurait dû s'en souvenir…

— Tu… n'as pas trop mal à la tête ? demanda-t-il, gêné.

— Non, du tout !

Un claquement de tasse sur le plan de travail ponctua cette réponse. Réprimant un soupir, il s'assit et resta silencieux. La colère de Mimi ne le dérangeait pas. Au contraire, il préférait qu'elle soit fâchée contre lui.

La froideur polaire qu'elle avait manifestée le jour de leur séparation lui avait brisé le cœur. Au moins, cette fois, elle exprimait quelque chose. Car inutile de se mentir : d'une certaine façon, ils allaient rompre à nouveau…

Après l'avoir servi, elle s'installa en face de lui.

— Hier soir…, commença-t-elle.

— Aucune importance ! coupa-t-il de manière réflexe.

Il secoua la tête et se reprit :

— Désolé. En fait, c'est très important.

Elle inspira à fond, les yeux baissés sur la nappe.

— C'est moi qui suis désolée, Rafe. Tu avais raison. J'ai été ridicule de croire qu'on pourrait…

— J'y ai cru aussi. Mais cela aurait été une énorme erreur pour tous les deux.

Il l'avait aimée à la folie. La veille, il avait compris qu'il l'aimait encore, et qu'il l'aimerait probablement jusqu'à la fin de ses jours. Mais lui avouer ses sentiments n'aurait servi à rien.

Elle méritait mieux. Il espérait qu'un jour, elle rencontrerait un homme ouvert, chaleureux, capable de partager ses joies et ses peines. Un homme qui saurait la mettre en confiance, lui dire combien elle était belle, intelligente et drôle. Ce qu'il avait été incapable de faire…

Quand il croisa son regard éteint, il dut se retenir de se lever pour la prendre dans ses bras.

— Donc… on en reste là ? murmura-t-elle.

— Qu'en penses-tu, toi ?

Elle se mit debout et lui tourna le dos.

— Si tu montais prendre une douche ? Je vais préparer des toasts.

Elle venait de lui faire comprendre à sa manière qu'elle avait besoin d'être seule.

— D'accord… A tout de suite.

Une fois sous la douche, Rafe se demanda quoi faire pour alléger le chagrin qui le tenaillait. Si seulement il avait pu pleurer ! Si seulement il avait eu le courage de redescendre pour consoler Mimi ! Mais il n'irait pas vers elle, pas plus qu'elle ne viendrait le rejoindre dans cette salle de bains.

Les jeux étaient faits. Dans quelques jours, ils devraient se dire adieu, définitivement.

Une nouvelle nuit pluvieuse avait engendré son lot d'accidents et blessures en tout genre.

Après une matinée chargée, les appels se calmèrent enfin vers 12 h 30. Mimi suggéra de faire une pause pique-nique, et Rafe se gara près d'un chantier au bord de la route. Plusieurs ouvriers creusaient le sol, récupérant la terre afin d'ériger une digue censée protéger le village en contrebas.

Rafe descendit du 4x4 pour aller leur parler, mais elle ne le suivit pas, résolue à garder ses distances. Quelques instants de calme lui seraient bénéfiques. Elle en avait besoin pour se raisonner et se répéter une énième fois qu'ils n'étaient pas faits l'un pour l'autre.

Ils avaient failli commettre une grosse erreur, la veille. Ils l'avaient reconnu tous les deux. Maintenant, elle n'avait pas le choix : elle devait retomber sur terre. Jamais ils ne pourraient reprendre l'histoire là où elle s'était arrêtée. A quoi bon, si c'était pour souffrir encore plus ?

Comme on frappait à sa vitre, elle la descendit. Un homme d'âge mûr vêtu d'une combinaison bleue la regardait en souriant.

— Le médecin nous a dit que vous étiez en pause… Venez donc pique-niquer avec nous, mademoiselle. On s'est installés là-bas.

Du doigt, il désignait un renfoncement à l'abri sous les arbres. Les hommes avaient installé quelques vieilles chaises pliantes autour d'un gros tonneau cerclé de métal qui faisait office de table.

— Avec plaisir, merci, répondit-elle.

Prenant son sac isotherme, elle descendit de voiture et le suivit. Elle avait préparé des sandwichs à la hâte avant de partir, mais doutait de pouvoir avaler quoi que ce soit.

— Il faut reprendre des forces, dit l'homme comme s'il avait lu dans ses pensées. Vous devez être débordés en ce moment.

En un geste quasi-paternel, il glissa un bras sous le sien pour l'escorter jusqu'à la table. Puis, quand elle fut assise, il sortit un mouchoir immaculé de sa poche qu'il déplia pour le poser sur le tonneau. Sa gentillesse, sa considération mirent un peu de baume au cœur de Mimi qui en avait grand besoin.

— On est bien, là…, dit-elle.

Juste devant eux, la rivière en crue scintillait sous un rayon de soleil timide. Si les intempéries n'avaient pas fait tant de dégâts, elle aurait apprécié la vue. Mais il était difficile de ne pas penser à toutes les victimes des inondations…

— Vous faites un boulot formidable, commenta l'homme. On ne le dira jamais assez.

— Merci, murmura-t-elle, les larmes aux yeux.

D'habitude, elle n'était pas si émotive, mais la matinée lui avait mis les nerfs à rude épreuve. Elle avait dû travailler avec Rafe, faire comme si elle ne ressentait rien. A présent, la tension retombait d'un coup. Son armure était fragile…

— D'où vient ce tonneau ? demanda-t-elle pour chasser son émotion.

— De la brasserie, mademoiselle. On l'a trouvé sur la berge, un peu plus loin.

— La brasserie est inondée ? Je l'ignorais.

Pour autant, ce n'était pas une surprise : les bâtiments étaient implantés au bord de l'eau.

— Oui, depuis trois jours, dit l'ouvrier. Ils ont déjà commencé à nettoyer, mais, à mon avis, c'est trop tôt. Il a plu cette nuit et la rivière risque de monter encore. J'ai déjà vu plusieurs inondations, mais de cette ampleur-là, jamais !

A la surprise de Mimi, il actionna une tirette sur le côté du tonneau. Le bois avait de toute évidence été découpé, et la petite pompe installée de manière artisanale.

— Voulez-vous une bière ? demanda-t-il avec un clin d'œil malicieux.

— Non, merci. Je ne prends jamais d'alcool quand je travaille. Et d'ailleurs… vous ne devriez pas boire ça. Le tonneau a séjourné dans l'eau boueuse.

— Quoi ? se récria-t-il, faussement indigné. Vous voudriez empêcher un brave gars du Somerset de boire sa pinte ?

— Non, du tout…

Elle n'en avait évidemment pas le pouvoir. En revanche, elle pouvait le mettre en garde au plan médical.

— Si on m'appelle pour vous soigner en urgence, je vous ferai hospitaliser d'office, dit-elle, faussement menaçante. Comme nos médecins sont débordés, vous faire passer tous les examens prendra une bonne semaine.

Loin de paraître impressionné, l'homme s'esclaffa et tapota le tonneau.

— Ne vous inquiétez pas, on l'a nettoyé. On ne risque rien.

N'empêche. Elle en toucherait un mot à Rafe dès qu'elle en aurait l'occasion.

Celui-ci discutait toujours, planté au milieu d'un groupe d'ouvriers. En les voyant rire de bon cœur, elle songea qu'il n'avait pas mis longtemps à se faire adopter. C'était d'ailleurs tout, sauf une surprise.

Son « hôte » s'étant excusé pour répondre au téléphone, elle se retrouva seule et sortit les sandwichs de son sac pour commencer à manger. Quelques instants plus tard, Rafe la rejoignait.

— Hmm, moi aussi j'ai faim.

— Vas-y, sers-toi.

Une certaine froideur s'était installée entre eux. Ils n'avaient, semblait-il, plus rien à se dire, sauf dans le cadre de leurs interventions. Ils laissèrent planer un silence tendu, que Mimi brisa finalement :

— Les gars boivent la bière de ce fût. Même s'ils l'ont nettoyé, je trouve ça dangereux, dit-elle.

Rafe opina.

— Tu as raison. Attends, ne bouge pas.

Il retourna voir les hommes qui s'apprêtaient à déjeuner. Après s'être entretenu avec eux quelques instants, il sortit son mobile de sa poche puis revint vers elle au pas de course.

— On y va ! dit-il.

Son air préoccupé et sa manière de froncer les sourcils laissaient présager un problème sérieux. Se levant tel un ressort, elle rangea les restes de leur pique-nique dans son sac et fit un grand signe à l'homme qui l'avait accueillie avant de suivre Rafe vers le 4x4.

— Que se passe-t-il ?

— Une électrocution à la brasserie. Urgence vitale. Tu connais le chemin ?

— Oui. C'est à deux kilomètres d'ici environ. Tourne à droite.

Rafe roula aussi vite que le permettaient les ornières.

A l'arrivée, il aperçut un homme qui agitait les bras dans la cour. Quand ils descendirent, celui-ci se présenta comme étant Joe Harding, le directeur de la brasserie.

Après l'accident, ce dernier avait alerté les secours. Une ambulance allait arriver d'ici quelques minutes, mais puisque Rafe et Mimi n'étaient pas loin, le central les avait dépêchés sur place en renfort.

M. Harding, visiblement soulagé, leur désigna un grand bâtiment en briques rouges. On avait surélevé des planches sur des parpaings dans la cour, et Mimi s'engagea sans hésiter sur ce chemin de fortune. Rafe la suivit, portant sa lourde sacoche.

— Où est le blessé ? demanda-t-elle.

— En haut, répondit le directeur. La standardiste m'avait dit de ne pas le bouger, mais il y a déjà beaucoup d'eau au rez-de-chaussée…

A l'intérieur, ils grimpèrent une volée de marches jusqu'au premier étage, un grand espace ouvert d'où se dégageait une forte odeur de malt.

Les murs immaculés, le sol impeccable contrastaient avec le chaos qui régnait en bas. On avait allongé le blessé dans un coin tranquille et quelqu'un lui avait glissé une veste repliée sous la nuque.

En les voyant arriver, ses collègues s'écartèrent. Mimi alla s'agenouiller près de lui.

— Bonjour, dit-elle. Ne bougez pas. Le médecin est là.

Rafe laissa échapper un soupir de soulagement. L'homme semblait conscient, et il respirait. Il se mit aussitôt en devoir de l'examiner pendant que Mimi interrogeait les autres ouvriers. Ils apprirent ainsi que le blessé s'appelait Grant, qu'on l'avait vite écarté du câble électrique, et qu'il ne s'était effectivement pas évanoui.

— Je vais clipser un embout sur votre doigt pour prendre votre pouls, expliqua Rafe. Ah… merci, Mimi.

Elle avait déjà branché le monitoring. Après vérification, il s'avéra que le rythme cardiaque de Grant était élevé mais régulier. Il souffrait de brûlures importantes au bras gauche et d'une légère commotion après être tombé sur le sol en ciment, mais cela aurait pu être bien pire !

Rafe venait à peine de poser son diagnostic qu'il entendit quelqu'un courir dans l'escalier derrière eux. Puis une voix masculine, légèrement essoufflée, s'éleva :

— Monsieur Harding… L'eau monte encore !

Le directeur s'avança vers son employé.

— On a combien de temps ?

— Quinze, vingt minutes, pas plus.

— Il faut évacuer ! décida M. Harding. Le rez-de-chaussée va être submergé d'ici peu.

Rafe se tourna vers Mimi. Elle répondit à sa question muette d'un signe de tête : ils n'avaient plus le choix.

Il jeta un coup d'œil autour de lui, cherchant de quoi fabriquer un brancard de fortune. M. Harding, qui semblait avoir compris, alla chercher un grand sac posé dans un coin.

— Tenez, on a une civière, dit-il. On ne badine pas avec la sécurité, ici.

— Super ! commenta Mimi.

— Maintenant, tout le monde sort d'ici ! cria le directeur. Pete et Stan, vous gérez l'évacuation.

Mais personne ne bougea. Les hommes refusaient de quitter les lieux avant que leur collègue ne soit en sécurité.

Après avoir déplié la civière, Mimi en éprouva la solidité puis elle désigna deux ouvriers du doigt.

— Vous, et vous, maintenez le brancard en place, ordonna-t-elle. Le médecin et moi, on va soulever Grant.

Quand ce fut fait, elle donna de nouvelles directives.

— Il faudra deux gars devant nous dans l'escalier, et deux autres pour aider le Dr Chapman à porter Grant. Très bien, merci… On y va !

Rafe se plaça à un bout de la civière, admiratif. Dans l'action, Mimi était exceptionnelle. Elle était *toujours* exceptionnelle, d'ailleurs…

Parvenus en bas de l'escalier, ils constatèrent que l'eau recouvrait tout le rez-de-chaussée. Le directeur scruta l'arrière du bâtiment, l'air soucieux.

— Dépêchez-vous ! L'eau va nous envahir par les fenêtres plus vite que prévu.

— C'est bon, on y est presque, répondit Rafe.

L'ambulance était arrivée. Deux secouristes s'avancèrent pour récupérer le brancard et gagnèrent la sortie au pas de charge, suivis par les ouvriers et M. Harding.

— Vas-y, Mimi, dit Rafe. Je vais récupérer ma sacoche.

Il remonta les marches deux à deux et, machinalement, jeta un coup d'œil par-dessus son épaule. Mimi s'était arrêtée à environ trois mètres de la porte.

— Rafe, tu es fou ! Il faut sortir !

— J'en ai pour une minute. Vas-y.

— Laisse ce sac ! On reviendra plus tard, et…

Un grondement sourd couvrit la fin de sa phrase. Puis il y eut un fracas de verre brisé.

— Mimi, sauve-toi ! hurla-t-il. Maintenant !

Au lieu d'obtempérer, elle hésita, regardant tour à tour l'escalier et l'extérieur. Puis, comme dans un film au ralenti, il la vit s'élancer vers la sortie… mais trop tard.

Il entendit un bruit assourdissant, juste avant qu'une lourde porte en fer, située sur le côté de la zone de chargement, ne cède sous la pression de l'eau. Elle vola littéralement dans l'entrepôt avant de retomber, atteignant Mimi au visage.

Elle poussa un cri perçant, perdit l'équilibre et disparut dans les flots qui submergeaient la pièce.

— Mimi ! Non…

Il dévala l'escalier tout en retirant sa veste et sauta. La force du courant le surprit. Avec de l'eau jusqu'à la taille, il avait du mal à tenir debout. Pourtant, il le fallait. Il devait résister !

Il essaya de localiser Mimi à tâtons, mais en vain. Bloquant sa respiration, il plongea alors dans l'eau boueuse, une fois, puis deux, puis trois. Il suffoquait, mais n'en avait cure. S'il ne la retrouvait pas, lui aussi serait perdu à jamais…

Enfin, sa main rencontra quelque chose de doux. Le bras de Mimi. Il l'agrippa et tira de toutes ses forces pour la faire remonter à la surface.

Après la violence de la crue, le niveau de l'eau s'était stabilisé. Quand il souleva Mimi dans ses bras pour la porter à l'extérieur, il vit une longue forme brune striée de noir se détacher de sa jambe. *Une vipère !*

Le reptile retomba dans l'eau avant de se glisser sur la fameuse porte qui flottait vers l'extérieur. Rafe aurait voulu avoir confirmation de l'espèce, mais c'était impossible. Il devait sauver Mimi !

Plusieurs mains se tendirent vers lui. On le guida vers un parking surélevé, au-dessus de la cour, où l'ambulance s'était garée.

Un matelas de fortune fait de manteaux et d'imperméables avait été installé à même le sol. Après avoir allongé Mimi sur le côté, il lui dégagea les voies respiratoires. Il vit de l'eau boueuse couler de ses lèvres, puis elle se mit à tousser, expulsant le reste de liquide de ses poumons.

— Super, mon cœur…, murmura-t-il. Allez, respire. Fais-le pour moi.

Si elle ne revenait pas à elle, il ne s'en remettrait jamais…

Elle inspira lentement, à fond. Après quoi elle ouvrit les yeux, l'air terrorisé.

— Ne t'inquiète pas, Mimi. Je suis là, avec toi.

De manière réflexe, elle effleura sa joue gauche où une vilaine coupure saignait abondamment. Il lui prit la main et la serra.

— Je sais, ma chérie. On va s'en occuper. Je t'en supplie, reste tranquille.

Puis il pivota vers M. Harding qui s'était agenouillé près d'eux, l'air bouleversé.

— Il y a une vipère dans l'entrepôt, dit-il. Prévenez vos gars.

Le directeur se leva aussitôt pour faire circuler l'information. Rafe, lui, commença à examiner Mimi fébrilement. Il avait craint que la coupure sur sa joue soit le résultat d'une morsure, mais non. Il s'agissait « seulement » d'une grosse entaille qui suivait la ligne de la mâchoire.

Il lui palpa le corps, et eut un frisson d'horreur en voyant sa jambe gauche. Non seulement elle avait une énorme plaie à la cheville, mais plus haut, on distinguait trois marques distinctes de crocs, juste en dessous du genou.

La vipère, délogée de son habitat et terrifiée, avait mordu plusieurs fois, expulsant tout son venin.

Pour tenter de contenir la peur panique qui montait en lui, Rafe se rappela que les décès liés à ce type de morsure étaient rarissimes.

— Donnez-moi des gants, des compresses et une attelle pour sa jambe, demanda-t-il à l'un des secouristes qui s'était rapproché. On part dans deux minutes.

Mimi ouvrit les paupières.

— Rafe… Me sens… très mal.

— Je sais, trésor. Surtout, évite de bouger. Tu peux faire ça pour moi ? chuchota-t-il, bouleversé.

— Oui. Pas bouger… Reste… là.

— Je suis là. Je ne vais nulle part.

Soudain, la respiration de Mimi devint sifflante. Sa poitrine se souleva de plus en plus vite puis elle ferma les yeux et sa tête retomba sur le côté.

— Adrénaline ! hurla-t-il. Maintenant !

13.

Rafe avait appelé Charlie depuis les urgences.

Le frère de Mimi était venu tout de suite, et ils avaient attendu ensemble, en salle de repos, jusqu'à ce que le médecin chef vienne leur parler.

Le Dr Jones leur avait fait un compte rendu détaillé et plein d'empathie avant de retourner à ses malades. Mais maintenant qu'ils se retrouvaient seuls, Rafe voyait bien que Charlie angoissait.

— Je n'ai rien compris, murmura ce dernier.

Rafe se sentit mal à l'aise, sachant que les nouvelles n'étaient pas bonnes. Néanmoins, il devait rester calme, objectif, et se montrer fort.

— Le pire est passé, Charlie. Mimi est jeune et en bonne santé. Elle s'en sortira.

— Qu'est-il… arrivé pour qu'elle soit dans cet état ?

— Elle a fait un choc anaphylactique à cause des morsures de vipère. Ils ne vont pas lui administrer d'anti-venin dans l'immédiat sachant que son organisme risque de mal réagir. Ils ne le feront qu'en cas de nécessité absolue. Mais pour l'instant, elle tient le coup.

— D'accord. Et… quoi d'autre ?

— L'eau boueuse lui a irrité les poumons. Voilà pourquoi ils l'ont endormie et transférée en soins intensifs. Le reste est relativement bénin. Elle souffre de grosses coupures, de contusions… Je m'en veux de n'avoir pas remarqué qu'elle avait une fracture à la cheville droite !

Charlie leva les bras au ciel.

— Tu t'en veux de quoi ? Au cas où tu l'aurais oublié, tu étais en train de lui sauver la vie !

— J'ai fait… ce que tout le monde aurait fait à ma place.

En réalité, non. Même s'il était toujours très attentif envers ses patients, là, il avait ressenti une émotion particulière. Il avait été incapable de garder la distance nécessaire à tout bon médecin. Il avait cru devenir fou !

S'il était arrivé malheur à Mimi, sa propre vie n'aurait plus eu de sens. Il aurait eu l'impression de mourir aussi…

— Dans combien de temps sera-t-elle sur pied ? s'enquit Charlie, l'arrachant à ses pensées.

Pendant sa carrière, Rafe avait vu tant de complications qu'il avait du mal à répondre. Néanmoins, Charlie avait besoin d'être rassuré. A charge pour lui de trouver les mots justes.

— C'est difficile à dire…, commença-t-il. L'inflammation pulmonaire devrait se résorber en une petite semaine. Pour les morsures de vipère, c'est une autre histoire. Les délais de guérison sont variables. Chez certains adultes, le membre atteint reste enflé et douloureux pendant neuf mois.

— Neuf mois ! Mais… et son nouveau travail ?

— Je vais les appeler pour leur expliquer la situation. Ils lui garderont peut-être son poste, mais je crains qu'ils ne puissent pas attendre. Ils devront sans doute recruter quelqu'un d'autre.

— Oh ! non ! Elle en rêvait tellement !

— Ecoute, Charlie… Le mieux qu'on puisse faire, c'est de vivre au jour le jour. On ne peut pas se projeter. Mimi a été prise en charge très vite, elle est parfaitement soignée et son état reste stable. Pour le moment, c'est déjà très bien.

Charlie lui agrippa la main.

— Tu crois qu'on pourra la voir ?

— Je vais me débrouiller pour que le médecin nous laisse entrer quelques minutes.

— Merci beaucoup.

— Mais de rien.

Soutenir Charlie était la moindre des choses, compte tenu de ce qui s'était passé ce matin-là. Tout était sa faute. S'il ne s'était pas obstiné à vouloir récupérer son sac… S'il avait écouté Mimi…

Allons, cela suffisait. Il culpabiliserait plus tard, pendant la longue nuit d'insomnie qui l'attendait. Pour l'heure, Charlie avait besoin de lui. Il devait contenir son angoisse et faire bonne figure.

— Quand tu verras Mimi, n'oublie pas une chose : elle sera très diminuée, dit-il. Garde à l'esprit que c'est une question de temps, et qu'elle va s'en tirer.

Inspirant à fond, Charlie lui lâcha la main et fit rouler son fauteuil vers la porte.

— Ça marche. Merci pour tout, mon vieux.

Rafe connaissait bien le consultant en soins intensifs. Quand ils se présentèrent au premier étage, ce dernier leur accorda une visite de dix minutes à titre exceptionnel. Une infirmière les escorta jusqu'à la chambre de Mimi dont l'état était, apparemment, toujours stationnaire.

En voyant son visage blême, ses cheveux blonds épars sur l'oreiller, Rafe sentit les larmes lui monter aux yeux. Comme elle avait l'air fragile dans ce lit, entourée de ces machines !

Heureusement, elle respirait toute seule. Les médecins ne l'avaient pas intubée. C'était déjà un point positif, et il voulait désespérément se raccrocher au moindre signe.

Charlie, lui, regardait la perfusion logée dans le bras de sa sœur en se tordant les mains.

— Est-ce… qu'elle souffre ? demanda-t-il.

— Non, elle est sous calmants. Ne t'inquiète pas.

Malgré cette affirmation, Rafe ne put s'empêcher de jeter un coup d'œil à la poche d'antalgiques fixée à la patère. Il faisait confiance à ses collègues, mais savait-on jamais…

Du côté droit, les petits orteils de Mimi dépassaient d'un plâtre. Quant à l'autre jambe, elle était cachée sous un arceau protecteur, mais il imaginait bien son état : elle devait être très enflée, noire, avec la peau striée.

Mieux valait que Charlie ne la voie pas. Le simple fait de regarder le visage tuméfié de Mimi, avec sa mâchoire recousue, devait déjà être assez difficile. Pour sa part, Rafe avait beaucoup de mal à le supporter. S'il avait été seul, il aurait fondu en larmes.

— Je… voudrais qu'elle se réveille, murmura Charlie en prenant la main de sa sœur.

— Il vaut mieux qu'elle dorme, crois-moi. Mais tu peux lui parler. Dis-lui que tu es là, que tu l'aimes de tout ton cœur…

Lui-même aurait bien voulu le faire, mais de quel droit ? Il n'était plus rien pour elle.

Prolonger la visite n'aurait eu aucun sens.

Entraînant Charlie hors de la chambre, Rafe l'emmena à la cafétéria, et le persuada de grignoter quelque chose. Puis Charlie le reconduisit à la brasserie pour qu'il puisse récupérer son 4x4.

A présent, de retour à l'hôpital, Rafe n'avait rien de mieux à faire que d'attendre. Il s'allongea tout habillé sur son lit d'appoint, se préparant à une nuit sans sommeil.

S'il s'était écouté, il serait remonté directement au premier étage. Cependant, rien ne justifiait qu'il rende une nouvelle visite à Mimi. Quel prétexte pourrait-il bien trouver ?

Pourtant, n'y tenant plus, il se releva, sortit dans le couloir et monta l'escalier de service quatre à quatre. Puis, aux soins intensifs, il se présenta au poste des infirmières. Il s'attendait à ce qu'on le renvoie en bas, mais par chance, le médecin de garde, Eddie Laurens, était un ancien camarade de promotion.

— Va la voir, dit Eddie. Elle est très agitée. Si ça continue, je vais devoir lui donner un sédatif plus puissant, mais cette idée ne me plaît pas. Tu pourrais peut-être la calmer ?

— Je vais essayer, en tout cas.

Il suivit Eddie dans la chambre de Mimi. A la lueur du plafonnier, il remarqua tout de suite sa main qui tapotait le drap, comme si elle cherchait quelque chose. Son cerveau était-il resté à la brasserie, dans la peur et l'angoisse ? Cette simple pensée lui brisa le cœur.

— Elle fait ça depuis un moment, expliqua Eddie. Elle a même essayé d'arracher sa perfusion.

Les infirmières lui avaient posé un bandage serré pour maintenir la seringue en place. Ce n'était pas bon signe.

— Je peux rester un moment ? demanda Rafe, malade d'angoisse.

— Oui, bien sûr.

Il prit une chaise pour s'asseoir près de la table de nuit. Mimi avait besoin de la présence de quelqu'un, et sans doute pas la sienne, mais peu importait. Il allait tout faire pour qu'elle se sente mieux.

Quand il lui prit la main, elle referma les doigts sur les siens.

— Je suis là, chuchota-t-il. Tout va bien. Dors.

Même si elle avait les paupières closes, il eut l'impression qu'elle se raidissait. Puis elle tourna la tête à droite et à gauche sur l'oreiller.

— Ma chérie, s'il te plaît, reste tranquille. Il faut te reposer.

Elle ouvrit les yeux d'un seul coup. Impossible de savoir si elle le voyait ou non : elle fixait un point au-dessus de sa tête. Il la rassura malgré tout, espérant qu'elle l'entendrait.

Au bout d'un moment qui lui sembla une éternité, elle ferma de nouveau les paupières et se calma. Il continua de lui tenir la main, n'ayant cure des larmes qui roulaient sur ses joues. Ils étaient ensemble et rien d'autre ne comptait. Il resterait aussi longtemps qu'elle aurait besoin de lui.

Le cauchemar dura plus de soixante-douze heures.

Pendant la journée, Charlie ne quittait pas le chevet de Mimi. Rafe, pour sa part, avait cessé de travailler et il veillait sur elle la nuit, restant près d'elle de 20 heures jusqu'à l'aube.

Au bout de trois jours, elle commença à mieux respirer et son sommeil devint plus paisible. Aussi Rafe ne s'étonna-t-il pas qu'Eddie demande à lui parler, le quatrième matin.

— Nous allons arrêter les sédatifs, annonça son collègue. Si elle reste stable, je la ferai transférer en médecine générale.

La petite lueur au bout du tunnel devint, tout à coup, plus brillante. Rafe inspira à fond pour contenir son émotion.

— Merci… Merci beaucoup.

— Je te ferai appeler dès qu'elle se réveillera.

— C'est gentil, mais… j'aimerais mieux que son frère la voie d'abord.

Si Eddie eut l'air étonné, il ne fit aucun commentaire.

— D'accord. Comme tu veux.

Rafe prit la main de son ancien camarade et la pressa avec chaleur.

— Tu vois, quand les gens nous disent qu'ils ne savent pas comment nous remercier…

Eddie s'esclaffa.

— Oui, très bien !

— C'est le cas, maintenant. Je te dois une fière chandelle. A charge de revanche.

— Méfie-toi ! plaisanta Eddie, le regard brillant d'émotion. Je saurai m'en souvenir.

Rafe descendit au réfectoire, le cœur beaucoup plus léger. Quand Charlie le rejoignit, il ne perdit pas un instant pour lui annoncer la bonne nouvelle. Ce dernier battit des mains comme un enfant.

— Super ! Quand est-ce qu'on monte ?

— Dans une heure ou deux. Ils t'enverront un SMS dès qu'elle émergera.

— Comment ça, ils *m'enverront* ? Et toi ?

— Je… C'est toi qu'elle aura envie de voir, Charlie.

— Génial… Vous vous êtes encore disputés.

— Euh… En quelque sorte.

— Plus qu'il y a cinq ans ?

Rafe eut l'impression qu'une main de fer lui serrait la gorge. Pendant trois jours, il n'avait pas eu le temps de se dire qu'il était malheureux. Mais à présent…

— Beaucoup moins, répondit-il en soupirant. En fait, on était d'accord.

— D'accord pour rompre, c'est ça ? s'écria Charlie.

— On n'a pas pu rompre puisqu'on ne s'était pas remis ensemble. Donc…

— Menteur ! Essaie de faire avaler ça à quelqu'un d'autre ! Je n'ai jamais entendu pareille ânerie.

— Ecoute… c'est compliqué.

— Ça, je n'en doute pas !

Soudain, Charlie s'entortilla nerveusement les doigts.

— Quoi qu'il ait pu se passer, j'aimerais bien que tu m'accompagnes, reprit-il d'une voix tremblante.

Et voilà… Ce que Rafe craignait depuis le début était arrivé. Traumatisé par son propre accident et par la tragédie qu'il avait vécue, Charlie risquait de craquer. Quoi de plus normal ?

Sachant cela, il ne pouvait pas se dérober.

— Je resterai avec toi, dit-il. Tout ira bien. Fais-moi confiance.

14.

Assis au chevet de Mimi, Rafe et Charlie attendaient qu'elle se réveille en parlant de tout et de rien. De la pluie qui se calmait, du beau temps annoncé. Du championnat de basketball handisport. Des meilleurs pubs de la région.

Mimi finirait bien par entendre leurs voix, se disait Rafe. Et dès qu'elle ouvrirait les paupières, il s'en irait. Sa « mission » serait terminée.

— Pourquoi ne se réveille-t-elle pas ? demanda Charlie.

— Il lui faut un peu de temps. C'est normal, alors…

Il s'interrompit en la voyant battre des cils. Elle l'avait déjà fait plusieurs fois, sauf que là, elle semblait enfin revenir à elle.

Charlie éclata en sanglots et embrassa la main de sa sœur.

— Merci, mon Dieu, murmura-t-il.

Mimi cligna des yeux trois ou quatre fois puis elle passa la langue sur ses lèvres.

— Soif…, balbutia-t-elle. Rafe…

Il s'était promis de partir tout de suite, mais c'était impossible. Elle avait prononcé son prénom !

Incapable de résister, il se pencha sur elle.

— Mon cœur…, chuchota-t-il. Bienvenue dans le monde des vivants. Veux-tu de l'eau ?

— Oui. Dis à Charlie…

— Tu vas lui parler toi-même. Il est là, de l'autre côté du lit.

Rafe se détourna pour essuyer les larmes qui roulaient sur ses joues. Puis, pendant que Charlie prononçait des phrases incohérentes trahissant toute sa joie, il plongea une compresse dans l'eau pour en humecter les lèvres de Mimi.

— Super… Encore, demanda-t-elle.

Il tendit le pichet et la compresse à Charlie.

— Tiens, fais-le, dit-il. Mais attention, elle n'a pas encore le droit de boire. Pour l'instant, il faut juste lui mouiller les lèvres.

— D'accord. Merci, mon vieux.

— Mes jambes…, gémit Mimi. Peux pas… bouger.

Elle agitait la tête sur l'oreiller, et il lui caressa les cheveux pour l'apaiser, comme il l'avait fait si souvent ces trois dernières nuits.

— Je sais. Ta cheville droite, qui est fracturée, est dans le plâtre. Tout va s'arranger.

— Le serpent…

Il échangea un coup d'œil préoccupé avec Charlie. Jusqu'alors, il ignorait si Mimi était consciente ou pas d'avoir été mordue. Découvrir qu'elle avait vécu ces instants de terreur, à la brasserie, le rendait malade.

— Tu as été soignée pour ça, répondit-il d'un ton doux. Il n'y a plus de serpent. Tu es en sécurité.

Elle se calma et parut se rendormir. Puis elle gémit de nouveau.

— Dois aller… travailler.

— C'est ton jour de repos. Tu n'as besoin d'aller nulle part. Rendors-toi.

— Super… Suis tellement… fatiguée.

Un profond soupir, un petit mouvement de tête, et ce fut tout : Mimi avait sombré dans le sommeil. Bientôt, elle se réveillerait de nouveau, et cette fois, elle serait plus lucide. Rafe savait qu'il devait s'en aller maintenant. Il n'avait pas le choix.

Il détacha sa montre de son poignet, la contempla un instant en souriant puis la tendit à Charlie.

— Tiens. Tu la lui donneras de ma part.

Son ex-beau-frère le dévisagea, stupéfait.

— Tu t'en vas vraiment ? Tu ne préfères pas…

Bien sûr qu'il aurait préféré rester, tenir la main de Mimi, lui parler. Mais de quel droit ?

— Mieux vaut que je me fasse discret, répondit-il. Mimi et moi, on a pris une décision. Je dois la respecter.

Charlie fit tourner la montre entre ses doigts, l'air déçu.

— Je te la renverrai quand elle n'en aura plus besoin.

— Non, dit Rafe.

Donner cet objet précieux à Mimi était le seul moyen de lui prouver qu'il tenait à elle. Contrairement à la dernière fois, il ne voulait pas partir comme un voleur.

— J'aimerais… qu'elle la garde, ajouta-t-il. Elle lui portera chance. Et au moins, elle pourra regarder l'heure quand il lui prendra l'idée de partir au travail en pleine nuit.

Charlie eut un petit rire triste.

— Quand rentres-tu chez toi ?

— Demain matin, probablement. J'ai vu que le téléphone de Mimi était cassé, alors si elle a besoin de quoi que ce soit, il faudra absolument m'appeler. Promets-le-moi.

— Entendu, Rafe. Merci… pour tout.

La voix rauque et l'air bouleversé de son ex-beau-frère faillirent avoir raison de sa volonté. Il se pencha et l'étreignit longuement.

— Ce n'est qu'un au revoir, Charlie. Cette fois, je ne resterai pas cinq ans sans donner de nouvelles.

— C'est promis ?

— Oui. C'est promis.

La montre n'avait pas quitté son poignet depuis dix jours.

Encore à demi-inconsciente, Mimi avait protesté quand les infirmières avaient voulu la lui prendre. Finalement, on l'avait fixée à son poignet à l'aide d'un bandage élastique. Cet objet si précieux l'avait accompagnée, nuit et jour, sur le long chemin de la guérison.

Des soins intensifs, elle était passée en médecine générale et, ce matin-là, on l'avait enfin autorisée à rentrer chez elle. Quand Charlie, radieux, arriva dans sa chambre, elle était prête depuis longtemps.

— Salut, toi ! dit-il d'un ton gai. Alors, tu es impatiente de partir ?

Elle s'esclaffa.

— Je me demande ce qui te fait dire ça !

Charlie se pencha pour attraper le sac qu'il cala sur ses genoux. Puis il pivota vers la porte.

— Matthew nous attend dans la voiture, expliqua-t-il. Jan est allée te chercher un fauteuil roulant pliable.

La bonne humeur de Mimi retomba d'un coup.

— Je suis désolée… Tout ce bazar à cause de moi…

Janet et Matthew, qui n'avaient pas fini de nettoyer leur maison, habitaient toujours chez Charlie. Pour que Mimi puisse dormir chez son frère, ils avaient dû lui céder « leur » chambre. Ils logeraient désormais chez elle, de l'autre côté de la rue.

— Arrête tes bêtises, dit Charlie. Nous avons tout organisé, alors laisse-toi vivre, pour une fois.

— Ah, d'accord, j'ai compris… Tu te venges de l'époque où je te menais à la baguette, à ta sortie de l'hôpital. Tu veux me le faire payer. Vivement que je sois capable de me débrouiller toute seule !

Sa grimace déclencha l'hilarité de Charlie. Puis il lui fit sa « tête de méchant », celle qui la faisait toujours hurler de rire quand elle était petite.

— Eh oui, sœurette, répondit-il, l'air faussement menaçant. C'est moi qui commande, alors gare à toi !

Le soleil et l'air pur caressaient le visage de Mimi.

Assise sur le canapé du salon, elle goûtait ce bonheur simple sans arrière-pensée. En cette fin août, l'atmosphère était enfin devenue estivale, comme si les éléments avaient attendu qu'elle sorte de sa torpeur pour se réveiller.

Janet arriva soudain de la cuisine, des fleurs dans une main, un paquet dans l'autre.

— Surprise ! On a livré ça ce matin ! dit-elle, toute souriante.

Mimi eut un coup au cœur en voyant le magnifique bouquet de roses blanches et saumon, entremêlées de freesias odorants. Rafe… S'était-il rappelé à quel point elle aimait ce parfum délicat ?

— Je vais chercher un vase, ajouta Janet. Tu pourras les mettre dans l'eau toi-même. Tiens, regarde, il y a une carte.

Après le départ de son amie, Mimi décacheta la petite enveloppe d'une main tremblante.

« Nous pensons très fort à toi. A bientôt. Gros bisous de tout le monde. »

— De qui sont-elles ? demanda Janet, curieuse, en revenant.

— Oh… De Jack et de mes collègues, murmura-t-elle.

Elle sentit une larme rouler sur une joue et prit un mouchoir dans la boîte posée sur la table devant elle.

Durant son hospitalisation, elle avait reçu de nombreuses petites visites. Les gens n'avaient pas eu le droit de rester longtemps, mais ils avaient voulu lui témoigner leur soutien. Jack, lui, était passé tous les jours. Toutefois, elle n'avait pas vu celui qui hantait ses rêves la nuit. Rafe.

Il l'avait veillée pendant qu'elle était inconsciente. Puis, respectant leur accord, il était parti. Elle aurait pu demander à Charlie de le rappeler, mais s'était abstenue. A quoi bon, puisqu'il aurait fallu lui dire adieu de toute manière ?

— Tiens, ouvre ton paquet, suggéra Janet d'une voix douce. Je vais chercher le thé.

— D'accord…

Agacée par sa propre faiblesse, Mimi s'acharna sur l'entrelacs de rubans qui maintenait le papier cadeau. Comme elle n'arrivait à rien, elle faillit attendre que Charlie ou Janet volent à son secours. Tout lui demandait un effort surhumain, ces jours-ci.

Allons, elle exagérait ! Quelqu'un avait pris la peine de lui offrir un cadeau et la moindre des choses était de l'ouvrir.

Aussi persévéra-t-elle. Médusée, elle découvrit une boîte au design ravissant, portant le logo d'une prestigieuse marque de cosmétiques. Soulevant le couvercle, elle ferma les paupières, respirant la merveilleuse fragrance qui émanait du coffret.

Plusieurs trésors étaient enfouis sous un délicat papier de soie rose : un savon, du gel douche, mais aussi du shampooing, ainsi qu'une lotion pour le corps et une crème pour les mains.

Elle ne put résister à la tentation d'en déposer une noisette sur sa peau, là où avait été plantée l'aiguille du cathéter. Que c'était doux ! Et ce parfum… Voilà qui changeait de l'odeur du savon antiseptique !

Sans doute ce présent délicat et raffiné venait-il de sa meilleure amie ? Il fallait bien la connaître pour deviner à quel point elle était mal à son aise !

La première fois qu'elle s'était levée, à l'hôpital, elle avait failli pousser un cri d'horreur en voyant ses cheveux ternes, ses joues creuses, et les huit points de suture le long de sa mâchoire.

Et que dire du reste ? Elle avait une jambe dans le plâtre. L'autre était encore enflée et marbrée à cause des morsures de vipère. Mais tout s'arrangerait avec le temps. Ce que les médecins lui avaient répété en boucle…

— Waouh ! Qui t'envoie ça ?

Charlie s'était matérialisé devant elle, apportant un plateau de douceurs.

— Je… n'en sais rien. Je n'ai pas vu de carte.

— Il doit bien y en avoir une. Attends un peu…

Se penchant, il farfouilla dans le papier de soie et en extirpa un petit paquet du fond de la boîte.

— Tiens, il y a en a un autre ! commenta-t-il.

Elle déchira fébrilement le papier. A l'intérieur, elle découvrit un Smartphone protégé par une élégante coque au motif fleuri.

— Waouh ! s'écria Charlie. C'est le dernier modèle ! Qui a bien pu t'envoyer cette merveille ?

A présent, elle savait. Elle inspira à fond pour refouler ses larmes et alluma l'appareil. L'écran tactile s'illumina. Elle avait un message.

Si tu as besoin d'aide, appelle-moi. En attendant, profite-bien de ta douche. Je t'aime. Rafe.

Elle serra très fort le mobile contre son cœur.

— C'est un cadeau de Rafe, balbutia-t-elle. Comment a-t-il su que je devais sortir aujourd'hui ?

— Je… lui ai donné des nouvelles. On s'est appelé une ou deux fois.

Mais à l'air coupable de Charlie, elle devina que les contacts avaient dû être beaucoup plus fréquents.

Soudain, elle craqua et fondit en larmes, bouleversée à l'idée que Rafe puisse tenir à elle.

— Hé, Mimi…

Charlie contourna la table, rapprocha son fauteuil du canapé, puis se pencha pour la prendre dans ses bras.

— Je suis désolé, chuchota-t-il. Il m'avait demandé de lui téléphoner.

— Tu… as eu raison de le faire. Il… va bien ?

— Oui, très bien. Mais il se faisait un sang d'encre pour toi, alors j'ai pensé…

— Tu as eu raison…, répéta-t-elle. Merci beaucoup.

Elle prit un nouveau mouchoir et se tamponna le visage. Si seulement elle pouvait pleurer sans avoir mal aux yeux, aux lèvres, partout !

— Pourrais-tu l'appeler de ma part, s'il te plaît ? Dis-lui que je suis contente d'être à la maison, et que je le remercie pour ses magnifiques cadeaux. Je suis très touchée.

Charlie la dévisagea, l'air hésitant.

— Si tu veux, mais… tu devrais peut-être le faire toi-même, non ? Ce n'est pas pour rien qu'il t'a envoyé ce téléphone.

— Je ne préfère pas, murmura-t-elle. Nous avons rompu. C'est mieux comme ça.

— Enfin, Mimi ! Je pense qu'il voudrait venir. Il n'attend qu'un signe de ta part.

— Pour quoi faire ? Ça ne colle pas entre nous.

Charlie la berça doucement, comme il l'avait fait si souvent depuis qu'ils s'étaient retrouvés seuls au monde.

— Tu l'aimes, n'est-ce pas ? chuchota-t-il.

— Bien sûr que je l'aime. Mais l'amour ne fait pas tout. Il faut pouvoir vivre ensemble. Nous, on en est incapables.

— Bon, alors tu n'auras qu'à venir habiter avec moi. Je t'achèterai du chocolat.

Elle sourit à travers ses larmes.

— A ta place, je m'inquiéterais. Tu vas devoir me nourrir le temps que je trouve un autre poste.

— Ne t'en fais pour ça, répondit-il, lui pressant la main. On va prendre un problème après l'autre, d'accord ?

— Oui. Tu as raison.

Soudain très lasse, elle ferma les yeux. Charlie était là. Il allait tout faire tout pour lui faciliter la vie. Néanmoins, il ne pourrait pas l'aider à oublier Rafe.

Cette bataille-là, elle devrait la livrer toute seule.

15.

L'expédition shopping avec Janet avait épuisé Mimi, mais le résultat était à la hauteur.

En fouillant dans les rayons, elle avait déniché une robe d'automne rose, simple et fluide, assez longue pour lui cacher les genoux et les mollets. Question chaussures, la question était réglée du côté droit puisqu'on lui avait posé un plâtre de marche. Quant au pied gauche, elle l'avait chaussé d'une sneaker en tissu fuchsia. Autant jouer sur les contrastes jusqu'au bout !

Ce matin-là, après la douche, elle avait enduit ses cheveux d'après-shampooing et les avait brossés jusqu'à ce qu'ils brillent. Et même si rien ne pouvait effacer sa cicatrice, elle s'était maquillée avec soin.

— Dommage que ta robe ne soit pas plus décolletée, commenta Charlie. Les hommes aiment bien ça.

— Je connais les hommes, répondit-elle en soupirant. Mais ce n'est plus l'été et, de toute manière, il faudra qu'il m'accepte comme je suis.

Elle enfila sa veste puis saisit ses béquilles. Dix semaines après son accident, elle se déplaçait assez facilement sans toutefois pouvoir aller très loin. Chaque jour était une petite victoire.

Charlie leva les deux mains en souriant.

— D'accord, je me tais. Ce ne sont pas mes affaires. Je suis juste le chauffeur !

— Super, merci. Allons-y, je suis prête.

Rafe habitait un quartier résidentiel cossu.

En voyant ces demeures bourgeoises, ces jardins somptueux, Mimi ne put s'empêcher d'être heureuse pour lui. Elle se réjouissait qu'il ait déniché un tel cadre de vie. Peut-être cela l'avait-il aidé à tourner la page, après eux ?

Charlie s'était engagé sur une allée en bitume qui montait en serpentant jusqu'à une magnifique maison blanche dotée d'un perron auquel on accédait par un escalier de pierre.

— Oh ! oh..., murmura-t-elle.

— Je t'avais prévenue, commenta Charlie. Cet endroit n'est pas un modèle d'accessibilité. Mais de l'autre côté, le chemin donne sur l'arrière de la maison et sur le garage. C'est parfaitement plat. Les deux fois où je suis venu, je me suis garé là-bas.

Elle fronça les sourcils. Puisqu'elle était venue, elle trouverait la force d'emprunter l'entrée principale. La difficulté semblait insurmontable, mais tant pis !

— Appelle-le donc, suggéra Charlie. Ce sera plus simple.

— Non, je vais me débrouiller.

Il haussa les épaules.

— Comme tu veux. J'attendrai que tu sois en haut.

— Pas la peine, ça ira. Merci beaucoup.

Elle prit son sac à main et descendit de voiture.

— Passe-moi un coup de fil quand tu voudras que je revienne te chercher, ajouta Charlie.

Si elle avait cru que son frère partirait tout de suite, c'était mal le connaître. Il la regarda gravir l'escalier — difficilement, et à une allure de tortue. Il lui restait encore trois marches à monter quand elle se retourna pour lui faire signe de s'en aller et, cette fois, il démarra.

Sans rejoindre le perron, elle leva une béquille pour appuyer sur la sonnette. N'obtenant aucune réponse, elle essaya plus longuement, mais toujours sans résultat.

Quand Charlie avait téléphoné, disant qu'il voulait passer en fin de matinée, Rafe lui avait répondu qu'il serait là.

D'ailleurs, son 4x4 était garé en bas. Possédait-il une autre voiture ? Avait-il été rappelé à l'hôpital, un dimanche ?

Avec moult précautions, elle s'assit sur la première marche et resserra les pans de sa veste autour d'elle car le vent s'était levé. Sans doute allait-il pleuvoir. Elle n'allait quand même pas rappeler Charlie…

Non, elle patienterait. Elle avait trop attendu ces retrouvailles avec Rafe. Elle les avait voulues ainsi, loin du cottage, loin de « chez eux » et de leurs souvenirs.

Alors qu'elle se demandait quoi faire, elle le vit apparaître sur le chemin en contrebas, une pile de journaux dans les mains. Son sweater en laine brute épousait ses épaules musclées, son jean délavé lui moulait les hanches. Comme souvent, il portait une barbe de trois jours, et elle songea que cette vision délicieuse lui avait terriblement manqué.

Quel accueil allait-il lui réserver ? Depuis qu'elle projetait cette visite, elle avait tout imaginé de sa part : de l'hésitation, une froideur polie ou même un rejet brutal. Mais s'il disait tout simplement *oui* ? Aurait-elle, alors, le courage d'aller jusqu'au bout ?

Lorsqu'il la vit, sa réaction fut sans équivoque : laissant tomber ses journaux dans l'allée, il se mit à courir. Puis, parvenu à deux mètres d'elle, il s'arrêta net.

— Mimi ! Que…

— Tu as dit que si j'avais besoin de quelque chose…

Elle s'interrompit, désertée par tout courage.

— Entrons, dit Rafe d'un ton doux.

— Je… ne peux pas.

Il vint s'asseoir près d'elle, l'air inquiet.

— Pourquoi, Mimi ?

— Parce que… Je suis venue te dire quelque chose, alors voilà… Je crois en toi, Rafe, et j'aimerais que tu croies en moi.

Il ouvrit la bouche pour répondre, mais elle le fit taire d'un geste.

— Ça peut marcher entre nous, reprit-elle. Il faut qu'on arrive à se faire confiance. Je te mets au défi d'essayer !

Elle crispait les mains tellement fort l'une contre l'autre qu'elle en avait mal quand, soudain, Rafe se pencha vers elle, le visage à quelques centimètres du sien.

— Dans ce cas, je te mets au défi d'entrer, murmura-t-il.

— Tu pourrais le regretter…

— Oh ! non ! Et tu ne le regretteras pas non plus.

— Alors… j'accepte.

Elle plaça une paume tremblante dans sa main tendue. Il lui embrassa le bout des doigts puis se mit debout et la souleva de terre. Blottie contre son torse, elle sentit qu'il lui glissait un objet dans la main. *Une clé.*

Il monta les trois marches jusqu'au perron. Comme dans un rêve, elle déverrouilla la porte. C'était trop beau…

Après avoir franchi le seuil, il referma la porte du bout du pied. Puis, un bras enroulé autour de sa taille, il la déposa sur le sol avec une extrême délicatesse.

Ivre de joie, elle abandonna son sac sur le carrelage et fit glisser sa veste de ses épaules.

— Si on allait s'asseoir ? chuchota-t-elle.

— Attends. J'ai quelque chose à faire.

Son murmure se perdit sur ses lèvres quand il l'embrassa avec une infinie tendresse. Puis la passion prit le dessus, et ils échangèrent un baiser ardent.

Le passé était mort, l'avenir s'annonçait radieux. Le présent, lui, frôlait la perfection.

Quand Rafe se remit à l'embrasser, Mimi sentit ses jambes fléchir. Il la porta de nouveau, cette fois jusqu'au canapé du salon, où il l'assit sur ses genoux.

— C'est mieux ? murmura-t-il.

Elle lui entoura la nuque de ses bras avec un soupir d'aise.

— Beaucoup mieux. Tu m'as tellement manqué, Rafe !

— Toi aussi… Pince-moi, ajouta-t-il en souriant. J'ai l'impression de rêver.

— Si tu rêves, moi aussi, répliqua-t-elle d'un ton tendre.

Relevant légèrement les pieds, elle se rembrunit en voyant sa jambe gauche enflée et blême. Ce matin-là, son aspect lui avait semblé moins pire que les autres jours, mais maintenant...

Allons, elle ne pouvait rien y faire. Autant aborder le problème tout de suite.

— Je me trouve affreuse, Rafe. J'ai peur de ne plus te plaire. Surtout, sois franc avec moi. Je...

Il la fit taire d'un doigt posé sur sa bouche. Puis il effleura la cicatrice sur sa mâchoire avec une infinie tendresse. Quand elle osa affronter son regard, elle vit qu'il avait les larmes aux yeux.

— Mimi, pour moi, tu es la plus belle femme du monde. Arrête de te dévaloriser. Ne crois pas que je te juge.

— Alors, ça n'a pas d'importance ? Mon visage, ma jambe ?

— Si, c'est important dans la mesure où tu souffres. Et parce que je t'aime.

Elle ferma les paupières, submergée de bonheur. Quand elle les rouvrit, Rafe souriait toujours.

— L'amour est aveugle...

— Pas du tout ! Je te vois comme tu es, et je t'aime telle que tu es. S'il te plaît, arrête d'avoir peur.

— Je...

— J'ai d'autres choses à te dire, trésor.

Rafe devenait bavard. C'était nouveau. Il avait changé, mais elle n'allait pas s'en plaindre !

— Nous avions pris une décision, commença-t-il, l'air grave. Voilà pourquoi je me suis tenu à l'écart. Je voulais que tu te rétablisses tranquillement, sans pression. Il fallait que les choses viennent de toi. Alors tous les jours, j'ai croisé les doigts pour que tu te décides.

— Je voulais venir plus tôt, murmura-t-elle, chavirée. Mais je n'étais pas en grande forme.

— Je sais, mon cœur. Maintenant, je vais prendre soin de toi. Mais en échange, il faudra que tu prennes soin de moi.

— Oui. Bien sûr ! Je t'aime tellement, Rafe…

Ils échangèrent un baiser ardent. Une émotion très particulière, mélange de désir et d'allégresse, s'empara d'elle. Elle avait enfin trouvé sa place et, cette fois, pour toujours. Quant au reste…

— On devrait peut-être y aller doucement, murmura-t-elle.

— Doucement pour quoi faire ? demanda Rafe, l'air taquin.

Elle lui donna un coup de coude dans les côtes.

— Tu le sais bien ! Pour… les travaux pratiques.

Il secoua la tête en souriant.

— Je mentirais en disant que je n'ai pas envie de toi, Mimi. Mais j'attendrai aussi longtemps qu'il faudra.

Malgré son désir immense, la peur de le décevoir la tenaillait. Elle soupira.

— Je me fatigue vite. Je crains… de ne pas pouvoir…

— On peut toujours s'embrasser, non ?

La chaleur de son regard lui fit regretter le temps perdu. Comment avait-elle pu vivre toutes ces années loin de lui ?

— Oui, on peut toujours.

— Et aussi se tenir la main, ajouta Rafe.

Elle le prit immédiatement au mot et lui embrassa le bout des doigts.

— Merveilleux, chuchota-t-il. Aimerais-tu tenter une nouvelle expérience ?

Son air complice était porteur de mille promesses. Elle lui sourit.

— Quel genre d'expérience ?

Il posa les lèvres sur sa joue. Puis, très lentement, il remonta jusqu'à son oreille. Elle eut l'impression de se liquéfier sur place.

— Je vais t'embrasser, te frôler, te caresser, dit-il d'une voix rauque. Je vais te rendre folle de moi, comme je suis fou de toi. Mais je prendrai mon temps pour te faire craquer…

— Qui te dit que je vais craquer ?

Il l'embrassa passionnément, presque sauvagement.

— Fais-moi confiance, ma chérie. Tu *vas* craquer.

La chambre de Rafe se trouvait au premier étage.

Il la porta dans l'escalier, tel un jeune premier romantique emmenant sa belle vers leur nid d'amour.

Quand il l'allongea sur le lit, elle jeta un coup d'œil autour d'elle. Les murs étaient crème, tout comme les rideaux, les tapis et l'édredon.

— Très confortable ! On dirait un palace.

— Ça manque d'une touche féminine, répondit Rafe, malicieux.

— Peut-être que je pourrais…

Les mots s'étranglèrent dans sa gorge. Il venait de retirer son pull-over et sa chemise, et la vision de son torse bronzé et musclé reléguait la décoration au second plan.

— Tu pourrais quoi ? demanda-t-il, en s'agenouillant devant elle pour la déchausser.

Elle lui agrippa les épaules pour l'attirer vers elle.

— On verra plus tard… Pour l'instant, je veux te regarder, toi. Aide-moi à enlever ma robe…

16.

Rafe la déshabilla lentement, en effleurant la moindre parcelle de son corps.

Quand il retira son jeans, elle lui lança un regard incertain. Il s'agenouilla alors devant elle et lui étreignit les mains.

— Je ne te l'ai pas assez dit..., chuchota-t-il. Avec toi, j'ai l'impression d'être aimé et désiré pour ce que je suis.

— C'est le cas, mon amour. Je t'aime de tout mon cœur, tel que tu es.

Ils s'embrassèrent avec une tendresse infinie, encore et encore. Entre chaque baiser, ils parlaient, riaient et se caressaient. Ils n'étaient pas pressés de conclure les débats. Au contraire, ils prenaient leur temps.

Mimi n'avait plus peur que Rafe voie ses cicatrices. Elle avait craint son regard, mais à présent qu'elle se savait aimée, elle se trouvait belle. Elle était heureuse, tout simplement.

Rafe lui cala un oreiller derrière le dos.

— Tu es bien ?

— Oui, très bien.

Il continua d'énumérer tout ce qui lui plaisait chez elle, avec des baisers de plus en plus érotiques.

— Tes seins..., murmura-t-il avec un gémissement rauque.

Du bout du doigt, il traça une ligne sur sa poitrine, et s'arrêta au moment où elle commençait à trembler de désir.

— Vilain !

Il s'esclaffa.

— Est-ce une constatation, ou est-ce que tu aimes ça ?

— Voyons voir… Je crois bien que j'aime ça !

Quand il captura un mamelon durci entre ses lèvres, elle poussa un petit cri. Le désir qu'ils éprouvaient l'un pour l'autre devenait presque insupportable, et Rafe, qui la connaissait par cœur, ne lui demanda pas si elle était prête : il se pencha pour prendre un préservatif dans la table de chevet.

Joueuse, elle caressa son sexe érigé, le protégeant langoureusement, et s'amusant de l'entendre gémir. Ce soir, Rafe était tout à elle. Et ce n'était qu'un début…

Rafe n'en revenait toujours pas. Il avait encore du mal à croire qu'il était là, dans son lit, en train de faire l'amour avec la femme de ses rêves. Ils étaient plus proches qu'ils ne l'avaient jamais été. C'était comme si leurs corps et leurs âmes n'avaient vécu que pour cet instant.

Avec précaution, il cala un oreiller sous la jambe meurtrie de Mimi. Leurs regards se soudèrent et, quand il vint en elle, elle murmura son nom. Puis elle traça les contours de son visage du bout des doigts d'une manière qui le fit complètement chavirer.

Il commença à bouger en elle, se maîtrisant autant qu'il le pouvait. Malgré son désir intense, il voulait savourer chaque seconde, chaque minute de ce moment parfait où ils cheminaient ensemble, les yeux dans les yeux.

— Mimi… Tu es belle. Je t'aime.

Elle oscillait au bord de l'extase. Mais avant qu'elle s'abandonne, il avait tenu à exprimer de nouveau ses sentiments.

Son sourire lui fit comprendre qu'elle le croyait enfin. Qu'elle était prête à accepter tout ce qu'il avait à lui offrir, maintenant et pour l'éternité.

Alors il ne chercha plus à résister, allant et venant en elle de plus en plus vite, de plus en plus fort, jusqu'à ce qu'ils jouissent ensemble, dans le même cri, en symbiose parfaite.

L'univers explosa en un millier de couleurs. Il serra Mimi à l'étouffer, en chuchotant les mots d'amour qu'il avait tant de fois rêvé de lui dire. Puis il roula sur le côté et l'attira à lui, émerveillé de sentir son cœur battre contre le sien.

— Waouh..., chuchota-t-elle.

Envahi par une bienheureuse torpeur, il l'embrassa sur le front.

— Waouh, en effet..., dit-il. Il n'y a pas d'autre mot.

La fatigue eut vite raison de Mimi.

Rafe resta longtemps allongé près d'elle, à la regarder dormir. Puis, songeant qu'elle allait avoir faim, il descendit préparer un en-cas.

Quand il revint dans la chambre, il la trouva enveloppée dans son peignoir de bain, assise contre les oreillers. Elle avait ramassé sa robe, dont elle lissait méticuleusement les plis. Cette vision le fit sourire et il se pencha pour l'embrasser.

— J'ai mis la table en bas, dit-il. C'est du vite fait, mais si tu restes ce soir, j'essaierai de nous préparer un bon petit dîner. Enfin, si tu veux...

La perspective de la voir partir le rendait déjà malade. Il ne s'imaginait pas manger sa sempiternelle pizza du dimanche soir seul devant la télévision.

— Ce serait super ! répondit-elle d'un ton enthousiaste.

Elle prit la béquille qu'il lui avait rapportée du rez-de-chaussée et se mit debout.

— Veux-tu t'appuyer sur moi ? proposa-t-il.

— Non, merci, ça va. J'arrive à me débrouiller seule.

Il se posta devant elle pendant qu'elle descendait l'escalier, au cas où. Puis il l'escorta jusqu'au salon, et alla chercher son plateau dans la cuisine.

Il s'assit près d'elle, installée bien confortablement sur le canapé, et lui entoura les épaules. Alors, soudain, il eut l'impression que son cœur explosait. Les mots jaillirent avant qu'il ait eu le temps de réfléchir :

— Je veux vivre avec toi, Mimi.

Elle rougit comme un coquelicot.

— Tu veux dire… Tu me proposes d'habiter ici ?

— Oui ! Ou alors, chez toi. C'est comme tu veux.

— Mais tu travailles dans le coin. Tu ne pourras pas faire les trajets tous les jours…

Elle secoua la tête en souriant.

— En fait, je préférerais emménager ici. Au cottage, nous avons trop de mauvais souvenirs. Il faut qu'on reparte sur de nouvelles bases.

— Tu as raison ! Donc, tu vas venir réchauffer mon grand lit de palace toutes les nuits ? ajouta-t-il, taquin.

— Oui, mon amour.

Envahi par une allégresse telle qu'il n'en avait jamais connu, il lui captura la main dont il embrassa les doigts l'un après l'autre.

— Tu ne le regretteras pas, dit-il.

— Toi non plus, Rafe. Quoi que…

Mimi souriait, malicieuse. Il éclata de rire.

— Super ! A quoi est-ce que je m'expose, encore ?

— Eh bien… J'ai quelques bricoles à la maison que je pourrais apporter ici…

— Apporte tout ce que tu veux !

Son salon aux murs crème, au mobilier luxueux, aurait pu figurer dans un catalogue d'ameublement. Néanmoins, il l'avait toujours trouvé un peu froid. Il savait bien, au fond, qu'il lui manquait l'essentiel.

— Tout à l'heure, je t'ai dit que ma chambre avait besoin d'une touche féminine, Mimi. Mais cela vaut pour toutes les pièces. En réalité, je voulais te faire comprendre… que cette maison a besoin de *toi*.

— Vraiment ?

— Oui ! Dans la chambre, il y aurait de la place pour…

— Une coiffeuse ?

Il s'esclaffa.

— Voilà ! Tu as trouvé.

Tout à coup, Mimi redevint sérieuse.

— J'ai gardé beaucoup de nos meubles, murmura-t-elle. Ils sont dans mon grenier car je n'ai pas eu le cœur de m'en débarrasser. On… n'aura qu'à choisir ensemble ce qu'on veut garder. Comme ça, on prendra un nouveau départ sans oublier notre vie d'avant.

Emu, il l'embrassa sur le front.

— Excellente idée, mon amour.

— Tu es conscient que le mobilier ne suffira pas, qu'il faudra aussi qu'on se donne des règles ?

Il opina en souriant.

— Je m'étonnais que tu n'en aies pas encore parlé. Et je pense que la discussion va être très, très constructive !

Il l'embrassa avec passion puis nicha le visage dans son cou.

— La règle numéro 1, c'est que je t'aime, lui chuchota-t-il à l'oreille. N'oublie jamais ça.

Jour après jour, Mimi avait l'impression de renaître au monde.

Rafe n'avait pas perdu de temps pour contacter la responsable des ressources humaines de son hôpital. Compréhensive, cette dernière avait proposé à Mimi un poste à mi-temps de formatrice des conducteurs ambulanciers.

Pour elle qui n'était pas prête à chercher un poste d'ambulancière secouriste — et ne le serait pas avant plusieurs mois —, cette occasion était un vrai cadeau. Elle s'était découvert une nouvelle vocation. Transmettre son savoir était plutôt agréable, finalement !

Depuis qu'elle travaillait, son moral était remonté en flèche, se mettant au diapason de son état physique.

Même si les morsures de vipère la faisaient encore souffrir — elle ne pouvait pas vraiment s'appuyer sur sa jambe —, la sensation s'atténuait. Et bien sûr, tout allait mieux depuis qu'on lui avait retiré son plâtre : elle avait retrouvé des appuis stables du côté droit.

Quant à son visage… La cicatrice ne disparaîtrait sans doute jamais complètement, mais elle s'était bien atténuée. Avec un peu de maquillage, elle devenait presque invisible, au point que Mimi avait arrêté de se regarder sous toutes les coutures en se levant le matin. Depuis qu'elle vivait chez Rafe, elle avait beaucoup mieux à faire.

Lorsqu'ils avaient reçu leur invitation pour la réouverture officielle de la brasserie, Rafe avait secoué la tête. Il n'imaginait pas qu'elle puisse vouloir retourner sur les lieux de l'accident. Mais elle l'avait rassuré et exprimé le souhait qu'ils y aillent ensemble. Tant qu'il serait avec elle, tout irait bien. Avec lui, malgré sa faiblesse, elle se sentait prête à soulever des montagnes.

Ce samedi, le grand jour était enfin arrivé.

En ce matin d'automne radieux, le temps était en parfait accord avec l'humeur de Mimi. Le trajet vers la brasserie avait été un enchantement. Tout en contemplant les arbres parés de superbes feuilles rouges et orangées, elle avait bavardé avec Rafe, détendue et heureuse.

Existait-il meilleure façon de tourner le dos à cette dramatique journée du mois d'août ? Pas pour elle, en tout cas.

Dès que Rafe se fut garé sur le parking de la brasserie, Joe Harding, le directeur, accourut vers eux. Visiblement, ils étaient attendus.

— Si vous saviez comme je suis content de vous voir ! s'exclama-t-il, en offrant galamment son bras à Mimi. Venez, la réception est par-là.

Il les escorta jusqu'au centre d'accueil des visiteurs, décoré avec soin pour la circonstance. Une bonne odeur de barbecue montait du restaurant improvisé aménagé dans le parc, où ils se rendirent ensuite.

Grant, l'ouvrier qu'ils avaient secouru, courut vers eux dès qu'il les vit. Il se confondit en remerciements, et quand il leur présenta sa femme et ses deux enfants, Mimi se sentit toute chose. Elle avait beau se dire que Rafe et elle n'avaient fait que leur devoir, cette gratitude faisait chaud au cœur !

L'émotion ne s'arrêta pas là. A l'heure des discours, après les éloges chaleureux de Joe Harding, une fillette s'avança vers elle, un somptueux bouquet à la main, sous un tonnerre d'applaudissements. Elle le prit, les larmes aux yeux, après quoi elle embrassa la foule du regard, blottie contre Rafe.

Alors qu'elle se remettait à peine de ce moment intense, quelle ne fut pas sa surprise de voir arriver Charlie, escorté d'une jolie brunette qu'elle reconnut comme une des infirmières de l'hôpital. La jeune femme marchait à côté du fauteuil et tenait la main de Charlie.

Mimi tira Rafe par la manche, estomaquée.

— Ils sont ensemble ? chuchota-t-elle.

Il lui adressa un clin d'œil.

— A ton avis ?

— Quoi ? Tu le savais ? Pourquoi ne m'as-tu rien dit ?

— Ce n'était pas à moi de le faire. Et puis, je n'étais pas sûr. Ils ont dû se rencontrer quand tu étais en soins intensifs.

— Espèce de cachottier ! Elle est mignonne, ajouta-t-elle, attendrie.

— Pas autant que toi…, lui murmura Rafe à l'oreille.

— Ce n'est pas un concours ! Au lieu de dire des bêtises, tu devrais être content que mon frère ait quelqu'un dans sa vie.

— Mais je le suis ! J'espère qu'il va nous la présenter. Je n'ai jamais eu l'occasion de lui parler.

— Oui, ce serait bien. Ils seront peut-être libres à déjeuner demain ?

Charlie parut enfin s'apercevoir qu'ils le regardaient fixement. Il leur fit un grand signe puis, après avoir chuchoté quelques mots à son amie, ils se rapprochèrent.

— Tu vas pouvoir le leur demander, répondit Rafe en riant. Ils arrivent.

Cette réouverture riche en émotions tint toutes ses promesses. Il y avait eu de la musique, des jeux pour les enfants, de nombreuses animations. Le soir, un buffet froid avait été servi sous un grand chapiteau. Et maintenant, alors que la nuit tombait, tout le monde attendait le feu d'artifice qui serait le clou de la journée.

— Si on allait faire un tour dehors ? proposa Rafe.

— Avec joie ! répondit Mimi. Il commence à faire chaud là-dessous.

Abandonnant sa béquille, elle prit appui sur le bras qu'il lui offrait. Dès qu'ils furent à l'extérieur, elle lui planta un baiser sur la bouche.

— Merci pour aujourd'hui, chéri. C'était génial. Je poursuivrai la séance de remerciements à la maison, ajouta-t-elle en se serrant contre lui.

Rafe éclata de rire.

— Si tu continues, je vais te renvoyer au travail à temps plein ! Histoire de te fatiguer un peu…

— N'importe quoi ! Tu adores quand je suis en forme. D'ailleurs, tout ça, c'est ta faute. Tu n'arrêtes pas de chercher des « solutions médicales » pour qu'on puisse le faire sans que j'aie mal aux jambes…

— On appelle ça de la formation continue ! Tous les médecins n'ont pas la chance d'avoir un cas comme toi sous la main.

Elle lui donna un coup de coude dans les côtes.

— Le « cas » te remercie ! Que feras-tu quand je serai complètement remise ?

— Je poursuivrai mes recherches, déclara-t-il, sentencieux. On évaluera les effets du traitement à long terme.

Ils marchèrent un moment dans l'obscurité, insouciants et heureux. Sans s'en rendre compte, ils avaient traversé la cour principale et étaient arrivés devant l'entrepôt où Mimi avait failli perdre la vie. Elle regarda l'entrée en frissonnant puis inspira à fond.

— J'aimerais… aller voir, murmura-t-elle.

Rafe la dévisagea, l'air dubitatif, mais elle l'entraîna. Ils avaient partagé tant de choses qu'elle se sentait assez forte pour franchir cette étape.

— Tu es sûre ? murmura-t-il, la main sur la poignée d'une petite porte de service.

— Certaine.

D'un bras enroulé autour de sa taille, il la guida à l'intérieur. Il localisa un interrupteur à tâtons, alluma, puis ils avancèrent de quelques pas.

A la lumière des néons, le rez-de-chaussée semblait impeccable. Tout était net, en ordre, bien rangé. Les étagères cassées avaient été réparées et on avait remplacé les fenêtres. Jamais on n'aurait pu imaginer que cette pièce avait été le théâtre d'une inondation quelques semaines plus tôt.

En un flash-back rapide, Mimi visualisa Rafe au milieu de l'escalier. Elle se revit courir dans la boue vers le sas d'entrée, juste avant que la porte de la zone de chargement ne cède sous la pression de l'eau.

Elle eut l'impression de sentir à nouveau cette atroce douleur au visage puis de sombrer dans le torrent. Alors qu'elle luttait pour refaire surface, quelque chose s'était enroulé autour de sa jambe. Elle avait senti une morsure cuisante, et une autre encore…

A l'hôpital, au début, elle en avait fait des cauchemars. Mais la présence de Rafe l'avait rassurée, et maintenant qu'ils étaient là, tous les deux, l'entrepôt avait perdu son caractère terrifiant. Il appartenait au passé, ni plus ni moins.

Plusieurs bancs en métal étaient fixés le long des murs. Rafe se dirigea vers l'un d'eux, s'y assit et l'attira sur ses genoux. Il avait les yeux pleins de larmes.

— Hé, là, chuchota-t-elle, bouleversée. Tout est bien qui finit bien.

— Je sais… Ça va ?

— Bizarrement, oui. Toi, en revanche…

Il secoua la tête en souriant.

— Je n'arrive pas à croire qu'on soit là, ensemble. J'ai vraiment cru te perdre, ajouta-t-il d'une voix rauque. Quand tu étais sous l'eau…

Elle l'embrassa sur la joue avec douceur.

— Tu m'as retrouvée. C'est tout ce qui compte.

Alors qu'il séchait ses larmes, elle plongea une main dans son sac. Jamais elle n'aurait cru faire cela ici, mais au fond, le lieu et le moment étaient idéaux.

— J'ai une surprise pour toi, Rafe.

— Ah, bon ?

Elle lui tendit un écrin qu'il prit avec un regard interrogateur.

— Je sais que tu me l'avais donnée, murmura-t-elle. Mais…

Il ouvrit la boîte, et resta bouche bée en voyant les deux montres sur leur lit de velours. Il y avait celle que son grand-père lui avait offerte et, à côté, un modèle femme, plus petit. Sous chaque verre, Mimi avait fait insérer la moitié de la pièce porte-bonheur coupée en deux.

Le visage de Rafe s'illumina d'un sourire éclatant.

— Mimi ! C'est génial !

— Ça… ne t'ennuie pas ?

— M'ennuyer ? Mais non, au contraire ! C'est une merveilleuse idée.

— Vas-y, mets la tienne.

— Toi d'abord !

Il lui passa le bracelet doré autour du poignet et actionna le fermoir. Puis il retira la montre qu'il portait depuis deux mois et la rangea dans sa poche pour remettre l'ancienne.

— J'ai dû faire modifier le cadran, expliqua-t-elle. Il fallait un demi-cercle pour remplacer la moitié de pièce. J'ai choisi un bleu assorti à la couleur de tes yeux. Les trois petites étoiles en or blanc, au-dessus, rappellent les trois nuits que tu as passées à l'hôpital avec moi. Tu étais là quand j'ai eu besoin de toi. Je ne l'oublierai jamais.

— C'est... parfait. Je ne sais pas quoi dire. Merci beaucoup, mon ange.

Après avoir observé un instant sa montre, Rafe explora la poche intérieure de sa veste.

— Je voulais attendre qu'on soit à la maison, mais tout bien réfléchi... Moi aussi, j'ai quelque chose pour toi. Prête ?

Elle eut un coup au cœur en découvrant le petit écrin noir dans sa main. Quand elle chercha son regard, il hocha la tête en souriant.

— Cela fait longtemps que j'attendais ce moment, chuchota-t-il. Alors voilà... Veux-tu m'épouser, Mimi ?

— Oui, Rafe ! Oui !

Les mots avaient jailli, clairs, nets, spontanés. Il n'y avait pas à réfléchir. Cette demande était l'aboutissement logique des choses. Le bonheur ultime.

— Quel enthousiasme ! plaisanta Rafe. Le mariage ne te fait pas peur ?

— Absolument pas. Je t'aime et je veux t'épouser.

Il s'esclaffa.

— Tant mieux, parce qu'une autre réponse qu'un « oui » m'aurait contrarié !

Reprenant son sérieux, il lui captura la main pour embrasser tous ses doigts l'un après l'autre. Puis il glissa à son annulaire un somptueux diamant logé au cœur d'une torsade de saphirs, sur une monture en platine.

Son rêve devenait réalité. Elle sentit les larmes lui monter aux yeux.

— Rafe... Quand...

— Je l'ai choisie la semaine dernière, mais le joaillier a dû la rétrécir. J'avais pris une de tes bagues en cachette dans ta boîte à bijoux, pour la taille…

— Ah ah ! Espèce de cachottier !

— Elle te plaît ?

— Je l'adore, Rafe. Mais c'est trop beau… C'est…

— Chut, mon amour. Rien ne sera jamais trop beau pour toi.

Ivre de bonheur, elle se blottit contre lui.

— Pince-moi, je rêve…, murmura-t-elle.

— Si tu rêves, alors moi aussi. Et cette fois, c'est pour la vie.

Épilogue

Ce samedi midi allait être célébré le premier mariage de la nouvelle année.

Assise dans la calèche entre Ellie et Jack, Mimi resserra les pans de son manteau de brocart autour d'elle. Dans sa somptueuse robe d'hiver à manches longues, elle n'avait pas froid. Mais il neigeait à gros flocons, et elle craignait que la fille de Jack ne s'enrhume.

Dès qu'ils furent partis, elle dissimula les jambes d'Ellie sous une couverture. La puce était adorable dans sa robe jaune pâle, et elle avait poussé des cris de Sioux en découvrant qu'on lui avait fait confectionner un manteau de princesse, identique à celui de la mariée !

Son père lui ayant dit que le mariage était un conte de fées, elle prenait la chose très au sérieux.

— Regarde, chérie, les gens nous applaudissent, dit Mimi. Fais-leur coucou, si tu veux.

Plusieurs personnes s'étaient arrêtées sur le trottoir pour les regarder passer. Ravie, Ellie se pencha en faisant de grands signes, et Jack eut tout juste le temps de récupérer le bouquet de demoiselle d'honneur avant qu'il ne passe par-dessus bord !

Mimi porta machinalement une main à son cou. Le somptueux rang de perles, un bijou de famille donné par la mère de Rafe, s'harmonisait à merveille avec sa tenue. Elle ne voulait pas l'accepter, au départ, mais sa future belle-mère avait tellement insisté qu'elle avait fini par céder.

Les Chapman l'avaient accueillie à bras ouverts, au point qu'elle avait oublié ses craintes à leur égard. Le passé était loin. L'avenir s'annonçait radieux…

— Ça va ? demanda Jack pour la vingtième fois au moins. Tu es bien songeuse.

— Je pensais à tout ce qui nous est arrivé depuis quelques mois. C'est fou.

— Oui, on peut le dire !

Jack s'était fiancé avec Cass. Mimi, elle, avait retrouvé l'homme de ses rêves. Celui qu'elle n'avait jamais cessé d'aimer, et à qui elle allait bientôt dire « oui »…

Sa jambe était encore faible, au point qu'elle s'était demandé si elle allait tenir le coup. Rafe, cependant, n'avait pas voulu attendre davantage pour se marier. « Je te porterai jusqu'à l'autel s'il le faut, mais on réussira ! » avait-il promis.

Heureusement, il ne serait pas nécessaire d'en arriver là. Elle allait beaucoup mieux et se sentait parfaitement capable de remonter la nef au bras de Charlie.

A leur arrivée à l'église, son frère, rayonnant, les attendait sous le porche. Jack donna à Ellie une petite corbeille remplie de pétales de fleurs à lancer puis ils entrèrent tous ensemble.

— Tu peux marcher, sœurette ? demanda Charlie.

— Bien sûr !

Elle n'allait pas fléchir si près du but. C'était hors de question.

— Alors vas-y…

— Qu'est-ce que tu racontes ? Tu dois me donner le bras !

— Oui, mais c'est *ton* moment. Et moi, je veux te voir marcher toute seule vers Rafe.

Il lui embrassa la main puis l'encouragea du regard.

— Vas-y, répéta-t-il. Je serai juste derrière toi.

— Je t'aime, Charlie.

— Je t'aime aussi, ma belle. Allez, go !

Mimi pivota vers l'assemblée et sourit aux visages familiers tournés vers elle. Elle aurait toute la journée pour penser à leurs amis et à leur famille. Mais pour l'instant, elle ne voyait que Rafe.

Il était si beau dans son costume sombre, avec gilet assorti aux broderies de sa robe, qu'elle en eut le souffle coupé. Quand l'organiste joua les premières notes de la *Marche nuptiale*, elle eut l'impression que son cœur s'envolait vers lui.

La musique, à la fois forte et solennelle, effraya Ellie. Celle-ci fit brusquement demi-tour pour se réfugier près de Charlie qui la souleva pour l'asseoir sur ses genoux, provoquant une vague de rires dans l'assistance.

Un sourire complice aux lèvres, Rafe tendit la main. Il y avait tant d'amour et de joie dans son regard que Mimi faillit oublier sa jambe et s'élancer vers lui.

Mais elle avait appris à être raisonnable. Marcher était déjà une première étape.

Pour le reste, ils avaient la vie devant eux.

Vous avez aimé *Une nouvelle chance de s'aimer* ?
Tournez la page pour découvrir la suite de votre série
« Profession : secouristes » !

ANNIE CLAYDON

Rencontre à haut risque

Traduction française de
CHRYSTELLE POULAIN

BLANCHE

HARLEQUIN

Titre original :
SAVED BY THE SINGLE DAD

Ce roman a déjà été publié en 2017.

1.

Jack baissa la tête pour protéger son visage de la pluie battante.

L'ambulance n'avait pas pu franchir le pont étroit qui menait au petit village de Holme, où il devait évacuer une femme enceinte. En ce mois d'août, les inondations avaient pris une ampleur considérable dans le Somerset. Intervenir auprès des patients de cette région rurale d'Angleterre devenait difficile pour lui et Mimi, sa collègue.

Sept années de collaboration — il était ambulancier secouriste, et elle, son chauffeur — les avaient préparés à tous les scénarios catastrophe. Ils formaient une excellente équipe. Mais hélas, ils ne savaient pas encore stopper les intempéries, et plutôt que de rester embourbés sur la route sinueuse, ils avaient choisi de garer leur fourgon pour finir à pied.

Sans véhicule, le transport de la future mère allait se compliquer, mais il n'y avait pas lieu de s'affoler. D'une part, la jeune femme n'était pas encore en travail. D'autre part, il s'agissait d'une évacuation anticipée au cas où le village serait coupé du monde. Au besoin, on pourrait toujours la descendre à pied, sur une civière, jusqu'à l'ambulance. Jack avait également prévenu les secours aériens. Par ailleurs, dans le pire des cas, Mimi et lui avaient déjà mis des bébés au monde.

— Oh ! là… Doucement.

Il agrippa la sangle de son gros sac de manière réflexe pour rétablir son équilibre. Il venait de glisser sur une plaque de boue, et avait failli tomber. Ce n'était pas le moment de se casser une jambe !

Comme s'il s'agissait d'un jeu, il compta ses pas en traversant le pont.

— Un, deux, trois, soleil…

Il y jouait souvent avec Ellie, sa fille de quatre ans, lorsqu'ils partaient en promenade. Dieu merci, sa puce était bien au chaud et en sécurité, lui-même, malheureusement, ne sachant pas à quelle heure il pourrait rentrer à la maison.

Les roulements du tonnerre s'amplifiaient, à présent. Il avait rejoint la rive et décida d'attendre Mimi pour monter au village. Elle n'avait pas encore traversé, et elle avait même fait demi-tour sur la route à la recherche d'un réseau mobile. La radio ne fonctionnait plus, les portables passaient mal et, pourtant, il fallait bien rester en contact avec l'hôpital dont ils dépendaient…

Il eut l'impression qu'elle criait son nom, se dit qu'il hallucinait, que c'était le vent. Puis, juste après, il prit conscience que le grondement sourd derrière lui ne venait pas du ciel, mais d'ailleurs.

Il se retourna juste à temps pour voir un mur liquide avancer vers lui à une vitesse vertigineuse. Une vague d'eau boueuse déferlait dans sa direction. Il devait fuir !

En une fraction de seconde, il comprit qu'il n'atteindrait pas la montée du village à temps. Jetant un coup d'œil de côté, il vit soudain un gros arbre dont le tronc noueux était assez bas pour être escaladé. Alors, sans réfléchir, il jeta son sac par terre et courut plus vite qu'il ne l'avait fait de toute sa vie.

A peine s'était-il accroché au tronc qu'il sentit un violent impact dans son dos. La vague l'avait plaqué contre l'arbre, lui coupant le souffle. Les paupières fermées pour se protéger, il n'entendait plus rien qu'un rugissement furieux. L'écorce lui griffait le visage. Mais il tenait le coup…

Tiens bon. Accroche-toi.

Un autre grondement, plus sinistre encore, le glaça jusqu'aux os. Il se cramponna au tronc, mais pas assez pour pouvoir résister à la seconde vague : sous la force de l'assaut, il sentit ses doigts glisser sur le bois détrempé.

Sa tête heurta une grosse branche qu'il localisa à tâtons. Il s'y agrippa comme il put tandis qu'un cri rauque s'échappait de ses lèvres. Etaient-ce les dernières secondes de sa vie ?

Le cauchemar s'arrêta au moment où il allait lâcher prise. Complètement étourdi, coincé entre deux branches, il resta immobile, tremblant de la tête aux pieds après l'effort qu'il venait de fournir. Il avait froid, maintenant…

Mimi…

Il fit une prière muette pour qu'elle n'ait pas essayé de traverser le pont. Mais quand il voulut l'appeler, il commença à tousser puis à vomir. Il souffla fortement pour expulser l'eau de ses narines et prit une grande goulée d'air.

— Mimi !

— Restez tranquille. Ne bougez pas.

La voix féminine, douce et un peu rauque, lui sembla presque irréelle. Il sentit qu'on lui essuyait le visage, et qu'on lui nettoyait les yeux et la bouche.

— Ma collègue…

— Elle va bien. Je la vois, sur l'autre rive.

Il décrocha une main de la branche, sentit des doigts tièdes se refermer sur les siens. Dans son champ de vision brouillé, apparut alors une jeune femme au visage pâle et à la chevelure flamboyante protégée par une capuche. Il remarqua ensuite une mâchoire bien dessinée, une bouche sensuelle… avant de découvrir le plus incroyable regard bleu clair qu'il lui eut été donné de voir.

Cette sublime créature était-elle une déesse guerrière ?

Allons, il s'égarait. Il subissait le contrecoup du choc. Ses facultés de raisonnement étaient amoindries !

— Vous… êtes sûre que Mimi va bien ? demanda-t-il.

Sa sauveuse jeta un bref coup d'œil par-dessus son épaule puis pivota vers lui.

— Elle porte le gilet jaune des ambulanciers ? Elle est blonde ?

— Tout à fait !

Rassuré, il bougea lentement.

— Vous n'êtes pas blessé ?

Il avait mal partout et nulle part en même temps. C'était plutôt bon signe.

— Non, je ne crois pas. Merci, mademoiselle…

— Je m'appelle Cass. Cassandra Clarke.

— Jack Halliday.

— Eh bien, Jack, ne traînons pas ici. On va y aller. Doucement…

Il avait une cheville coincée sous un enchevêtrement de branches. Après l'avoir dégagé, Cass revint à sa hauteur.

Bien calée dans son dos, elle le ceintura et le bloqua fermement contre son estomac. Enfin, elle redescendit pour l'aider à mettre pied à terre.

Le premier réflexe de Jack fut de se retourner pour voir où était Mimi. Le pont avait disparu ! Il ne restait plus que les piles brisées !

Heureusement, Mimi se trouvait à bonne distance de la rivière en crue. Plantée au milieu de la route, elle regardait dans sa direction.

Près d'elle se tenait un automobiliste dont la silhouette parut vaguement familière à Jack. L'homme avait garé son 4x4 noir sur le bas-côté. Il avait laissé sa portière ouverte et les phares allumés.

— Ça va ?

Cass Clarke le dévisageait, l'air préoccupé. Maintenant qu'ils étaient côte à côte, il remarqua qu'elle était presque aussi grande que lui.

— Très bien, merci.

Il voulut prendre son mobile dans sa poche, mais il ne trouva que de la terre et des cailloux.

— Je dois passer un coup de fil, dit-il, contrarié.

— On vous prêtera un téléphone là-haut. Le village n'est qu'à dix minutes à pied. On va monter tout de suite.

Cass avait répondu d'un ton calme, mais avec une indéniable autorité signifiant que discuter n'aurait servi à rien. Il fit signe à Mimi, et elle ouvrit les bras comme si elle voulait l'étreindre. Il porta alors la main à son oreille pour lui faire comprendre qu'il l'appellerait dès que possible.

L'homme debout près d'elle se pencha pour ramasser un objet par terre. C'était un portable que Mimi lui arracha presque des mains. Au bout de dix secondes, elle leva les deux pouces : elle restait joignable !

— Drôle de façon de se garer, commenta Cass, non sans humour. C'était volontaire ?

Il reporta son attention sur l'ambulance. Le fourgon, à l'origine stationné au bord de la route, avait lui aussi subi les assauts de la rivière. Il se trouvait maintenant en équilibre précaire contre un arbre, un peu plus loin.

Jack pesta entre ses dents. Cass eut un rire taquin.

— J'en conclus que non !

Malgré la douleur, il ne put s'empêcher de rire aussi.

— Mais qui êtes-vous donc ? s'exclama-t-il.

Elle s'empourpra, l'air gêné. Cette teinte rose lui allait à la perfection, et il sentit une chaleur inattendue réchauffer ses membres engourdis.

— Que voulez-vous dire ? demanda-t-elle.

— Apparemment, il en faut beaucoup pour vous affoler. Vous semblez avoir l'habitude des situations critiques.

Par exemple, elle savait comment déplacer les gens. Il avait reconnu une méthode similaire à la sienne, avec un peu moins de force, mais plus de technique. Par ailleurs, elle avait l'air de diriger les hommes qui l'accompagnaient sans même avoir besoin de donner des ordres.

— Je suis pompière professionnelle, répondit-elle en souriant. Je travaille à la caserne principale, en ville, mais je suis de repos. Enfin… presque. Ma sœur, Lynette, est la personne que vous venez voir. Je m'inquiète pour elle.

— Dans ce cas, allons-y vite !

Il balaya la zone du regard, cherchant son sac, et vit qu'un des hommes l'avait récupéré. Mais la besace ruisselait d'eau et son matériel devait être trempé. La situation se compliquait. Sans équipière et sans trousse de secours, il ne pourrait pas faire grand-chose.

Cass remonta la pente derrière ses hommes, contrariée.

Les choses auraient été différentes si sa sœur l'avait écoutée. A présent, elle serait à l'hôpital. Mais cette tête de mule avait refusé de partir. Pour quoi faire, puisqu'elle était à deux semaines du terme ? avait-elle objecté. Maintenant, il était trop tard.

Dans son malheur, Cass avait eu de la chance que la tempête lui « envoie » un ambulancier secouriste. Ce type était un cadeau du ciel !

Qui avait sans doute eu la vie sauve grâce à son physique d'athlète et à sa présence d'esprit. Quand elle l'avait secouru, elle avait senti la force de ses muscles sous l'épaisse couche de vêtements qu'il portait. Mais malgré cette carrure imposante, il avait le regard le plus doux qu'elle eut jamais rencontré chez un homme. Des yeux bruns veloutés qui se posaient sur vous comme une caresse…

Stop… Elle s'égarait. A quoi songeait-elle ?

Se reprenant, elle accéléra pour venir à la hauteur de Jack qui marchait devant elle.

— Depuis hier, ma sœur a de légères contractions, expliqua-t-elle. C'est son premier enfant. En principe, elle doit accoucher dans quinze jours, mais je pense que le bébé naîtra avant.

— Mieux vaudrait qu'il reste un peu au chaud. Les secours héliportés ne pourront pas venir avant demain, au mieux.

— Vous les avez déjà contactés ?

— Bien sûr. A propos de contact, puis-je emprunter votre téléphone ? Je dois appeler Mimi.

— Je vous le donnerai là-haut, quand vous serez bien au sec. Vous connaissez le gars qui était avec elle ?

— J'ai cru reconnaître son ex. Je me demande ce qu'il fabrique dans le coin. Elle ne va pas aimer ça du tout !

Il ponctua cette remarque d'un sourire malicieux plutôt craquant, et Cass dut une nouvelle fois se raisonner pour garder la tête froide.

— C'est compliqué ? demanda-t-elle.

— Comme toujours.

Son air désabusé surprit Cass, même si, au fond, elle partageait son avis. Dans une relation, les inconvénients finissaient toujours pas l'emporter sur les avantages. Peut-être en avait-il fait l'expérience, lui aussi…

— Ça va aller quand même, pour votre équipière ?

— Oh oui, on peut compter sur Rafe. Il devra sûrement l'attacher à un arbre pour qu'elle reste tranquille, mais ça ira.

Tiens, quelle bonne idée… Cass se dit que c'était ce qu'elle aurait dû faire avec Paul. L'attacher, et même lui flanquer une bonne correction.

Maintenant qu'il était marié et père de famille, il avait peut-être changé. Ou pas. Ce n'était plus son problème.

— Y aurait-il moyen de récupérer une trousse d'urgence ?

La voix de Jack l'arracha à ces réflexions désagréables. Elle se concentra sur ce qu'il lui demandait.

— Rafe est médecin. A mon avis, il a tout ce qu'il faut dans sa voiture, expliqua-t-il. J'aimerais bien avoir un peu de matériel, au cas où.

— Oui, je comprends. Je vais m'en occuper. Vous devez absolument vous réchauffer avant de faire quoi que ce soit d'autre. Regardez comme vous tremblez !

— C'est vrai… Une douche chaude ne serait pas un luxe.

— Vous pourrez en prendre une au presbytère dans moins de cinq minutes.

Jack leva les yeux vers le clocher. Au sommet de la butte, l'église apparaissait comme un phare dans la tourmente.

— Vais-je dormir là ce soir ? demanda-t-il.

— Il n'y a pas d'autre solution. Le village est cerné par les eaux. Avec ce temps, traverser la rivière serait dangereux.

Même s'il voulait partir, Jack était coincé. Voilà qui arrangeait bien les affaires de Cass.

— Je ne vais pas essayer de m'enfuir, répondit-il d'un ton calme. J'ai une patiente à prendre en charge.

— Merci, dit-elle, honteuse. C'est… gentil.

Pourquoi l'avait-elle considéré comme le simple rouage d'une machine ? Jack était un être humain et, apparemment, un professionnel sérieux. Les hommes dignes de confiance existaient encore. Ses préjugés sur la gent masculine ne devaient pas obscurcir son jugement !

Bien sûr, son histoire avec Paul l'avait échaudée. Alors qu'ils devaient se marier, celui-ci l'avait abandonnée parce qu'elle n'arrivait pas à être enceinte. Tout était sa faute ! avait-il dit. Et le pire, pour elle, avait été de découvrir que sa nouvelle compagne attendait déjà un bébé quand il était parti…

Mais tout cela, c'était du passé. Le seul bébé qui comptait à présent était celui de Lynette. Elle ferait le maximum pour que cet enfant naisse dans de bonnes conditions. Le reste n'avait aucune importance.

Une chose après l'autre, se répétait Jack. Avec ses membres endoloris, monter la côte vers l'église lui demandait un gros effort, mais tout irait mieux après une bonne douche.

Sur place, il vit que le presbytère attenant à la vieille église avait l'air plutôt moderne.

Sans même frapper, Cass poussa une lourde porte en chêne. Ils pénétrèrent dans un vaste hall où s'alignaient des patères murales, presque toutes garnies d'imperméables. A droite, un sas en verre devait conduire à la partie privée de la résidence. Mais Cass lui désigna une porte sur la gauche.

— Les vestiaires sont là-bas, dit-elle.

— Une minute. Passez-moi votre portable, s'il vous plaît.

— Cela peut attendre…

Il tendit la main, essayant d'oublier la douleur qui lui cisaillait l'épaule.

— Je n'en ai pas pour longtemps. J'envoie juste un SMS.

Cass finit par céder et lui tendit son téléphone.

— Très bien. Dites à votre collègue qu'on va descendre chercher du matériel. Je sais comment faire.

Cette déclaration ne l'étonna pas. Cass semblait pleine de ressources. Malgré son physique de sportive, elle se déplaçait avec une grâce féline, comme quelqu'un qui connaît le prix de l'effort et sait s'économiser pour atteindre son objectif.

Maintenant qu'il la voyait sans capuche, elle lui paraissait encore plus belle et sculpturale. Son carré dégradé, à la fois féminin et pratique, lui allait à la perfection !

Balayant ces pensées incongrues, il écrivit son texto. Mimi répondit immédiatement, et lui confirma que Rafe était avec elle. Il lui renvoya alors un message pour lui demander de préparer du matériel puis rendit son téléphone à Cass.

— Merci, dit-elle. Allez vite vous réchauffer, maintenant.

Elle se dirigea vers la fameuse porte, laquelle débouchait sur une grande cuisine. La pièce était noire de monde, et les conversations s'arrêtèrent net à leur arrivée. Néanmoins, Cass se contenta de lancer un « coucou » à la ronde, avant d'enfiler un corridor qui débouchait sur les vestiaires.

Là, Jack découvrit une rangée de quatre lavabos, lesquels faisaient face à huit cabines de toilettes ou douche. L'endroit, impeccable, sentait bon l'eau de Javel et le désodorisant.

— Vous pouvez poser vos affaires ici, dit Cass, désignant une chaise en plastique. Quelqu'un viendra les chercher pour les laver. On va vous apporter des serviettes et des vêtements secs. Quelle taille faites-vous ?

Elle le regarda de la tête aux pieds, et il eut soudain très chaud. Elle rougit légèrement puis détourna les yeux.

— Large, ça devrait aller, marmonna-t-elle.

— Oui, très bien. Merci.

Après son départ, il se déshabilla lentement. Retirer une veste, un pull-over et une chemise dans son état relevait du tour de force, mais il n'allait tout de même pas l'appeler à l'aide. Quoique…

Se secouant, il acheva de se dévêtir et entra dans une cabine de douche. L'eau était délicieuse : il se délassa longuement sous le jet brûlant pour réchauffer et détendre son corps meurtri. Après s'être savonné deux fois, il se sentit un peu mieux et décida de sortir pour se regarder dans un miroir afin d'évaluer l'ampleur des dégâts.

Pendant qu'il se lavait, il avait entendu la porte s'ouvrir, et une dame demander si elle pouvait entrer. Il ne s'étonna donc pas de découvrir deux draps de bain posés sur le rebord d'un lavabo. Une tenue complète avait également remplacé ses vêtements mouillés. Il y avait même une paire de baskets en toile au pied de la chaise. C'était parfait !

Planté devant la glace, il s'étudia avec consternation. Une bosse s'était formée près de sa tempe droite. De plus, même si son imperméable l'avait bien protégé, il avait des brûlures de friction assez douloureuses sur les bras, et un gros hématome sur la poitrine.

Rien de méchant, néanmoins. D'ici quelques jours, il n'y paraîtrait plus.

— Je peux entrer ?

La voix masculine derrière la porte le fit sursauter.

— Oui, allez-y !

Un homme d'une quarantaine d'années, blond, grand et mince, se matérialisa devant lui. Il portait un coupe-vent floqué d'une grosse inscription sur la poitrine.

— Bonjour, Jack, dit-il d'un ton gai. Je m'appelle Martin Price.

— Enchanté. Si je comprends bien, vous êtes le pasteur ? demanda-t-il, amusé.

Le visiteur s'esclaffa.

— Eh oui ! Ma femme veut que j'aie un signe distinctif, pour qu'on ne puisse pas me confondre avec les gens utiles !

— Pour moi, vous êtes très utile. Le réconfort que vous apportez n'a pas de prix.

— Et vous, vous faites un travail formidable. C'est vraiment chic d'être venu contre vents et marées.

— On est là pour ça, répondit-il gentiment. Où puis-je voir ma patiente ?

— Figurez-vous qu'elle est en train de boire le thé avec ma femme ! Elle dit qu'on fait des embarras pour rien, et que le bébé ne naîtra pas avant terme.

— Vous avez eu raison d'appeler les urgences. Elle a besoin d'un check-up.

— Cass est partie chercher votre matériel. Je ne sais pas comment elle va s'y prendre, mais la connaissant…

— Oui, elle a l'air d'avoir de la suite dans les idées.

Mais que lui arrivait-il ? Rien qu'à parler d'elle, il sentait son cœur s'emballer. Le choc lui avait affaibli les neurones !

— Un peu trop, parfois, dit Martin en souriant. Et comme vous ne pouvez rien faire avant son retour, la grande question est « thé ou café » ?

Jack s'esclaffa.

— Je prendrai du thé, s'il vous plaît.

— Génial… Et j'espère que vous aimez les beignets aux pommes. Sinon, les dames du Club du lundi vont être déçues.

— Vous semblez être hyper-organisés, dites-moi !

— Depuis huit cents ans, cette église paroissiale sert de refuge. Elle a connu des guerres, des famines, des incendies, et maintenant, une inondation. D'après les anciens, c'est la crue du siècle.

— Combien de familles sont hébergées ici ?

— Deux seulement. La plupart des personnes évacuées logent chez des proches ou des voisins. Mais nous nous retrouvons tous ici à l'heure des repas, et nous avons monté un comité de crise. Enfin, moi, je ne fais pas grand-chose, à part offrir l'hospitalité.

Jack devina que cet homme énergique mais modeste sous-estimait volontairement son rôle.

— Pourrais-je abuser de votre hospitalité en vous demandant un téléphone ? s'enquit-il.

— Bien sûr, venez. La ligne fixe fonctionne toujours.

Rassuré, Jack suivit le pasteur hors de la pièce. Il allait pouvoir téléphoner chez lui. Dans l'immédiat, cela suffisait à son bonheur.

Une chose après l'autre !

2.

Lynette, la future maman, avait les mêmes cheveux roux que sa sœur. Elle avait aussi les traits plus fins, mais pour Jack, il n'y avait pas photo : Cass était la plus séduisante.

Il se chapitra mentalement pour cette comparaison incongrue. Il avait une mission à remplir. S'abandonner à ce genre de pensées était tout, sauf professionnel.

Pour autant qu'il puisse en juger, la patiente semblait en forme. Elle était attablée dans la cuisine particulière des Price, une vaste pièce où un bon feu brûlait dans la cheminée.

A l'invite de Sue, l'épouse de Martin, il but une tasse de thé et mangea un beignet. Il y en avait assez pour nourrir un village entier.

— On va finir par prendre des kilos si ces dames continuent à cuisiner comme ça, commenta Sue.

— Moi, c'est déjà fait, plaisanta Lynette, les mains bien à plat sur son ventre rebondi.

— Je vous examinerai dès que votre sœur sera de retour avec mon matériel, déclara Jack.

La jeune femme secoua la tête.

— Inutile de s'affoler ! J'ai eu quelques contractions, mais vraiment légères. Et puis, il paraît que les premiers bébés naissent toujours en retard.

Sue esquissa une moue réprobatrice.

— Pas toujours… Mon Josh avait quinze jours d'avance.

Plutôt que d'entrer dans le débat, Jack savoura son thé en silence. Au retour de Cass, il aurait largement l'occasion de se faire entendre. Du moins l'espérait-il.

Jack avait examiné Lynette avec attention. Bienveillant et professionnel, il l'avait rassurée sans jamais prononcer les mots fatidiques. Mais Cass, elle, avait compris.

— Le travail a commencé ? demanda-t-elle.

Elle l'avait emmené à la sacristie, où il allait dormir sur un lit de camp cette nuit-là. Il posa son sac puis pivota vers elle.

— Je pense que oui, répondit-il d'un ton calme. Mais c'est peut-être une fausse alerte.

— Ou pas.

Il passa une main dans ses cheveux noirs en désordre et lui sourit.

— Maintenant, j'ai tout ce qu'il me faut, dit-il. Et j'ai déjà mis plusieurs bébés au monde. Un accouchement dans ces conditions n'est pas l'idéal, mais on peut gérer. Vous avez fait votre travail alors comptez sur moi pour faire le mien.

En le voyant si sûr de lui, Cass se détendit un peu.

— Merci. Ce bébé est très important pour moi.

— Je comprends. Ne vous inquiétez pas, tout va bien se passer. Le papa… est-il impliqué dans la naissance ? ajouta-t-il, l'air un peu gêné.

— Oui, à cent pour cent. Mais Steven est marin dans la Royal Navy et, en ce moment, il est en mer. Comble de malchance, mon père est en déplacement à l'étranger. Ma mère devait venir la semaine prochaine, mais là…

— Il n'y a plus que nous. Alors, on va se débrouiller. Etiez-vous censée assister à l'accouchement ?

— Oui…

Suivre les cours de préparation avec Lynette lui avait semblé merveilleux. Sauf que les choses étaient en train de se compliquer, et qu'elle avait très peur.

— Je me demande… si je vais pouvoir me rendre utile, marmonna-t-elle.

Jack s'esclaffa.

— Accoucher est la chose la plus naturelle du monde, Cass. Vous *serez* utile le moment venu. Faites-moi confiance.

Il cherchait clairement à la rassurer et, lorsqu'elle croisa son regard brun, doux et persuasif, elle lui sourit. Puis, l'inaction n'étant pas son fort, elle se rapprocha du tas de cordes, filins et autres mousquetons abandonnés près du lit.

— Je vais enlever ce bazar, dit-elle.

— Attendez…

Jack avait déjà saisi la plus grosse corde. Elle rangea les objets moins encombrants dans un gros sac à dos.

— Vous avez installé une tyrolienne pour faire passer mes affaires au-dessus de l'eau ? demanda-t-il, l'air incrédule.

— Oui. J'ai emprunté cet équipement à un gars du village qui est un alpiniste chevronné.

Elle glissa l'anse du sac sur son épaule puis emmena Jack vers une remise située au bout du couloir. Mais quand elle lui montra l'endroit où poser la corde, il secoua la tête.

— Non, pas à côté du radiateur. La corde va s'abîmer si elle sèche trop vite. Je vais l'étaler à plat, là-bas.

— Vous vous y connaissez ?

Il haussa les sourcils.

— Assez pour m'être rendu compte que cette corde a été coupée net. Le matériel d'alpinisme ne lâche pas comme ça.

Cass songea qu'il avait raté sa vocation. Il aurait dû être détective. Sous ce regard pénétrant, elle n'aurait pas pu mentir même si elle l'avait voulu !

— C'est moi qui… l'ai coupée, avoua-t-elle. Mimi a demandé si nous avions un harnais. Apparemment, elle s'était mis en tête de nous rejoindre. Mais la corde risquait de céder sous son poids et je n'ai pas voulu prendre de risque.

Jack eut l'air amusé.

— Je me disais, aussi ! Je me demandais pourquoi elle n'avait pas tenté de venir. Bien joué, Cass.

Elle secoua la tête.

— Pas si bien que ça. J'ai mal calculé mon coup, et la corde est repartie vers eux comme un boomerang. La manœuvre aurait pu tuer Mimi.

— A cette distance, cela m'étonnerait… L'assommer, peut-être, et encore…

— En tout cas, j'ai eu la peur de ma vie. Et son copain…

— Rafe.

— Eh bien, Rafe l'a plaquée au sol.

Cette fois, Jack éclata de rire.

— Oh ! non ! J'imagine bien la scène. Il a toujours eu tendance à la surprotéger. Elle a dû a-do-rer ça !

— D'après ce que j'ai vu, pas vraiment. J'ai eu l'impression que ça faisait des étincelles entre eux.

— Oui, et le problème ne date pas d'hier. C'est dommage. Ils sont géniaux, mais dès qu'ils sont ensemble, ça tourne au vinaigre. Allez savoir pourquoi…

— Un air connu…, commenta-t-elle en soupirant.

Sans répondre, Jack se pencha pour étaler la grosse corde par terre. Il avait des gestes fluides, assurés, qui cadraient bien avec sa silhouette sportive. Pour avoir un corps pareil, il devait s'entretenir très régulièrement.

— Vous pratiquez l'alpinisme ? demanda Cass.

— Non. Mon père en faisait beaucoup. Moi, ça ne m'a jamais intéressé.

Il avait répondu d'un ton ferme, presque bourru. Elle risqua une deuxième question :

— Parce que c'est trop dangereux ?

Toujours accroupi, il pivota sur ses talons pour lui faire face.

— Il y a danger et danger, répliqua-t-il, l'air sombre. J'ai perdu mon père à l'âge de douze ans. Il faisait de l'escalade à mains nues. Dans ce cas-là, n'importe quel alpiniste raisonnable se serait attaché, mais lui recherchait toujours les sensations fortes.

Impossible de se méprendre sur la colère dans sa voix. Elle secoua la tête.

— Je suis… désolée.

Il se mit debout puis haussa les épaules.

— C'est de l'histoire ancienne, dit-il. Mais peu de temps après, je me suis inscrit à des cours de secourisme, et maintenant, c'est mon métier. Quitte à prendre des risques, autant le faire pour sauver des vies plutôt que pour le « fun ».

— Certes ! Et dans nos métiers, on apprend à calculer ces risques.

— Absolument. Il faut garder la tête froide en toutes circonstances.

Cass opina, soulagée. Avec cet homme, Lynette serait entre de bonnes mains. Elle en était convaincue.

Retournant dans la cuisine commune, ils avaient chacun pris une tasse de thé, puis Cass l'avait emmené ailleurs pour le « boire tranquillement ».

De fait, l'endroit où ils se trouvaient à présent était un havre de paix. Ce minuscule porche couvert, dont la porte en chêne massif ouvrait directement sur l'église, offrait une impression de sérénité absolue avec ses arcades, ses vitraux anciens, ses gargouilles et ses bancs de pierre.

Cass actionna une lampe à piles fixée à une colonne puis pivota vers lui.

— Martin m'a donné la clé, expliqua-t-elle. Pour que je puisse venir me ressourcer ici.

Se ressourcer ou se cacher ? Jack se le demandait. Elle avait l'air très appréciée de tout le monde. Apparemment, elle se dévouait sans compter et, pourtant, d'une certaine façon, elle semblait avoir besoin de garder ses distances. Il se sentait un peu privilégié d'avoir eu accès à son univers !

Elle prit deux coussins sur une pile rangée au fond d'une alcôve et lui en donna un pour qu'il puisse s'asseoir confortablement avant de s'installer près de lui.

— Merci. J'aime beaucoup cet endroit. Il fait bon, c'est calme…

— Oui, je me sens bien ici. Les vieilles pierres gardent la même température toute l'année.

Elle avait retiré son imperméable et lissé ses mèches encore humides. Il lui sourit.

— Profitez-en bien, la nuit risque d'être agitée. J'aimerais que vous restiez dormir avec Lynette, si c'est possible.

— Même si je voulais partir, ce serait compliqué, répondit-elle avec un rire triste. Ma maison est inondée.

— Oh… Je suis désolé pour vous.

Elle haussa les épaules.

— Je m'y attendais, alors j'ai pris les devants et stocké toutes mes affaires au premier étage. De toute façon, ce qui arrive est entièrement ma faute.

— Ah, bon ? C'est vous qui avez fait pleuvoir ?

Le sourire de Cass lui fit l'effet d'un uppercut en pleine poitrine. C'était comme si une petite lumière l'éclairait de l'intérieur, révélant sa fragilité. Il aurait pu parier que son physique sculptural cachait une sensibilité à fleur de peau.

— J'aurais bien aimé ! répliqua-t-elle. Au moins, j'aurais arrêté ce déluge depuis longtemps. Mais hélas, je n'ai pas pu protéger notre vieille maison de famille.

— Elle est à vous ?

— Oui, depuis quelques années. Elle appartenait à mes grands-parents paternels. Lynette et moi en avons hérité, mais comme elle et Steven étaient déjà propriétaires, elle n'en avait pas besoin. Ils habitent près d'ici, sur la colline. Moi, j'ai racheté sa part et j'ai récupéré le cottage au bord de la rivière.

— En zone inondable…

— Oui, sauf que l'eau n'était jamais montée jusqu'à la maison. A la fin de leur vie, mes grands-parents ont fait aménager une véranda au rez-de-chaussée. Il a fallu enlever une partie du mur d'enceinte pour surélever la cour au moment des travaux. Mon budget n'étant pas extensible, je pensais le faire reconstruire dans quelques années. Finalement, j'aurais dû rogner sur d'autres choses.

— Ne soyez pas trop dure avec vous-même. Vous ne pouviez pas savoir.

Elle haussa les épaules.

— Ce ne sont que des soucis matériels, de toute façon. L'essentiel est que tout aille bien pour Lynette et le bébé.

— Absolument. La famille, il n'y a que ça de vrai.

— Vous avez des enfants ? demanda-t-elle, l'air curieux.

— Oui, une fille. Elle s'appelle Ellie. Elle a quatre ans.

Un nouveau sourire éclaira le visage de Cass.

— Ah, super ! Dommage que vous ne puissiez pas rentrer, ce soir. Vous allez lui manquer.

Elle ne croyait pas si bien dire. Jack mettait toujours un point d'honneur à rassurer Ellie, où qu'il aille. Mais un peu plus tôt, quand il avait appelé sa sœur, Sarah, la petite n'était pas rentrée de l'école. Il devait lui parler maintenant !

— J'aimerais lui téléphoner pour lui souhaiter une bonne nuit. Puis-je emprunter votre portable ?

— Bien sûr.

Après lui avoir donné son mobile, elle se leva.

— Je vais vous laisser.

— Non, je vous en prie. Dites bonsoir à Ellie, si vous voulez.

Elle parut hésiter et finit par se rasseoir. Puis elle pointa une icône sur l'écran tactile.

— Essayez de lancer une conversation vidéo. Cela plaira sûrement à votre fille.

— Oui, je pense. Merci beaucoup. Ellie est chez ma sœur, Sarah. Je vais l'appeler sur son fixe, et lui demander de me joindre à votre numéro.

— Votre femme travaille aussi ?

— Je… ne suis pas marié. J'élève ma fille tout seul. Sarah est la tante d'Ellie. Son fils, Ethan, a le même âge. Ces deux-là s'entendent comme larrons en foire.

— Ah, d'accord. C'est bien de pouvoir s'arranger en famille…

Bizarrement, Cass avait l'air de plus en plus mal à l'aise. Venant d'une femme aussi sûre d'elle, cette réaction était curieuse, mais elle paraissait très perturbée. Peut-être n'aimait-elle pas les enfants ?

Il n'eut guère le loisir de s'interroger car le portable se mit à sonner aussi actionna-t-il la caméra, ravi de voir la petite bouille d'Ellie apparaître sur l'écran.

Quand Jack avait parlé de sa fille, Cass avait logiquement cru qu'il était marié. En son for intérieur, elle avait poussé un soupir de soulagement : savoir qu'il n'était pas disponible était la meilleure chose qui pouvait lui arriver.

Elle avait déchanté deux minutes plus tard en découvrant qu'il était père célibataire. Résister à son charme allait se révéler plus difficile que prévu. Elle le trouvait non seulement beau, mais aussi amusant et sympathique. Dans ces conditions, elle allait devoir se méfier…

— Papaaaaaaa !

Cass eut un pincement au cœur en entendant la petite voix surexcitée d'Ellie dans le téléphone. Jack tenait le portable à bout de bras devant lui, et son sourire était si tendre, si lumineux, qu'elle faillit prendre ses jambes à son cou.

— Ellie ! Qu'est-ce que tu fais, trésor ?

— On finit de goûter. Après, avec Ethan, on va regarder notre film.

— Encore ? Tatie doit en avoir par-dessus la tête de votre dessin animé !

— Tant qu'ils se tiennent tranquilles, ça me va !

Le commentaire de sa sœur fit rire Jack. Mais très vite, il reprit son sérieux.

— Ecoute, Ellie… Papa doit travailler ce soir. Tu vas dormir chez tatie.

Il y eut un silence puis un gros soupir à l'autre bout du fil.

— Je sais. C'est triste, papa.

Cass sentit une boule d'émotion lui nouer la gorge. Elle eut l'impression que Jack avait, soudain, les yeux brillants.

— Oui, mon cœur, mais je n'ai pas le choix. Et tu sais quoi ? Quand je reviendrai, on se fera un gros câlin, d'accord ?

— Gros comme la maison ?

— Gros comme la maison ! En attendant, je veux que tu sois très sage avec tatie.

— Je suis toujours sage, protesta la fillette d'un ton sérieux qui amusa Cass.

Jack pivota vers elle puis lui fit un clin d'œil. *Un clin d'œil ?*

— Au fait, j'ai une nouvelle amie, dit-il. Elle est pompière.

— Aahhh boooon ? Elle a un camion rouge ?

— Demande-lui. Je lui passe le téléphone.

Joignant le geste à la parole, il tendit le mobile à Cass qui n'eut pas d'autre choix que de le prendre. Elle se retrouva devant une adorable fillette aux grands yeux bruns et au visage lisse encadré de boucles châtain clair.

Cette enfant était le portrait craché de son papa !

— Bonjour, Ellie, dit-elle. Je m'appelle Cassandra. Mes amis m'appellent Cass.

Elle doutait que la petite arrive à prononcer son prénom, mais, au fond, elle n'en savait rien. Elle ne connaissait pas grand-chose sur le développement du langage…

— Bonjour, Cass ! s'exclama Ellie. Tu éteins le feu chez les gens ? Avec un camion et une lance ?

— Oui, nous avons tout ça.

— Ooooooh ! Tu sais, moi, j'ai vu un camion de pompier, une fois. Il était tout rouge, et il était très, très grand !

Devant l'enthousiasme de la fillette, Cass eut une soudaine inspiration.

— Tu sais quoi ? Bientôt, il va y avoir une journée portes ouvertes à la caserne des pompiers. On va montrer tous nos camions aux enfants. Ils pourront grimper dedans et…

Elle s'apprêtait à dire qu'Ellie serait la bienvenue à condition que Jack le permette, mais n'en eut pas le temps. La puce avait bondi sur sa chaise.

— Ouiiii ! Papa !

Jack soupira, résigné.

— Faudra-t-il que je t'accompagne ? demanda-t-il.

— Bien sûr, papa ! Je ne sais pas conduire, moi…

— Ah, oui. Où avais-je la tête ? Eh bien d'accord, on ira tous les deux. Dis merci à Cassandra.

— Merci, Cassandra, répéta Ellie, obéissante, avec une élocution parfaite.

— Mais de rien…, dit-elle d'une voix faible.

Jack s'était penché par-dessus son épaule pour parler à sa fille, et cette proximité la troublait au point qu'elle osait à peine remuer. Elle ne fut pas mécontente qu'il mette un terme à la conversation :

— Chérie, il est temps de dire bonsoir à Cassandra.

La puce envoya un baiser puis fit un grand signe de la main. Jack reprit alors le téléphone pour lui souhaiter une bonne nuit, au grand soulagement de Cass.

Elle se leva, les jambes en coton. Etait-il possible de craquer en si peu de temps ? Elle avait littéralement fondu devant Ellie, sa petite frimousse et ses grands yeux.

Sois honnête. Tu en pinces pour son père. C'était couru d'avance…

— Elle est adorable, dit-elle après qu'il eut raccroché.

— Oh ! oui ! Mais elle grandit trop vite.

Il avait répondu d'un air presque triste. Puis il haussa les épaules, comme pour balayer cet accès de nostalgie.

— En tout cas, elle est fan des pompiers, reprit-il.

— Ça ne vous ennuie pas que je l'ai invitée, au moins ?

Il secoua la tête en souriant.

— M'ennuyer ? Au contraire, ça va être sympa. Je pourrai m'asseoir au volant d'un camion, dites ?

Elle le toisa, faussement sévère.

— N'y pensez pas. Vous avez largement dépassé la limite d'âge.

3.

Jack avait dîné avec Cass au presbytère en compagnie d'une vingtaine de villageois. Les dames du Club du lundi s'étaient surpassées en cuisine et ils s'étaient régalés. Après le repas, ils avaient joué aux cartes en surveillant Lynette du coin de l'œil. Puis, ne remarquant aucun symptôme suspect, il était parti se coucher.

Allongé sur son lit de camp, il s'était alors senti très seul. Il avait pensé à Ellie, à Mimi, à Rafe. Il s'était demandé si Cass avait autant de mal que lui à s'endormir.

Cass… Il ne *devait* pas s'intéresser à elle. Sa fille était son unique priorité. Depuis trois ans, il menait une vie de moine. Il avait opté pour un célibat à durée indéterminée…

Il eut soudain conscience qu'on lui chatouillait le visage et ouvrit les paupières. Il avait dû s'endormir, finalement. Etait-il en train de rêver à une déesse aux cheveux roux ?

La lumière crue du néon l'aveugla. Cass était bien là, devant lui, et à voir son air affolé, elle n'était pas venue le rejoindre pour lui tenir compagnie !

— Lynette a perdu les eaux, dit-elle d'une voix tremblante. Jack…

— C'est bon, j'ai entendu, répondit-il doucement. Je suis réveillé.

Il s'assit tel un ressort et se frotta les yeux. Malgré son expérience des accouchements difficiles, il avait espéré que ce scénario ne se produirait pas. Une lourde responsabilité pesait sur ses épaules car il allait devoir mettre le bébé au monde seul, sans appui médical…

Surtout, rester calme. Contre toute attente, Cass semblait au bord de la panique. Inutile d'en rajouter en montrant qu'il n'en menait pas large !

Il enfila T-shirt et pantalon en un temps record, prit sa sacoche et suivit Cass jusqu'au presbytère. Elle le fit monter à l'étage, où ils découvrirent Lynette en train de marcher dans le couloir, soutenue par Sue.

— Prenez notre chambre, là, sur la droite, car le matelas de Lynette est mouillé, dit la femme du pasteur. Il y a une salle de bains attenante.

— D'accord, merci beaucoup, répondit-il. Alors, petite maman, comment vous sentez-vous ?

— Je… Pas trop mal, bredouilla Lynette.

— Cette nuit, c'est vous la star… Marchez encore un peu pendant que je prépare le lit. D'ici cinq minutes, vous pourrez vous allonger.

Il croisa le regard reconnaissant de Cass qui prit l'autre bras de sa sœur. Lui-même se hâta d'aller mettre une alèse plastique au lit de Sue, laquelle avait eu la présence d'esprit d'enlever ses draps.

Tout allait bien se passer. Voilà ce qu'il se répétait en boucle pour s'en convaincre.

Lorsque Cass entra dans la chambre avec Lynette, tout était prêt. Elle fit asseoir sa sœur sur le lit et, malgré son angoisse, parvint à lui sourire.

— Veux-tu que j'aille chercher tes bougies parfumées ? demanda-t-elle.

— N… on ! Je veux surtout… respirer le produit anti-douleur dans le masque.

— Vous allez l'avoir, répliqua Jack. Je vais juste me laver les mains à côté, et je reviens.

Quand Lynette se rejeta contre les oreillers en fermant les yeux, Cass le vit faire un signe vers la porte.

— Allez chercher les bougies quand même, chuchota-t-il.

Elle se rua hors de la pièce. A son retour, Sue l'informa que Jack était dans la salle de bains. Planté devant le lavabo, torse nu, il se savonnait les mains et les avant-bras.

— Il y a un T-shirt propre et des pansements dans ma sacoche, dit-il. Pouvez-vous les sortir, s'il vous plaît ?

— Des pansements ? Mais…

— Ne vous inquiétez pas, c'est pour moi.

A cet instant, elle remarqua les écorchures sur son torse et le haut de ses bras. Mais très vite, elle oublia qu'il était blessé pour se focaliser sur sa musculature. Il était magnifique ! Personne n'avait le droit d'être aussi beau…

Elle se chapitra, furieuse. Sa sœur était en train d'accoucher. Le moment était mal choisi pour admirer le corps d'athlète de Jack !

— Vous saignez…, murmura-t-elle, désignant du doigt une légère entaille au-dessus de son coude gauche.

— Ce n'est rien, juste une brûlure de frottement. Mais par précaution, mieux vaut cacher ça sous une compresse. Pourriez-vous le faire, s'il vous plaît ?

Elle opina, la gorge nouée, et prit le matériel nécessaire dans son sac. Pourquoi n'avait-il pas demandé ce service à Sue ?

Mais il était là pour aider Lynette et la moindre des choses était d'accéder à sa demande.

S'obligeant au calme, elle fixa la bande stérile à l'aide d'un sparadrap. Il lui sourit puis enfila son T-shirt propre.

— Merci. C'est super. On peut y aller.

Elle se félicita une nouvelle fois que le destin ait mis cet homme formidable sur son chemin. Qu'aurait-elle fait sans lui ?

Jamais, de toute sa vie, elle n'avait eu aussi peur.

Cass vécut la suite des événements comme dans un rêve.

Les contractions. Les exercices de respiration. Les encouragements de Jack. Une heure à peine s'était écoulée depuis qu'elle l'avait appelé à l'aide et, maintenant, le bébé était là.

D'après Jack, il était arrivé « comme une lettre à la poste ». Jamais elle n'aurait imaginé un travail si rapide, mais il venait de naître, vigoureux et en pleine santé. Elle n'en revenait toujours pas !

Emportée par un flot d'émotions, elle regarda Martin bénir son neveu. Jack avait déjà ausculté le nourrisson avant de lui faire sa toilette puis il avait rangé son matériel discrètement.

Steven, l'heureux père, ne tarda pas à appeler pour une conversation vidéo pendant laquelle tout le monde s'éclipsa. Vint ensuite le moment de mettre le bébé au sein, sous le regard bienveillant de Sue venue apporter le berceau de ses enfants ressorti du grenier.

— Avez-vous trouvé un prénom ? demanda Jack.

— Nous en avions un, mais avec tout ça, on a changé d'avis, répondit Lynette. On l'appellera Noé.

— Effectivement, ça s'impose ! commenta-t-il en souriant.

— Jack… est-ce un diminutif de John ?

— Oui, tout à fait. Mon grand-père avait le même.

— Noé John, c'est mignon…, commenta Lynette.

Cass vit qu'il avait l'air ému, et très surpris.

— Qu'en pense votre mari ?

— Il a eu la même idée que moi. Ce que vous avez fait ce soir… est exceptionnel. Nous aimerions vraiment que notre fils porte votre prénom.

Le large sourire qui éclaira le visage de Jack chamboula complètement Cass.

— J'en serais très honoré, merci, répondit-il doucement.

Se penchant, il effleura la joue duveteuse du bébé.

— Coucou, Noé, chuchota-t-il. Toi et moi, on est liés, maintenant… Et si on laissait ta mère dormir un peu ?

Depuis un moment, Lynette battait des cils. Elle opina.

— Suis… fatiguée. Pouvez-vous… surveiller Noé ? Je vais juste sommeiller cinq minutes.

— Bien sûr !

Martin et Sue s'étant éclipsés, Jack prit le bébé avec douceur, et commença à marcher dans la chambre. Cass vit qu'il la regardait.

— Asseyez-vous dans le fauteuil, là-bas, dit-il.
— Moi ? Vous voulez… que je le tienne ?
— Evidemment. De quoi avez-vous peur ?
— De le faire tomber.
Il s'esclaffa.
— Mais non, aucun risque. Allez, hop !
Après qu'elle se fut installée, il prit un oreiller sur le lit qu'il lui posa sur les genoux. Puis, délicatement, il lui cala Noé dans le creux du bras.
— Et voilà ! Super…
L'intensité de ce moment lui fit monter les larmes aux yeux. Jamais elle ne s'était sentie aussi bien. Bercer son neveu endormi la projetait dans un univers de douceur dont elle n'osait plus rêver depuis longtemps…
Jack s'était assis sur une chaise, près de la table de nuit, pour rédiger ses notes. Malgré la tempête qui se déchaînait dehors, le calme et la sérénité régnaient dans la chambre. Le temps avait suspendu son cours. Elle aurait voulu que cette parenthèse enchantée dure éternellement.
Mais, bientôt, Noé commença à geindre, réveillant Lynette, et Jack vint prendre le bébé pour le remettre au sein de sa mère. Dans son fauteuil, Cass sentit sa tête dodeliner d'un côté puis de l'autre.
Son univers était en place. Elle était bien…
L'aube s'était levée sur un ciel dégagé.
Jack avait somnolé toute la nuit sur sa chaise, surveillant régulièrement Lynette et Noé. Cass, elle, s'était endormie dans le fauteuil.
Il s'était réveillé le premier et avait contacté les secours aériens. L'évacuation de la jeune mère et du bébé étant possible, on leur avait envoyé un hélicoptère.
Malgré l'heure matinale, un groupe de villageois les avait accompagnés vers le stade pour assister au grand départ.
— Si vous voulez partir, c'est maintenant, dit Cass. Les routes sont toujours coupées.

Il haussa les épaules.

— Ma fille va bien, Mimi aussi. Et… on aura peut-être encore besoin de moi dans le secteur. Je reste.

Même s'il avait très envie d'aller retrouver Ellie, sa décision était prise. Il n'abandonnerait pas le navire en pleine tempête.

Côte à côte, ils regardèrent l'hélicoptère s'éloigner. Etant donné l'heure matinale, le petit déjeuner commun avait peu de chances d'être prêt. De retour au presbytère, ils se préparèrent quelques tartines puis Cass le remmena d'autorité vers son « coin » secret.

Ils commencèrent à manger en silence, savourant le calme du matin. Une camaraderie spontanée s'était instaurée entre eux. Jack se sentait très proche d'elle après les moments forts qu'ils avaient partagés.

— Quand tout ce bazar sera fini, vous serez contente de rentrer chez vous, dit-il.

Elle haussa les épaules.

— Si on veut. Sauf que j'aurai du pain sur la planche pour tout remettre en ordre.

— J'imagine qu'il y aura du monde pour vous aider ?

— Certes, mais le gros du travail sera pour moi.

Il osa poser la question qui lui brûlait les lèvres :

— Vous vivez seule ?

— Oui… Et vous ?

— Moi aussi. Enfin, avec Ellie, bien sûr. J'ai décidé de me consacrer entièrement à ma fille.

Quand elle pivota vers lui, l'air intrigué, il eut l'impression qu'elle souhaitait mieux le connaître. Bizarrement, cela lui fit plaisir. Raconter sa vie n'était pas son genre et, pourtant, là, il avait envie de parler.

— La mère d'Ellie était la fille du meilleur ami de mon père, commença-t-il. Nous avions presque été élevés ensemble. A l'université, nos chemins s'étaient séparés. Mais quelques années plus tard, au cours d'un week-end chez des amis communs…

Cass leva les mains pour montrer qu'elle avait compris.

— D'accord, je vois ! Et… ensuite ?

— Sal, qui adorait la montagne, était devenue une alpiniste chevronnée. Quinze mois après notre… dernière rencontre, elle est venue sonner à ma porte avec Ellie dans les bras. La petite avait six mois.

— Oh ! non ! Vous ne saviez pas…

— Elle ne m'avait absolument rien dit. Mais là, elle avait besoin de quelqu'un pour la garder. Elle partait faire une ascension au Népal.

— Ça a dû être le choc du siècle.

— Oui, mais aussi le coup de foudre avec ma fille. Et un virage à cent quatre-vingts degrés, dans le bon sens du terme.

— Pour un jeune célibataire, assumer une telle responsabilité du jour au lendemain n'a pas dû être simple ?

— Sarah m'a beaucoup aidé, au début. Elle m'a donné des conseils d'organisation, et elle m'a proposé de garder Ellie quand je travaillais.

Malgré les nuits sans sommeil, quel bonheur il avait eu à élever sa puce ! Elle avait donné un sens à sa vie…

— Et… la maman d'Ellie ?

— Sal n'est jamais revenue. Elle est morte au Népal.

Cass laissa tomber sa tartine sur le plateau. Elle paraissait atterrée, et il songea qu'il aurait mieux fait d'attendre la fin du petit déjeuner pour lui raconter son histoire.

— Je suis désolée, Jack… Qu'est-il arrivé ?

— Elle a voulu rejoindre un groupe qui allait faire l'ascension de l'Everest, mais il n'y avait plus de place. Il faut s'inscrire des mois à l'avance pour ça, mais elle pensait pouvoir s'incruster… Bref. Elle a essayé d'y aller par ses propres moyens, avec quelques amis, et ils se sont retrouvés à camper dans une zone dangereuse. Elle a été tuée par balles lors d'une attaque de touristes.

— Oh ! non ! C'est triste pour Ellie !

Cette réaction spontanée toucha profondément Jack. Il lui sourit.

— Elle est trop petite pour avoir des souvenirs de sa maman, expliqua-t-il. Quand elle posera des questions, j'espère être à la hauteur pour y répondre.

— Vous serez à la hauteur. J'en suis certaine.

— Qu'est-ce qui vous fait dire ça ?

Il la vit rougir dans la semi-pénombre.

— Vous avez un côté très rassurant, répondit-elle, l'air un peu gêné. Je vous ai trouvé génial avec Lynette. Moi, j'étais complètement paniquée.

— Ça ne s'est pas vu.

— Alors tant mieux.

L'espace d'une seconde, il eut l'impression de voir la *vraie* Cass, et non plus la jeune femme qui arborait un masque rigide à la face du monde. Son sourire, sa chaleur humaine le fascinaient. Il aurait pu craquer très vite si la situation avait été différente.

Mais là, c'était impossible. Ellie avait déjà perdu sa mère. Il ne voulait pas s'engager dans une relation, et lui imposer un nouveau déchirement si les choses tournaient mal.

Mieux valait qu'il reste célibataire, même si ce choix n'était pas toujours facile à assumer.

Les situations de crise engendraient des liens uniques. Voilà pourquoi elle trouvait Jack si attirant, songea Cass. En d'autres circonstances, sans doute n'aurait-elle pas fait attention à lui.

Elle était fatiguée, perturbée. Tout rentrerait dans l'ordre dès qu'elle aurait pu se reposer.

— Si nous allions dormir une heure ou deux ? suggéra-t-elle. Martin voulait que j'aille voir Mlle Palmer, ce matin. C'est une dame de quatre-vingt-deux ans qui ne veut pas quitter sa maison, et je dois essayer de la convaincre. Mais il est encore un peu tôt. D'autant qu'elle risque de mal prendre mon intervention…

Jack s'esclaffa.

— Qu'y a-t-il donc dans ce village ? J'ai l'impression de tourner dans un film d'horreur des années cinquante ! Je suis terrorisé !

Il n'en avait absolument pas l'air, et elle se mit à rire.

— Nous *sommes* des terreurs. Ça doit être à cause de l'eau.

— Dans ce cas, je me doucherai à l'eau minérale pour ne pas être contaminé !

Il reprit son sérieux pour ajouter :

— Franchement, l'idée qu'une dame âgée reste toute seule par un temps pareil ne me plaît pas. J'aimerais vous accompagner.

— Avec plaisir, merci. En attendant, allons reprendre des forces. Nous en aurons besoin.

4.

Isabel Palmer, une institutrice à la retraite, avait un caractère bien trempé.

Elle habitait à proximité de la rivière, dans une zone encore épargnée par les inondations, mais peut-être plus pour longtemps. Jack comprenait pourquoi Cass et Martin se faisaient du souci !

Après l'avoir étudié sous toutes les coutures, elle les avait priés d'entrer — en laissant leurs bottes sur le paillasson. Naturellement, ils lui avaient raconté les dernières nouvelles de la nuit. Leur récit avait paru l'amadouer un peu. C'était déjà quelque chose…

Quand elle se leva pour préparer du thé, Jack se mit debout.

— Je vais vous donner un coup de main, dit-il.

Devant l'air inquisiteur de Cass, il lui fit signe de rester assise, et suivit leur hôte jusqu'à la cuisine. Les lèvres pincées, la vieille dame mit de l'eau à chauffer. Il s'accouda au plan de travail.

— Alors, qu'est-ce qu'on va faire de vous ? demanda-t-il d'un ton badin.

Elle pivota vers lui, l'air si sévère qu'il n'eut aucun mal à l'imaginer devant une trentaine d'élèves réduits au silence.

— Vous n'êtes pas de service, je crois, rétorqua-t-elle.

— Dans mon métier, on est toujours de service. Je pense que vous pouvez le comprendre.

— Oui, en effet.

Elle prépara un plateau avec des gestes sûrs et précis. Elle paraissait en forme, mais il voulait quand même s'en assurer.

— Vos amis s'inquiètent pour vous, dit-il. Mon travail consiste à vérifier que vous allez bien. Si oui, je vous laisserai tranquille.

L'expression d'Isabel Palmer s'adoucit un peu.

— Cette maison est au-dessus du niveau de l'eau, monsieur. J'ai du courant, et le téléphone fonctionne. Est-ce trop demander que de pouvoir rester chez moi ?

— Non, et je ferai le maximum pour respecter votre souhait, mais il faudra y mettre du vôtre. Si ce n'est pas trop demander...

Les grands yeux bleus de la vieille dame pétillèrent d'amusement. Puis, à sa grande surprise, elle lui sourit.

— A une autre époque, je vous aurais donné cent lignes pour impertinence !

Il s'esclaffa. Cass avait l'air de beaucoup apprécier Isabel, ce qui n'était guère étonnant. Elles étaient de la même trempe !

— Etes-vous sous traitement ? demanda-t-il.

— Non, sauf pour le cœur. On m'a posé des stents il y a quelques années.

— En cas de panne de téléphone, avez-vous un moyen de donner l'alerte si vous faites un malaise ?

Isabel Palmer ouvrit un tiroir dont elle sortit une alarme portative.

— Ce bipeur fonctionne, au moins ? s'enquit-il.

— Très bien ! Je m'en assure une fois par semaine.

— J'aimerais que vous fassiez l'essai tous les soirs et, surtout, que vous le portiez en permanence.

Il s'attendait à des protestations, et fut très surpris de voir Mlle Palmer mettre le cordon rouge autour de son cou.

— Formidable..., commenta-t-il. Gardez-le toujours sur vous, même la nuit, surtout quand vous allez aux toilettes ou dans la salle de bains.

— Vous êtes un vrai tyran, dites-moi.

— Oui, tout à fait ! Et le « tyran » a un marché à vous proposer. Si j'ai votre parole pour le bipeur, et si vous me laissez vous ausculter, je dirai à tout le monde de vous ficher la paix.

Mlle Palmer tendit la main. La prenant, il sourit en sentant la vigueur d'une poigne étonnamment ferme.

— Marché conclu ! dit-elle. Bon, on va le boire, ce thé ?

Après un examen médical consciencieux, et une longue dégustation de thé et de petits gâteaux, Cass et Jack prirent congé d'Isabel Palmer.

Dès qu'ils eurent quitté la maison, elle lui demanda quel arrangement il avait conclu avec la vieille dame car Isabel avait semblé d'excellente humeur en les raccompagnant, ce qui était plutôt inattendu !

Après qu'il lui eut expliqué la teneur du « marché » en question, elle se rembrunit.

— Je n'aime pas ça, marmonna-t-elle. J'aurais préféré qu'elle vienne au presbytère. Martin l'avait proposé et, puisque Lynette est partie, il y avait une chambre pour elle.

— Evidemment... Mais mettez-vous à sa place. Qu'est-ce qui compte le plus pour elle ?

— Son indépendance, je sais. Sauf qu'elle ne serait pas restée longtemps. Quelques jours, tout au plus.

— Un jour ou un mois, c'est pareil. Elle aurait pensé que ses anciens élèves, des gens habitués à la respecter, la prenaient pour une invalide. Quel affront pour elle !

Là, il marquait un point. Mais tout de même...

— Ecoutez, je... me fais beaucoup de souci.

— J'ai bien compris que vous aviez un lien spécial, toutes les deux. Est-elle votre ancienne institutrice ?

Elle soupira.

— Oui, et bien davantage. Elle m'a donné des cours pendant presque vingt ans. Je suis dyslexique, et c'est elle qui m'a permis de m'en sortir à une époque où tout le monde jugeait mon cas désespéré.

— Aujourd'hui, vous avez l'occasion de lui rendre la pareille... Laissez-la s'en sortir toute seule. Elle en est capable.

— Vous avez raison. Merci... pour elle.

— Mais de rien. Je n'ai fait que mon travail.

Il avait fait bien plus que ça. Il était formidable. Mais elle devait arrêter de lui trouver toutes les qualités du monde. Si elle se laissait aller, plus dure serait la chute.

Pour elle, l'équation était simple. Elle ne pouvait pas avoir d'enfant, donc, elle ne devait plus entretenir de relation amoureuse.

A quoi bon, pour être encore déçue ?

Le retour au presbytère s'était déroulé dans un silence total. Cass avait paru se replier sur elle-même, et Jack avait respecté son mutisme.

Il était environ 12 h 30, à présent, mais elle n'était pas venue déjeuner. Devait-il aller la chercher ? Avait-elle besoin de rester seule ?

Comme il hésitait, il vit un homme vêtu d'un imperméable se ruer dans la pièce et courir vers Martin. Un petit groupe se forma immédiatement autour d'eux, et il entendit une voix crier « Cass ».

Les conversations s'étant interrompues pour laisser place à un silence pesant, Jack se leva pour rejoindre Martin.

— Que se passe-t-il ?

— Ah, Jack ! On a perdu un gosse de dix ans...

Il entendit une course effrénée et aperçut une chevelure flamboyante au bout du couloir. Quinze secondes plus tard, Cass se ruait dans la salle commune. Instinctivement, il se rapprocha d'elle.

— Avez-vous besoin d'aide ? demanda-t-il.

Elle opina. Elle semblait avoir recouvré son énergie et sa détermination.

— Oui ! On va faire plusieurs équipes pour retrouver ce gamin. Jack, vous venez avec moi.

5.

Comme une vingtaine d'autres volontaires, Jack courut dans le hall pour enfiler son imperméable et ses bottes.

Déjà, Cass donnait ses directives à la ronde pour former les groupes. Mais, soudain, il la vit s'écarter pour aller s'entretenir avec une jeune femme qui portait des vêtements détrempés et pleurait silencieusement.

— Laura, on va retrouver Ben, dit-elle d'un ton ferme. Avez-vous une idée de l'endroit où il a pu aller ?

— Il… est peut-être parti chercher Scruffy. Le chien s'est sauvé ce matin. Pete a fait le tour du quartier, mais il ne l'a vu nulle part.

— De quel côté pourrait-il être ?

— Je ne sais pas…, répondit la maman dans un sanglot.

Cass lui entoura les épaules d'un bras en un geste de réconfort.

— Réfléchissez… Prenez votre temps.

Son calme, sa gentillesse firent apparemment du bien à Laura. Elle inspira à fond et parut se ressaisir.

— Il a peut-être… Oh ! Cass ! Pourvu qu'il ne soit pas descendu à la rivière ! On va souvent promener Scruffy dans ce coin-là. Juste en bas de chez vous…

— D'accord, on va y aller.

— Je vous accompagne.

Laura avait agrippé la veste de Cass qui secoua la tête.

— Je préfère que vous restiez ici pour superviser les recherches avec Martin, répondit-elle. Comme ça, quand on aura retrouvé Ben, on saura où vous le ramener !

Pour des raisons aisément compréhensibles, elle voulait tenir la mère de Ben loin de la rivière. Jack eut un frisson d'angoisse, en même temps qu'il admira sa présence d'esprit.

Après avoir confié la jeune femme à Martin, elle enfila ses bottes, une détermination farouche peinte sur le visage.

— Je vais prendre ma sacoche, dit Jack. Même si elle risque de me gêner…

— Donnez-la à Chris en sortant, répliqua Cass. Il va rester en stand-by sur le parking avec son 4x4. Il vous l'apportera très vite s'il le faut.

— Bonne idée…

Une fois dehors, leur groupe prit tout de suite la direction de la rivière. Lorsqu'ils furent arrivés à l'endroit où le pont avait disparu, la veille, Cass scruta les eaux tumultueuses.

— Je ne vois rien, murmura-t-elle.

Ils escaladèrent un petit promontoire rocheux pour avoir une meilleure vue d'ensemble, mais sans succès. En contrebas, Jack aperçut un joli cottage blanc avec une extension élégante sur l'arrière du jardin. La maison de Cass, sans doute.

Pourvu que Ben n'y soit pas allé ! La cour et une partie du rez-de-chaussée étaient complètement submergées.

— Ben ! cria Cass. Ben !

Soudain, elle se figea et mit une main au-dessus de ses yeux. La visibilité était quasi-nulle sous cette pluie battante, mais elle semblait avoir repéré quelque chose au milieu des débris du pont.

Sortant une paire de jumelles de sa poche, elle scruta la mare de boue qui s'étendait devant eux.

— Il est là-bas, accroché à un pilier ! s'écria-t-elle. Il s'est enfoncé jusqu'aux cuisses !

Plissant les yeux, Jack crut distinguer une forme dans la direction qu'elle lui indiquait. Déjà, elle tendait un trousseau de clés à l'un des trois hommes de leur groupe.

— Il y a une échelle et deux extensions dans mon garage. Allez vite les chercher, s'il vous plaît.

— Tout de suite ! répondit Joe, le plus âgé. Faut-il autre chose ?

— Tant que vous y êtes, essayez de pomper l'eau et de nettoyer un peu…

Cette plaisanterie grinçante fut la seule forme d'émotion qu'elle s'autorisa à manifester. Avant que Jack ait pu lui témoigner son empathie, elle se mit à dévaler la colline en direction de la berge. Il la suivit en courant et, l'ayant rattrapée, la retint de justesse en la voyant glisser dans la boue.

— Attention…, murmura-t-il.

— Oui… Merci.

A son sourire, il sut qu'elle avait compris à quel point il était désolé pour sa maison. Il se promit de lui donner un bon coup de main s'il était encore là quand elle rentrerait chez elle. Mais pour l'heure, ils avaient une autre priorité !

En arrivant au bord de l'eau, ils virent que Ben s'accrochait à une pile brisée du pont. A côté de lui, sur le bloc de béton, un petit chien noir et blanc tremblait et gémissait.

Cass soupira.

— Avec cette boue, le sol est très instable, marmonna-t-elle. On aura du mal à s'approcher… Ben ! On est venus te chercher. Ne bouge surtout pas.

— Cass !

La voix du garçonnet trahissait à la fois sa panique et le soulagement de voir les secours arriver.

— On est là, Ben. Ne bouge pas, répéta Cass d'un ton calme, mais ferme.

Il se mit à sangloter. Elle s'avança d'un pas dans la boue.

— On va vite te sortir de là très vite. Ensuite, ta maman aura du travail pour te nettoyer !

Son sourire en disait long sur ce qu'elle essayait de faire : distraire Ben pour que le sauvetage se déroule dans de « bonnes » conditions.

— Tu vas pouvoir raconter à tes copains que tu as été secouru par les pompiers, ajouta-t-elle. Imagine un peu leur tête dans la cour de récréation !

Tout en parlant, elle avait tâté le terrain avec précaution, à droite et à gauche. Au bout de quelques pas, elle s'enfonça jusqu'à la cheville. Jack, qui la tenait par le coude, l'attira fermement vers l'arrière.

Elle prit son portable dans sa poche et composa un numéro.

— Joe ? Où en êtes-vous ? J'ai absolument besoin de l'échelle. Et tant que vous y êtes, dégondez deux portes et descendez-les ici !

Puis, pivotant vers Ben, elle ajouta :

— J'attends une échelle, mon grand. Dès qu'ils me l'auront apportée, je m'occuperai de toi. Les renforts arrivent, ne t'inquiète pas.

Elle avait parlé d'un ton gai, comme s'il s'agissait d'un jeu. Il fallait éviter que Ben ne panique et, même s'il avait encore l'air terrifié, il paraissait plus calme.

Les hommes les rejoignirent aussi vite qu'ils purent malgré le sol glissant. Dès qu'ils eurent approché l'échelle, elle la posa par terre en direction de Ben. Les barreaux couvraient déjà la moitié du chemin. Avec les extensions, il serait facile d'arriver jusqu'au garçonnet.

— J'ai appelé les secours aériens, annonça Joe. Ils vont voir ce qu'ils peuvent faire. Par ailleurs, les parents de Ben descendent nous rejoindre.

— D'accord. Merci.

Jack et les deux autres volontaires se mirent en devoir de ramasser quelques grosses branches qu'ils glissèrent au bout de l'échelle pour essayer de la stabiliser, après quoi Cass s'agenouilla sur le premier barreau.

— Ne me laissez pas couler, d'accord ? dit-elle, non sans humour.

— Aucun risque.

Jack pesa de tout son poids sur la structure en métal afin de la maintenir. Alors, lentement, Cass entreprit de ramper sur les barreaux. Au fur et à mesure de son cheminement, elle clipsa la première extension puis la seconde.

Ben poussa un petit cri de joie quand il vit l'échelle se prolonger jusqu'à lui, et il l'agrippa des deux mains, tandis que Cass se rapprochait de lui. Jack se demanda si l'enfant aurait la même vision que lui, la veille, quand elle lui avait porté secours. L'image d'une sublime déesse guerrière…

Elle entoura les épaules du bambin.

— J'ai besoin d'aide ! cria-t-elle sans se retourner.

— Je m'en doute ! répondit-il. Les gars arrivent avec vos portes. Je vous rejoins dans une minute.

— Super, merci.

Elle avait répondu d'un ton léger, comme s'il s'apprêtait à lui servir un thé et des gâteaux, et il sourit malgré son inquiétude. Elle était inébranlable, courageuse, magnifique. Il l'admirait énormément.

Dès que l'échelle avait été en place, Cass avait vu Scruffy sauter dessus. Léger et rapide, le chien n'avait eu aucun mal à traverser la boue sur les barreaux pour rejoindre la terre ferme.

Un hélicoptère s'était mis à tourner au-dessus de la zone d'intervention. Elle entendait Jack donner ses directives aux hommes pour qu'ils attachent les portes l'une à l'autre. Quand ils eurent terminé, sa voix grave s'éleva dans le dos de Cass :

— Je vais lâcher le bout de l'échelle ! Tenez-vous bien !

Elle se cramponna aux montants métalliques lorsqu'elle sentit son point d'ancrage bouger. Mais quelqu'un dut prendre très vite la place de Jack car l'échelle se stabilisa de nouveau.

— Est-ce qu'ils vont nous envoyer un treuil ? demanda Ben, la tête levée vers l'hélicoptère qui tournait toujours.

— Non, mon cœur, murmura-t-elle. Avec ce temps, c'est compliqué. Ils essaient juste de voir comment ils peuvent nous aider.

— On aura un camion de pompiers, alors ?

— Oui, sûrement.

Si Ben se faisait des films, elle n'allait pas le détromper. Mieux valait qu'il laisse libre cours à son imagination !

— Ben !

La voix féminine dans son dos parut familière à Cass.

— Maman ! s'écria le garçonnet.

— Obéis à Cass, chéri. Fais tout ce qu'elle te dira.

— Oui, maman !

Malgré la douleur qui lui cisaillait les bras, Cass eut un petit rire. A ce moment-là, une voix grave, chaleureuse, s'éleva près de son oreille.

— Reste-t-il une petite place pour moi ?

— Je vous en prie, faites comme chez vous.

Tournant la tête, elle reconnut sa porte de cuisine, attachée à celle du salon. La structure improvisée glissait vers elle comme par magie. Elle faillit pousser un « ouf » de soulagement lorsque Jack se matérialisa à sa hauteur. Il était couché à plat ventre sur la première porte, son éternel sourire aux lèvres.

— Salut, Ben ! dit-il. Content de te voir. Ça va ?

6.

Dégager Ben de sa prison ne fut pas une mince affaire.

Jack dut creuser un bon moment à deux mains, tout autour de lui, tandis que Cass évacuait la boue au fur et à mesure. Le bambin s'était remis à pleurer. Il semblait avoir très froid, et Jack l'encourageait sans cesse de la parole et du regard.

Cass, elle aussi, puisait de l'énergie dans sa voix. Jamais elle n'aurait pu mener ce sauvetage à bien toute seule !

Dès qu'ils eurent creusé un cratère assez large autour du garçonnet, Jack pivota vers elle. Par contraste, son regard semblait encore plus brillant dans son visage couvert de boue.

— Qu'en penses-tu ? murmura-t-il.

Dans le feu de l'action, ils s'étaient mis à se tutoyer naturellement. Les circonstances justifiaient cette familiarité, non ? Mais elle était quand même un peu troublée…

— On va tenter le coup, répondit-elle.

— D'accord. Tiens-toi prête.

Entourant la taille de Ben, il le souleva doucement. Les pieds de l'enfant sortirent de ses bottes, lesquelles restèrent figées dans la boue. Il était libre.

Une clameur enthousiaste monta derrière eux. Occupée comme elle l'était, Cass avait presque oublié qu'il y avait du monde sur la berge !

— Tu le tiens ? demanda Jack.

Ben s'était accroché à son cou en gémissant. Il tremblait de froid et d'épuisement.

— Oui, c'est bon, dit-elle.

— Super… Laisse-toi glisser sur la porte avec lui.

Il se déplaça prudemment pour prendre la place de Cass sur l'échelle. Quand ils eurent effectué cette bascule délicate, elle s'allongea sur la porte, Ben plaqué contre elle. Alors, elle sentit que Jack la prenait par les chevilles, l'entraînant avec lui tandis qu'il reculait sur l'échelle, barreau après barreau.

De son côté, elle « pagayait » avec les mains, en ayant l'impression pénible de ne plus avoir de force. Où Jack puisait-il son énergie ?

Dès qu'ils touchèrent la rive, des bras se tendirent pour prendre Ben. Ses parents se précipitèrent, en larmes, et son père, Pete, le porta en courant vers un 4x4 qui attendait un peu plus loin.

Dans un brouillard, Cass sentit qu'on la remettait sur ses pieds, qu'on lui tapotait le dos, qu'on s'inquiétait de sa santé. Puis une marée humaine s'ouvrit devant elle lorsqu'elle se dirigea vers le 4x4.

Ben était assis à l'arrière, blotti dans les bras de Laura, sa maman, à côté de son chien. Le garçonnet était trempé, choqué et très sale, mais il n'avait pas l'air blessé.

— Il va bien, dit Jack. On va le remonter au presbytère.

Il s'installa près de Laura. Cass vit que Pete lui désignait le siège passager, à l'avant.

— Mais… et toi ? bredouilla-t-elle.

— Je vous rejoins, répondit le jeune père, les yeux brillants de larmes. La priorité, c'est vous. Allez vite vous sécher.

A leur arrivée au presbytère, Jack monta tout de suite Ben au premier étage, Laura et Martin sur les talons. Cass, elle, se sentit poussée dans la cuisine par Sue.

— Si tu étais moins sale, je t'embrasserais ! s'écria la femme du pasteur, l'air consterné.

Sans lui demander son avis, la jeune femme lui enleva son imperméable puis son sweater. Le T-shirt en dessous était sec et elle hocha la tête.

— Super… Assieds-toi.

Trop fatiguée pour protester, Cass obtempéra. Sue lui retira immédiatement son sur-pantalon et vérifia que ses chaussettes n'étaient pas mouillées.

— Bien…, commenta-t-elle. Tu vas boire une soupe.

Le potage à la tomate brûlant, délicieux, l'aida à se remettre de ses émotions. Après l'avoir dégusté, elle se laissa aller, les bras sur la table, la tête dans les mains.

Le monde pouvait s'écrouler. Elle avait fait son devoir.

— Désolé d'avoir tout sali, Sue.

La voix de Jack arracha Cass à sa brume léthargique. Il y avait pas mal d'allées et venues dans la cuisine depuis un moment, mais jusqu'alors, rien n'avait pu la tirer de son sommeil.

Se redressant, elle le vit planté sur le seuil. Il était en T-shirt et s'était lavé les bras et le visage, sans doute avant d'examiner Ben.

— N'importe quoi ! s'écria Sue. Comment va le petit ?

— Il a eu la peur de sa vie, mais il va bien. Maintenant, il lui faut du repos. Je l'ai déjà dit à Laura, mais il a besoin de boire beaucoup. Il faudrait aussi qu'il mange des sucres lents.

— Un plat de pâtes, c'est dans mes cordes, répondit Sue, malicieuse. Allez vite vous laver, tous les deux.

Cass avait sali la table à l'endroit où elle s'était appuyée. Elle voulut aller prendre un chiffon accroché près de l'évier, mais Sue protesta.

— Laisse ça tranquille ! Va te laver ! répéta-t-elle.

N'ayant pas le choix, elle suivit Jack vers les vestiaires communs. Dès qu'ils furent entrés, il tourna le verrou puis laissa tomber le sac en plastique qu'il avait apporté.

— Montre-moi ça, dit-il, en scrutant l'écorchure qu'elle avait sur la tempe, à la base du cuir chevelu.

— Ça saigne ?

— Pas beaucoup, mais il faudra que je la désinfecte quand tu te seras lavé les cheveux.

Du sac en plastique, il sortit une bouteille de shampooing qu'elle reconnut comme le sien. Il avait dû demander à Sue de lui donner ses affaires de toilette, et cette prévenance lui fit plaisir.

Quand elle voulut prendre le flacon, il secoua la tête.

— Laisse-moi faire… Assieds-toi là.

Il avait tiré une chaise devant un lavabo équipé d'un brise-jet. Elle s'y installa, en essayant de se convaincre qu'il agissait ainsi par pure solidarité. Tous deux avaient partagé des moments difficiles et, à présent, il s'occupait d'elle comme il l'aurait sans doute fait avec Mimi, sa coéquipière.

Mais pourquoi se poser mille questions ? Elle avait *envie* qu'il s'occupe d'elle. D'autant qu'elle ne courait aucun risque : d'ici un ou deux jours, il serait parti…

Après avoir réglé la température de l'eau, il commença à lui masser le cuir chevelu. Le contact de ses grandes mains, douces et fermes, lui procura une étrange sensation de bien-être. Elle se sentait à la fois apaisée et électrisée.

Pour mieux accéder au lavabo, Jack avait calé une jambe contre la sienne. Ce contact lui parut tout à coup hautement sensuel, et elle retint le soupir qui lui montait aux lèvres.

Il voulait la réconforter. Rien d'autre. Elle ne devait pas laisser la fatigue altérer son bon sens.

Dès qu'il eut terminé, elle ouvrit les paupières et se redressa.

— Tu te sens mieux ? demanda-t-il.

— Beaucoup mieux ! Merci.

Elle se leva, prit son peigne dans le sac et commença à se coiffer. Néanmoins, elle ne put retenir une grimace en passant près de son écorchure.

— Laisse-moi regarder.

Sans attendre sa réponse, Jack se pencha sur elle.

— Tu devrais survivre, dit-il, un rire dans la voix. Je vais désinfecter ça quand même.

Il prit une bouteille d'antiseptique et une compresse dans l'armoire à pharmacie du vestiaire, et se mit en devoir de la soigner. Mais sous la pression légère de ses doigts, elle eut toutes les peines du monde à masquer son trouble. Elle fut donc immensément soulagée lorsqu'il s'écarta.

— A toi de me rendre service, maintenant, déclara-t-il.

Après s'être assis, il retira le gros pansement — sans doute posé à la va-vite — qui lui couvrait l'avant-bras gauche. Cass retint son souffle en voyant une plaie apparaître : sous la peau à vif, deux éclats de bois étaient plantés dans la chair !

Jack avait continué à secourir Ben comme si de rien n'était. Néanmoins, il avait dû avoir très mal. Sans compter que le bois avait dû s'enfoncer un peu plus à chaque mouvement, et qu'il allait être difficile de le retirer…

— As-tu une pince à épiler ? demanda-t-elle.

Se penchant, il en prit une dans le sac en plastique. Mais au lieu de la lui donner, il la garda dans son poing fermé et la serra contre son cœur.

— Doucement, marmonna-t-il. Vous autres, on connaît vos méthodes.

— Comment ça, « nous autres » ? Les pompiers professionnels ont tous une formation de secouriste !

— Peut-être, mais ne me sors pas d'ici comme un paquet de linge sale, en me jetant sur ton épaule…

Elle sourit.

— J'y arriverais, tu sais. J'ai mes méthodes.

— C'est bien ce qui m'inquiète, répondit-il en riant.

Quand il lui eut donné la pince, elle prépara l'antiseptique et les compresses. Après quoi elle lui positionna l'avant-bras sur la tablette du lavabo.

— Ce n'est pas joli, joli…, dit-elle, préoccupée. Il te faudrait une anesthésie locale.

— Non, pas la peine. Le produit est dans ma sacoche.

Il n'eut pas besoin d'ajouter qu'il gardait ses réserves au cas où un problème grave se présenterait. Elle avait compris.

Fermement, elle lui maintint le poignet pour retirer le premier éclat. Elle y parvint sans difficulté, mais comprit qu'il n'en irait pas de même pour le second, enfoncé plus profondément. Et même si l'idée de le faire souffrir la rendait malade, elle n'avait pas le choix.

Elle inspira à fond, logea la pince dans la chair à vif, et eut un petit coup au cœur en l'entendant reprendre son souffle.

— Jack… Désolée…

Si elle avait suivi son instinct, elle se serait penchée pour l'embrasser. Elle se contenta de poser la pince sur le lavabo.

— Ce n'est rien, répondit-il doucement. Tu as tout retiré ?

— Oui, je pense. Je ne vois plus rien. Je vais désinfecter.

Après avoir appliqué une généreuse rasade d'antiseptique, elle se pencha sur lui. Sans même réfléchir aux conséquences possibles de son geste, elle lui enleva son T-shirt.

— Encore une de tes « méthodes » ? dit-il sur le ton de la plaisanterie.

— Je veux juste vérifier que tu ne me caches rien !

Songeant qu'elle aurait préféré toucher plutôt que regarder, elle se gendarma. Mais bientôt, au lieu des bleus et des écorchures, elle ne vit plus que les lignes admirablement sculptées de son torse. Sans avoir besoin de rentrer le ventre ou de carrer les épaules, il était parfait. Tout simplement.

— Tu as fini ? demanda-t-il en levant un sourcil moqueur.

— Oui. Tu devrais survivre… Je vais panser ton bras.

— Pas tout de suite. Je vais me doucher d'abord.

Il se leva, prit le sac en plastique, puis jeta son T-shirt sur son épaule.

— Reste là, ordonna-t-il.

Avant qu'elle ait pu répliquer, il se dirigea vers la seule cabine équipée d'une baignoire. Un frisson de désir la parcourut lorsqu'elle entendit l'eau couler. Se pouvait-il qu'il lui propose… Le simple fait d'y penser la mettait dans tous ses états…

— Allez, viens, Cass !

Le cœur battant, elle pénétra dans la cabine. Une délicieuse odeur de sels de bains montait de la baignoire. Jack avait aussi allumé des bougies parfumées qu'il avait posées sur le rebord de la fenêtre.

— J'espère que tu ne vas pas t'endormir ! dit-il.

Elle éprouva l'envie folle de lui demander de rester, au cas où. Mais déjà, il se rapprochait de la porte.

— Ça devrait aller, murmura-t-elle. Merci…

Jack avait bien failli céder à la tentation.

L'idée de partager un bain avec Cass l'avait tenaillé si fort qu'il avait dû se forcer pour sortir de la cabine. Mais il avait tenu bon, et s'en félicitait.

Il se délassa un long moment sous le jet brûlant de la douche, les paupières closes. Tout était silencieux de l'autre côté de la cloison. Il coupa l'eau et tendit l'oreille.

— Tu dors ? demanda-t-il finalement.

La voix de Cass lui parvint, claire et enjouée :

— Non, pas du tout. Et toi, ça va ?

— Oui, beaucoup mieux.

— Au fait, merci pour les bougies.

— De rien. J'aurais aimé faire plus, mais j'ai été pris de court.

— C'est vrai, tu aurais pu prévoir du champagne !

Il se savonna en souriant. La tension qui lui nouait les épaules s'était envolée comme par magie.

— Pourquoi pas du caviar pendant que tu y es ? répondit-il.

— Ah, non. Je préférerais un bon cheeseburger et des chips au vinaigre.

— Gourmande ! Et quoi d'autre ?

Il mourait d'envie de l'entendre dire certaines choses. Mais si ce fantasme devenait réel, que ferait-il ? Probablement la sourde oreille…

— Voyons voir… Un soin du visage et une manucure dans un institut de beauté ! Et toi ?

— Un serviteur pour me passer ma serviette. Il faudra bien sortir de là un jour !

— Tu as raison. Ça ne peut pas durer éternellement.

Il entendit Cass rire et remuer dans son bain. Pour sa part, il se rinça, se sécha, puis enfila la tenue propre fournie par Martin.

S'il espérait voir Cass drapée dans une serviette, il en fut pour ses frais. Quand elle le rejoignit près des lavabos, elle portait un pantalon de jogging et un débardeur. Elle avait les joues roses, et il dut résister à l'envie de lui replacer une mèche rebelle derrière l'oreille.

— Merci pour le bain, dit-elle en bâillant.

— Mais je t'en prie. C'était un plaisir.

— Je vais aller… m'allonger un peu.

Elle avait presque atteint la porte quand il la rappela.

— Cass ?

— Oui ?

— Beau travail. Tu peux être fière de toi.

Son sourire lui donna l'impression d'être grimpé en haut d'une montagne inondée de soleil.

— Toi aussi, Jack, répondit-elle d'une voix douce. Je suis contente… que tu sois resté.

7.

Cass ne s'était pas encore allongée sur son lit de camp que Sue l'avait envoyée chercher.

Apprenant par Jack qu'elle voulait se reposer, l'épouse du pasteur lui avait ouvert le canapé de son salon devant un bon feu et Cass avait dormi jusqu'à l'heure du dîner, moment où elle avait rejoint tous les convives dans la salle commune.

Jack n'était pas venu, mais elle n'avait osé interroger personne de peur de trahir son intérêt pour lui. Après la veillée, elle avait finalement rejoint le salon pour sombrer dans un sommeil réparateur.

Le lendemain matin, elle se leva de bonne heure, fraîche et dispose. La famille Price n'étant pas encore debout, elle enfila son imperméable et ses bottes pour traverser la cour, direction la cuisine collective.

Elle était en train de préparer du thé quand une voix s'éleva dans son dos :

— Coucou, toi ! Bien dormi ?

Elle faillit lâcher son mug et pesta intérieurement. Jack lui faisait trop d'effet. C'était injuste !

S'efforçant de prendre un air neutre, elle pivota vers lui.

— Très bien, merci. Et toi ?

— Moi aussi. Martin m'a prêté sa chambre d'amis.

— Super ! Tu es bien matinal, tout de même…

— Le gars de la météo m'a appelé, vers 5 h 30. Le niveau de l'eau baisse. Ils ont déjà ouvert une ou deux routes, dont la nationale.

Voilà pourquoi il avait remis son uniforme car il avait hâte de partir. C'était logique, alors pourquoi était-elle déçue ?

— Oui, nous pensions que ça se dégagerait par-là, répliqua-t-elle. Il y a un bateau, en bas, pour rejoindre cette route. J'avais justement garé ma voiture du côté sec. Je pourrais te reconduire chez toi ?

— Merci, c'est gentil. En fait… j'aurais besoin d'un petit service.

— Bien sûr ! Lequel ?

— Avec Martin, on a rendu visite à des personnes âgées ou malades hier soir et plusieurs d'entre elles vont bientôt être à court de médicaments. Il me faudrait aussi un moniteur cardiaque pour Mlle Palmer.

Elle le fixa, abasourdie. Avait-il l'intention de rester ?

— Si je vais chercher tout ça à l'hôpital, ça me prendra un bon moment, reprit-il. Mais si tu y allais à ma place… je pourrais passer un peu de temps avec Ellie.

Il arborait une expression indéchiffrable. Elle devina que cela lui coûtait de demander de l'aide, et lui sourit.

— Evidemment que je vais y aller ! répondit-elle d'un ton ferme. As-tu fait une liste ?

Il plongea la main dans sa poche, l'air hésitant.

— Oui, mais… Tu es sûre que ça ne te dérange pas ?

— N'importe quoi ! Arrête de nous faire perdre du temps et donne-moi ce papier. On y va.

Cass ne mit pas longtemps à récupérer les fournitures de Jack. Ensuite, comme il lui restait du temps, elle en profita pour faire des emplettes personnelles.

Ils étaient convenus qu'elle repasserait le chercher à midi, et à l'heure dite, elle alla sonner chez Sarah. La jeune femme qui lui ouvrit la porte, arborait le même sourire affable que Jack, et l'accueillit chaleureusement.

Cass la suivit jusqu'à un grand salon dont un coin débordait de jouets. Jack était assis dans un fauteuil et lisait une histoire à sa fille assise sur ses genoux.

Deux paires d'yeux bruns se posèrent sur elle. L'une chaleureuse, l'autre un peu méfiante.

— Cass ! s'exclama Jack. Tu as tout récupéré à l'hôpital ?

— Oui, sans problème.

Embarrassée, elle vit qu'Ellie s'était caché le visage dans la chemise de son père.

— Chérie, dis bonjour à Cassandra.

La petite fille leva les yeux, mais n'ouvrit pas la bouche.

— Elle fait sa timide, ajouta Jack avec un sourire d'excuse. Pourtant, elle ne l'est pas. Ellie, c'est la dame du téléphone…

Cass eut un sourire compréhensif.

— C'est normal, voyons. Je… euh… En allant faire des courses, j'ai choisi une surprise pour toi, Ellie, et une pour ton cousin.

Jack se leva, sa fille dans les bras.

— Cass t'a apporté quelque chose. Sois polie, s'il te plaît.

Après un instant d'hésitation, la fillette sourit, découvrant de minuscules dents blanches.

— Bonjour, Cassandra.

— Coucou, ma puce. Tiens…

— Oh ! merci ! Je peux l'ouvrir, papa ?

Jack se mit à rire.

— Oui ! Assieds-toi sur le tapis. Cass va t'aider.

Oubliant sa réserve, Ellie la tira par la manche. A deux, elles eurent vite fait de déchirer le papier cadeau qui enveloppait un camion de pompier rouge vif.

— Cassandra ! Merci !

— Rien que ça…, commenta Jack, faussement sévère.

— Il est trop beau ! s'écria la fillette. Ethan, Ethan !

— Oui, va chercher ton cousin, dit Jack. Je suppose que tu lui offres le même, Cass ?

Elle s'esclaffa, ravie que son idée rencontre un tel succès.

— A quelques détails près, oui !

— Bravo, tu as tapé dans le mille... Comme si une fille avait besoin d'un camion de pompier, ajouta-t-il, l'air provocateur.

Elle haussa les sourcils.

— Une fille a *toujours* besoin d'un camion de pompier. Tiens-le-toi pour dit !

L'arrivée d'Ethan, bruyant et enthousiaste, interrompit cette joute verbale. Le bambin accepta son cadeau avec force cris de joie sous le regard indulgent de Sarah.

Cette dernière refusa catégoriquement de les laisser partir le ventre vide. Cass fut priée de se mettre à l'aise et de faire « comme chez elle », une suggestion touchante pour elle qui n'avait plus de maison. Par ailleurs, ces moments volés aux intempéries ne dureraient pas éternellement, donc mieux valait en profiter, et goûter la compagnie de Jack tant qu'il était là.

Il n'allait sans doute pas rester à Holme très longtemps.

Cass s'était très bien entendue avec Sarah.

Comme la sœur de Jack aimait cuisiner, et qu'elle-même ne dédaignait pas se mettre aux fourneaux, elles avaient parlé gastronomie, échangeant même leurs adresses e-mail pour se communiquer des recettes. Cass avait senti la surprise de Jack qui ne devait pas l'imaginer ailleurs que dans un camion de pompier ou en intervention !

Pour la remercier de leurs « super cadeaux », Ellie et Ethan lui avaient chacun fait un dessin. Tous les deux l'avaient représentée avec des cheveux flamboyants, un détail qui l'avait amusée au plus haut point.

Puis, assez vite, il avait fallu partir, et elle avait pris congé à regret : le retour à la réalité ne pouvait plus attendre, hélas.

Alors qu'ils venaient de remonter dans son 4x4, Jack se tourna vers elle.

— Ça t'ennuierait qu'on s'arrête chez moi ? J'aimerais prendre quelques affaires de rechange. Enfin… si je peux toujours dormir au presbytère ce soir.

— Bien sûr que tu peux, répondit-elle, troublée.

Cette fois, le doute n'était plus permis : il allait passer la nuit à Holme. Resterait-il quelques jours de plus ? Elle n'osa pas poser la question qui, pourtant, la taraudait.

Il habitait à environ dix minutes de chez Sarah dans un quartier pavillonnaire cossu. Après l'avoir fait garer devant un joli cottage aux murs immaculés, il sortit du véhicule en lui faisant signe de le suivre.

Dès qu'ils furent entrés, il la conduisit au salon puis monta chercher ses affaires à l'étage. Restée seule, Cass eut tout loisir d'observer la pièce, un endroit chaleureux au mobilier chiné où, comme chez Sarah, Jack avait aménagé un « coin jouets ».

De toute évidence, il avait tout rangé à la hâte en partant, pourtant, cet espace respirait la joie de vivre. Voilà à quoi une maison devrait toujours ressembler, songea-t-elle. Quand elle pensait à sa propre demeure envahie par les eaux, elle avait envie de pleurer.

Balayant sa tristesse, elle poursuivit son observation. La grande cheminée devait être régulièrement utilisée : il y avait encore des cendres à l'intérieur, et un panier de bûches posé à proximité. En face, un grand canapé marron en cuir vieilli recouvert de plaids colorés invitait à la détente. Une bibliothèque aux rayonnages pleins à craquer occupait tout un pan de mur.

Elle y reconnut des classiques, des ouvrages anciens dont les titres en lettres d'or étaient en partie effacés. Les livres pour enfant occupaient toute l'étagère inférieure, et sur le rayonnage du dessus, elle découvrit plusieurs cadres à photo qu'elle examina, curieuse.

Ellie bébé. Ellie qui commençait à marcher. Des photos de famille. Une ravissante jeune femme aux cheveux blonds impeccablement coiffés, assise à un bar de plage. La même personne en tenue d'alpiniste au sommet d'une montagne…

— C'est le Matterhorn, dit Jack dans son dos.

Un peu gênée, elle se retourna. Elle ne l'avait pas entendu redescendre.

— Ça a l'air… beau.

— Oui, c'est un endroit très prisé des alpinistes.

Il fixait le cliché, et elle sentit une vague de jalousie ridicule déferler en elle. Puis elle se traita d'idiote. Il était bien normal qu'il éprouve quelque chose pour la mère de sa fille.

— Elle doit te manquer, dit-elle doucement.

Il haussa les épaules.

— J'ai mis ces photos pour Ellie, pas pour moi. J'avais de l'affection pour Sal, mais quelque part… je lui en veux.

— De quoi ?

— D'avoir pris des risques insensés alors qu'elle venait à peine de mettre un enfant au monde. Moi, j'ai peut-être perdu mon papa, mais au moins, je l'ai connu. Ellie n'aura pas cette chance avec sa mère. Tu sais, parfois, j'aimerais bien…

Elle hésita, mais finit par poser la question qui lui brûlait les lèvres :

— Tu aimerais bien quoi ?

L'intensité de son regard la fit frémir. Puis une lueur chaleureuse supplanta la colère dans ses yeux bruns.

— Je voudrais pouvoir inviter une femme à dîner ou au cinéma.

Il s'était rapproché d'elle. Leurs bras se frôlaient, à présent, et elle frissonna de nouveau.

— Qu'est-ce qui t'en empêche ? demanda-t-elle. Il y a beaucoup de pères célibataires qui ne se privent pas de sortir.

— Je le fais… pour Ellie. Je ne veux pas courir le risque de lui présenter quelqu'un et que les choses tournent mal. Elle est déjà orpheline de mère. Je n'ai pas le droit de lui faire ça.

— Je comprends. Tu sais… je connais le prix de la solitude, moi aussi.

Il haussa les sourcils.

— Je croyais que tu étais mariée à ton travail. Mais peut-être aimerais-tu vivre autre chose ?

— Non. Le célibat me convient parfaitement.

— Dommage.

Ce commentaire laconique la laissa sans voix. Se pouvait-il que Jack ait imaginé… ? S'ils étaient d'accord pour ne pas s'engager, et si personne n'était au courant, alors il n'y aurait aucun problème…

Mais, au fond, elle avait bien conscience que c'était impossible. Jack était beau et elle rêvait de faire l'amour avec lui, mais pas seulement. Ses qualités humaines la touchaient en plein cœur. Elle n'aurait aucune chance de sortir indemne d'une aventure avec lui.

Elle se détourna, rompant le charme.

— Si on veut refaire une tournée du village, il faut y aller, marmonna-t-elle.

Le sourire de Jack lui montra qu'il n'était pas dupe. Néanmoins, il prit le sac qu'il avait descendu et glissa l'anse sur son épaule.

— Tu as raison. On a du travail.

8.

Leur première visite les emmena chez Albert Hughes, un retraité équipé d'un pacemaker.

Tout de suite, le patient refusa que son épouse assiste à la vérification de son appareil. Comme Mme Hughes, elle, insista pour camper dans le couloir, derrière la porte du salon, Cass n'eut pas d'autre choix que de lui tenir compagnie et prêter l'oreille à ses doléances.

— Rendez-vous compte, *monsieur* avait rendez-vous en cardiologie pour son check-up le mois dernier, mais il n'a pas voulu se déplacer ! marmonna Mme Hughes. Puis le jour où la tempête a commencé, il a pris peur et il a appelé l'hôpital. Franchement, j'en ai assez. Il fait n'importe quoi !

— Ne vous inquiétez pas, répondit Cass. Votre mari a l'air en pleine forme.

— Sauf qu'il ne m'écoute pas ! Je lui ai déjà dit cent fois…

La vieille dame s'interrompit en voyant la porte s'ouvrir. Jack sortit le premier, suivi par un Albert Hughes tout penaud.

— Je vais porter les résultats du check-up à l'hôpital, ce soir, dit-il, un sourire rassurant aux lèvres. Le spécialiste de votre mari le confirmera, mais pour moi, il n'y a aucun problème. Le pacemaker fonctionne bien. En revanche, M. Hughes aurait tout intérêt à surveiller son hygiène de vie.

— Ah ! Heureusement que vous le dites ! s'exclama la vieille dame, l'air triomphal.

Elle les raccompagna jusqu'à la porte avec moult commentaires indignés. Dès qu'ils se retrouvèrent dans la rue, Cass se mit à rire.

— Tu lui as dit d'arrêter de fumer et de se mettre au régime, je suppose ?

— Bien vu ! répondit-il, l'air un peu étonné. Tu es douée.

Elle s'esclaffa.

— Je n'ai pas grand mérite. Tous les gens savent que M. Hughes est un épicurien. Son cardiologue doit être le seul à ne pas être au courant. Mme Hughes m'a dit qu'elle n'osait pas lui en parler parce que ça ne l'intéresserait sûrement pas.

Jack secoua la tête, l'air incrédule.

— Ce spécialiste est très gentil et très à l'écoute de ses patients. Tu as bien fait de me le dire. Je lui mettrai un petit mot dans le dossier.

— Super… Merci beaucoup.

— Tant qu'on y est, as-tu d'autres choses à m'apprendre sur les gens du village qui auraient besoin d'une aide médicale ?

— Hmm… Non, je ne crois pas. Ah, si ! Joe Gardener s'est froissé un muscle en déplaçant ma porte de cuisine.

— Il m'en a parlé hier soir, au presbytère. J'avais mis de la pommade et un anti-inflammatoire sur la liste, pour lui.

— Je les ai ! On les lui portera tout à l'heure.

Surprise, elle se rendit compte que Jack l'observait en fronçant les sourcils.

— Tu n'arrêtes jamais, toi, dit-il. Tu te sens bien ?

— Oui, très bien !

Il la considéra, l'air sceptique.

— Je m'attendais à cette réponse, mais elle ne me convainc pas. Tu as passé plusieurs nuits blanches, ces dernières semaines, tout en fournissant des efforts importants. Pour couronner le tout, tu as veillé sur Lynette…

Elle lui lança un regard surpris. De quoi se mêlait-il ?

— … tu as sauvé un gamin de la noyade, et tu as eu le choc de voir ta maison inondée. Ça fait beaucoup pour une seule femme. Je m'inquiète pour toi…

— C'est gentil, mais il ne faut pas.

Il commençait à l'énerver, à la fin. Pour qui la prenait-il ?

— Si tu as besoin d'en parler, je suis là, Cass.

Elle s'arrêta net après avoir buté contre une souche d'arbre et se planta devant lui, les poings sur les hanches.

— Qu'est-ce qui te prend, Jack ? Je te répète que je vais bien.

Il leva les deux mains.

— D'accord, je te crois. Mais tu as le droit d'être humaine, toi aussi. Et au cas où… Si tu as besoin d'un ami, je serai là.

Devant sa gentillesse, elle se radoucit un peu.

— Jack… En tant qu'ami, peux-tu faire quelque chose pour moi ?

— Oui, bien sûr.

— Tais-toi, s'il te plaît.

Jack eut conscience d'être allé trop loin. Pour preuve, Cass resta muette pendant un moment, se repliant sur elle-même.

Néanmoins, quel que soit le problème qu'elle dissimulait — car il était maintenant sûr qu'il y en avait un —, elle se reprit vite et, en arrivant chez Isabel Palmer, elle avait retrouvé le sourire. La visite se déroula dans un climat parfaitement détendu, après quoi ils prirent congé pour retourner à l'hôpital.

Elle préféra patienter en voiture le temps qu'il aille rendre le monitoring et déposer au labo les deux échantillons sanguins qu'il avait prélevés. Quand il la rejoignit, elle écoutait du jazz via son téléphone relié au système audio du 4x4. Dès qu'il fut assis, elle consulta sa montre.

— A quelle heure Ellie va-t-elle se coucher ? Tu pourrais passer lui dire bonne nuit ?

Cette attention délicate le toucha. Néanmoins, il secoua la tête.

— Vers 20 heures environ. Trop tard pour y aller. Il vaut mieux retraverser la rivière de jour.

— Ne t'inquiète pas. J'ai une lampe torche dans mon coffre.

— Tu as une solution pour chaque problème, toi !

Elle s'esclaffa.

— Que veux-tu, j'aime anticiper… Question d'habitude. Allez, on y va !

Grâce à elle, il eut la joie de pouvoir mettre sa fille en pyjama, de lui lire une histoire et de la mettre au lit.

Quand il redescendit, il trouva Cass en train de bavarder avec Sarah dans le salon. Sans doute aurait-elle voulu prolonger ce moment agréable, tout comme lui, mais, hélas, c'était impossible : elle avait rappelé les bénévoles pour leur demander de se tenir prêts avec le canot.

Ils reprirent donc la route sous le déluge, et elle se gara chez des amis, dans une cour abritée, au même endroit que le matin. Puis ils finirent le chemin à pied jusqu'au point de rendez-vous, tête baissée pour protéger leur visage de la pluie.

A l'arrivée, Cass balaya la surface de l'eau avec sa lampe torche, mais en vain. Ils ne virent aucun signal de l'autre côté.

— Les gars ne vont pas tarder, dit-elle. Ils ont dû mettre un peu de temps à descendre.

Qu'ils prennent toute la nuit ! pensa Jack. Et même, qu'ils restent où ils étaient ! Ainsi, il aurait Cass pour lui tout seul plus longtemps…

Incapable de s'en empêcher, il l'attira contre lui. Il s'attendait à ce qu'elle le repousse, mais elle fit un pas en avant. Aveuglé par la lumière de la torche, il cligna des yeux.

— Eteins-la, ordonna-t-il d'une voix rauque qu'il reconnut à peine.

Il entendit un « clic », et ce fut le noir. Puis Cass enleva sa capuche malgré la pluie battante. Elle était si belle que Jack sentit sa respiration se bloquer.

— Cassandra…

Toutes ses peurs et ses réticences s'envolèrent d'un coup, l'autorisant à vivre l'instant présent. Il refusait de se poser mille questions inutiles.

— Jack ?

Elle avait l'air incertaine, un peu perdue. Il aurait voulu la rassurer… sauf qu'il ne savait pas quoi dire.

— Oui ? chuchota-t-il.

— Je… Rien.

Les mots s'étaient évanouis en un sourire sur sa jolie bouche. Comment aurait-il pu résister ? Le monde avait cessé de tourner. Cass était devenue son univers, sa raison d'être.

D'un mouvement brusque, il l'attira plus près.

Il entendit la lampe rebondir sur le sol humide avec un bruit sourd. Puis Cass lui noua les bras autour du cou, et il ne pensa plus à rien.

9.

Jack était aussi fort, aussi merveilleux que Cass l'avait imaginé. Prisonnière de ses bras, elle ne pouvait plus s'échapper. Elle n'en avait d'ailleurs pas la moindre envie.

Lui, pourtant, semblait hésiter encore. Croyait-il qu'elle allait l'arrêter ? Cela n'avait aucune chance de se produire. Elle était sûre d'elle et, pour le lui prouver, elle repoussa la capuche qui protégeait ses cheveux noirs de la pluie battante.

— Cassandra…

— Je suis là, Jack.

Très lentement, il inclina la tête pour effleurer ses lèvres. Mais elle voulait beaucoup plus et, très vite, il lui donna un baiser ravageur dont l'intensité la laissa sans forces.

L'eau fraîche qui ruisselait sur son visage contrastait avec la chaleur du corps de Jack. Une vague de sensations délicieuses, perturbantes, déferla en elle. Même si l'endroit n'était pas idéal pour s'aimer, elle refusait que la magie s'arrête…

Elle se sentit soulevée de terre, entendit le crissement des imperméables pressés l'un contre l'autre. Sans réfléchir, elle noua les jambes autour de la taille de Jack pour mieux se plaquer contre lui.

Alors qu'elle s'abandonnait sans réserve à la délicieuse torture de sa langue, elle eut la vision de leurs corps enlacés sur l'herbe détrempée. Malgré la tempête, malgré leurs vêtements de pluie, ils pouvaient très bien faire l'amour ici même, au bord de cette rivière en crue. Plus rien d'autre n'avait d'importance que les mains de Jack posées sur elle et la fièvre qui l'habitait.

— Jack…

Ivre de désir, elle se tortillait contre lui au point qu'il faillit perdre l'équilibre.

— Doucement, chuchota-t-il, le visage dans son cou.

Il lui captura les fesses d'une main tandis que l'autre se glissait sous l'imperméable qu'elle portait, au creux des reins, jusqu'à sa peau nue. Alors, elle eut l'impression que son cœur explosait. Si ce simple contact suffisait à l'électriser, qu'adviendrait-il quand…

Soudain, tout s'arrêta.

— Cass… Cass ! Il y a du monde.

— Que… Quoi ?

— Arrête, mon cœur.

Sa voix douce trahissait une immense frustration. Dans un brouillard, elle se laissa glisser contre lui pour poser les pieds sur le sol. Puis elle pivota vers l'eau pour apercevoir une lumière en face d'eux accompagnée du bruit d'un moteur de canot.

— Dommage, chuchota-t-elle.

Ramassant la lampe torche, elle l'alluma pour signaler aux bénévoles l'endroit exact où ils se trouvaient. Jack captura son autre main, entremêlant ses doigts aux siens en un geste d'une infinie tendresse.

— Oui, dommage, répéta-t-il. Je n'ose pas imaginer…

— Tu n'oses pas, ou tu ne veux pas ? le taquina-t-elle.

Il se pencha, une lueur incendiaire au fond des yeux.

— Disons que je ne *préfère pas*. Sinon, je vais devenir fou. J'ai envie de…

— Jack, arrête.

Elle avait très chaud, soudain, sa peau la brûlant presque. Elle devait se ressaisir, et vite !

— Si j'avais pu continuer…, murmura-t-il.

— Jack ! Je te préviens, ça va mal finir.

Avec un petit rire, il lui embrassa le bout des doigts.

— Me voilà prévenu, répondit-il, taquin. Je saurai m'en souvenir.

Cette nuit-là, Jack dormit mal.

Il n'avait fréquenté aucune femme depuis qu'Ellie était entrée dans sa vie. En embrassant Cass, il avait dérogé à la règle sacro-sainte qu'il s'était fixée. Mais le pire, c'était qu'il n'avait même pas pu en parler avec elle ensuite, trop accaparés l'un et l'autre par les convives du presbytère.

Ils étaient partis se coucher après un rapide échange de « bonsoirs ». Après quelques heures d'un sommeil agité, se tournant et se retournant sur son lit de camp, Jack avait fini par se lever à l'aube, mais être debout ne changeait rien à l'affaire. Même s'il avait envie de voir Cass, il culpabilisait.

Parvenu dans le grand hall, il ralentit l'allure. Comment devait-il se comporter face à elle ? Que…

— Attention !

— Oh ! excusez-moi !

Absorbé par ses pensées, il n'avait pas vu l'un des bénévoles, un homme à la carrure imposante, traverser le hall. Le villageois, vêtu d'un imperméable rouge détrempé et apparemment aussi distrait que lui, l'avait heurté de plein fouet. Comme il semblait avoir du mal à recouvrer son équilibre, Jack lui posa une main sur le bras.

— Ça va ? demanda-t-il.

— Oui, je… Pardon. J'ai un horrible mal de crâne, ce matin.

L'homme était très pâle et, pendant un instant, Jack craignit qu'il ne fasse un malaise. Mais il inspira à fond et parut se ressaisir.

— Ce doit être un genre de gastro, marmonna-t-il. Ma femme et les gosses ont la même chose. Quand je suis parti, mon dernier fils était en train de vomir.

— Oh ! là là, je vois ! Voulez-vous un cachet de paracétamol ?

— Non, merci, ça va mieux. J'ai l'impression que marcher au grand air m'a fait du bien.

Un signal d'alarme se déclencha dans le cerveau de Jack. Néanmoins, ce fut sur le ton de la conversation qu'il poursuivit :

— Savez-vous si d'autres familles ont les mêmes symptômes ?

— A ma connaissance, non. On a dû prendre froid. Notre chauffage est en panne et on n'a plus qu'un radiateur d'appoint. Mais les nuits sont fraîches, et même si on dort sous un tas de couvertures, on n'est pas en forme.

— Oui, je comprends.

Sans autre commentaire, Jack attendit que l'homme ait retiré son imperméable puis lui ouvrit la porte de la salle commune. Après quoi il balaya l'assistance du regard pour trouver Cass.

Avec ses cheveux, elle n'était pas difficile à localiser. Le cœur de Jack s'affola lorsqu'il la vit, mais il se chapitra. L'embrasser n'était pas à l'ordre du jour !

Après l'avoir saluée, il l'attira à l'écart.

— Tu vois le grand barbu, là-bas, avec le pull marron ?

— Oui, c'est Frank White.

— Où habite-t-il ?

— Près de chez Isabel Palmer. Pourquoi ?

— Y a-t-il des symptômes de gastroentérite dans le groupe ce matin ? Nausées, vomissements, maux de tête ?

— Non, pas du tout. Les gens ont été briefés sur les risques d'infections bactériennes liés aux inondations. Tout le monde observe des règles d'hygiène drastiques et personne ne boit l'eau du robinet.

Après avoir regardé autour d'elle, elle fronça les sourcils.

— Où est le reste de la famille White ? Normalement, ils prennent leurs repas ici puisqu'ils n'ont plus d'électricité.

— Ce matin, Frank est tout seul. Sa femme et ses enfants, qui ont vomi, sont malades. Lui-même a eu une violente migraine. Elle s'est atténuée quand il est venu ici. Apparemment, l'air frais lui a fait du bien.

Cass se figea.

— Tu penses à la même chose que moi ? demanda-t-elle, le regard soucieux.

— Oui. Ça ressemble à une intoxication au monoxyde de carbone.

— Il faut aller voir. Allez, on fonce !

Jack courut préparer un sac à dos de matériel tout en croisant les doigts pour ne pas avoir à l'utiliser. Puis ils s'habillèrent rapidement et sortirent.

Comme la veille, ils descendirent le versant de la colline opposé à l'église. Cass marchait vite et, pendant un court instant, Jack se demanda s'il devait ou non lui présenter ses excuses. Mais avant qu'il ait pu se décider, elle prit son mobile dans sa poche et pianota sur l'écran.

— Pas de réponse, dit-elle au bout de vingt secondes. Espérons qu'ils soient déjà en route pour le presbytère.

Elle accéléra, ouvrant le chemin. Après avoir contourné un champ de maïs à demi submergé, ils empruntèrent un sentier boueux qui descendait encore. Ils couraient presque en arrivant chez les White, une grande bâtisse d'aspect moderne, probablement de construction récente.

Tous les volets étaient fermés. Cass tambourina à la porte avec vigueur.

— On vient ! s'exclama-t-elle. J'entends marcher.

La porte s'ouvrit sur un jeune homme à la carrure imposante âgé d'environ dix-huit ans. Il cligna des yeux, visiblement incommodé par la lumière du jour.

— Cass ! Que se passe-t-il ?

— Je te présente Jack. Il est secouriste ambulancier. On peut entrer, Harry, s'il te plaît ?

— Oui. Mais si tu cherches maman, elle est malade. Alex aussi, d'ailleurs. Ils sont retournés se coucher.

— Et toi, tu te sens bien ?

Il haussa les épaules.

— Pas trop mal. J'avais mal au crâne en me levant, mais je suis allé prendre l'air et ça va mieux. Entrez…

— Attends-nous dehors, ordonna Cass. Ne reste pas là.

Jack la suivit dans l'escalier. La première chose qu'il remarqua sur le palier du premier étage fut un radiateur à pétrole, un modèle ancien qui servait surtout à chauffer les garages. Il l'éteignit immédiatement puis, à la demande de Cass, entra dans la chambre située au fond du couloir.

Quand il ouvrit les rideaux, un grognement monta du lit.

— Fichez le camp… Ma tête…

Un adolescent d'une quinzaine d'années était couché en boule, un bras sur le visage. Jack se pencha sur lui.

— Alex, je m'appelle Jack. Je suis secouriste. Lève-toi !

Malgré les protestations du garçon, il tira sur les couvertures. Si Alex avait du mal à parler, il proféra néanmoins quelques jurons qui n'empêchèrent pas Jack de le secouer vigoureusement.

— Allez, mon gars, debout ! On sort d'ici !

Lorsque le garçon fut levé, il lui souleva un bras afin de le passer autour de son cou et l'entraîna dans le couloir. Cass sortit de la chambre voisine au même moment. Elle soutenait — en fait, elle portait presque — une femme en chemise de nuit qui ne tenait plus sur ses jambes.

— Harry, écarte-toi ! s'écria Cass.

Le jeune homme, qui était remonté jusqu'au milieu de l'escalier, se détourna pour filer dehors, l'air paniqué.

— Maman ! Qu'est-ce que tu as ? Et toi, Alex ?

Cass sortit la première avec sa patiente. Jack attrapa deux imperméables au portemanteau puis la suivit avec Alex, lequel commençait à reprendre ses esprits.

— Harry…, gémit-il. Je n'y comprends rien.

— Reste tranquille, dit Jack d'un ton calme. Tu as besoin de prendre l'air. Ça ira mieux après. Tiens, Harry, habille-toi et fais enfiler ça à ton frère.

— Tout de suite !

Suivant Cass, il contourna la maison pour gagner l'abri à voitures. Au moins, là, ils seraient protégés de la pluie.

Retirant son imperméable, il l'étala sur le sol et Cass y allongea leur patiente.

— Elle s'appelle Sylvie, dit-elle.

— Merci. Peux-tu aller chercher mes affaires, s'il te plaît ?

Le pouls de Sylvie était trop irrégulier à son goût et le fait qu'elle semblait flotter entre conscience et inconscience l'inquiétait.

Cass revint rapidement avec le sac qu'elle ouvrit.

— Tu les veux ? demanda-t-elle, sortant un petit réservoir d'oxygène et un masque.

— Oui, merci. Peux-tu t'occuper d'Alex, et aller demander aux voisins de nous accueillir chez eux ?

— Bien sûr. Sans problème.

Tout en parlant, il avait fixé le masque sur le visage de la patiente.

— Sylvie… Ouvrez les yeux, s'il vous plaît.

Du coin de l'œil, il vit Cass s'éloigner puis Harry revenir. Le jeune homme s'agenouilla près de sa mère et lui prit la main. Il semblait avoir recouvré son calme, ce dont Jack se félicitait car sa présence serait un « plus » indéniable pour sa patiente.

— Parle-lui, dit-il.

— Maman… Allez, réveille-toi !

Battant faiblement des paupières, Sylvie eut un haut-le-cœur et Jack s'empressa d'enlever le masque et de la mettre en position assise… Quand elle se mit à vomir, le pantalon d'Harry fut maculé, mais le jeune homme ne cilla pas.

— Bien joué, dit-il, non sans humour.

Jack essuya la bouche de Sylvie à l'aide d'une compresse puis la rallongea contre lui. Lorsqu'elle rouvrit les yeux, Harry était penché sur elle.

— Chéri… me sens… mal.

— Je sais, maman. Mais Jack est secouriste ambulancier, et Cass est venue aussi. Ils vont s'occuper de toi.

— Je vais vous remettre le masque à oxygène, intervint Jack. Respirez à fond.

— Voilà, comme ça maman. Fais ce qu'on te dit.

— Harry, tu vas pouvoir passer le brevet de secouriste, commenta Jack en souriant.

Le jeune homme eut un petit rire nerveux.

— Mais qu'est-ce qui se passe, à la fin ?

— Vous avez tous fait une intoxication au monoxyde de carbone, probablement à cause de ce vieux radiateur. Où l'avez-vous trouvé ?

— C'est un ami de papa qui nous l'a prêté. Il s'en servait pour chauffer sa serre.

A peine avait-il fini ses explications que Cass revint en courant.

— Les voisins nous attendent, dit-elle.

— Super ! Aide-moi à la lever.

A eux deux, ils n'eurent aucun mal à emmener Sylvie jusqu'à la maison voisine.

Mark et Janet, leurs hôtes, les firent entrer dans un salon coquet où ils allongèrent leur patiente sur le canapé. Janet se mit en devoir de nettoyer le jean d'Harry avec du papier absorbant et du savon liquide. Ceci fait, il s'assit sur une chaise près de sa mère, imité par Alex.

Cass était sortie téléphoner dans le couloir. A son retour, elle arborait un air satisfait.

— J'ai fait descendre un 4x4 jusqu'ici, annonça-t-elle. On va emmener les White près de la rivière et les évacuer en canot. Ensuite, tu n'auras qu'à prendre mon 4x4 pour les conduire à l'hôpital. Ça ira plus vite que d'appeler une ambulance. Enfin… si tu penses qu'il faut les hospitaliser, précisa-t-elle en rougissant.

Elle semblait gênée d'avoir pris l'initiative. Il lui sourit.

— Oui, il faut les hospitaliser… Ils ont besoin d'une prise de sang pour contrôler leur taux de monoxyde de carbone.

Et oui, je pense que ça ira *beaucoup plus vite* comme ça, ajouta-t-il d'un ton taquin.

— Vas-y, moque-toi…

Elle plissa le nez d'une manière absolument irrésistible qui lui donna l'envie furieuse de l'embrasser. Il se secoua.

— Dans combien de temps seront-ils là ?

— Moins de dix minutes. Je vais aller chercher un imperméable pour Sylvie.

— La porte est ouverte, mais ne traîne pas trop. Ça m'ennuierait de devoir t'évacuer comme un paquet de linge sale !

Il serait enchanté de la porter *ailleurs*, dans un lit, par exemple. Mais il devait taire ces pensées inavouables…

Cette fois, elle éclata de rire.

— Chiche ! Je voudrais bien t'y voir !

Puis, sur un dernier regard provocateur, elle tourna les talons.

10.

Frank, l'époux de Sylvie, se trouvait dans le 4x4 qui se gara devant la maison.

L'évacuation de la famille White se déroula en un temps record compte tenu des conditions météo. Jack avait récupéré les clés de voiture de Cass qui avait promis de le rejoindre très vite. Il ne jugea pas utile de lui demander comment : il savait qu'elle allait se débrouiller !

Il patientait aux urgences depuis environ une heure lorsqu'elle arriva, les joues roses et les cheveux ébouriffés. Elle s'assit à côté de lui en souriant.

— Coucou, toi ! dit-il.

— Salut ! Ça va ?

— Oui. Les médecins sont en train d'examiner tout le monde.

Prenant les clés du 4x4 dans sa poche, il les lui tendit.

— Tiens ! Après avoir déposé les White, je suis allé le nettoyer à la station de lavage du coin de la rue. Il était tellement sale qu'on ne voyait même plus sa couleur. Au moins, maintenant, je sais qu'il est bleu !

Elle le gratifia d'un sourire angélique tout en ôtant son imperméable.

— Merci beaucoup. Tu es trop bon…

— Comment es-tu venue ?

— J'ai marché pendant un bon kilomètre. Ensuite, j'ai attrapé le bus réservé aux personnes à mobilité réduite.

— Ha ha ! Tu leur as montré ta carte senior ?

— Ma carte professionnelle a amplement suffi.

Depuis leur baiser de la veille, c'était la première fois qu'ils se retrouvaient seuls, et Jack en était si heureux qu'il ne put résister à la tentation de la taquiner.

— Tu as dit au chauffeur que tu avais un incendie à éteindre ?

— Très drôle. Quand *tu* auras le feu chez toi, ne m'appelle surtout pas !

Elle parut soudain prendre conscience du double sens de ses propos, et se détourna en rougissant.

— Je me débrouillerai pour l'éteindre tout seul, merci…, dit-il d'un ton suave.

S'il avait cru l'embarrasser davantage, il en fut pour ses frais. Pivotant vers lui, elle lui lança un regard provocateur.

— Tu n'es pas joueur, Jack ? Dommage…

Comment aurait-il pu résister ? Il se leva et la tira par la main pour la serrer contre lui, une jambe glissée entre les siennes.

— Hé, là !

— Ah, désolé… Il faut que j'utilise la bonne technique.

Il l'écarta légèrement puis sans autre forme de procès, il la fit basculer sur son épaule.

— Pas mal…, commenta-t-elle.

— Seulement pas mal ? Qu'aurais-je pu faire de mieux ?

Peut-être rêvait-elle qu'il l'emmène dans une pièce déserte pour lui faire l'amour sauvagement ? Si oui, qu'elle se rassure : ce n'était pas l'envie qui lui en manquait !

— Tu pourrais courir, répliqua-t-elle.

Raffermissant sa prise, il commença à arpenter la salle de long en large.

— Sache qu'un secouriste ambulancier ne court pas, sauf urgence absolue. Nos méthodes sont moins m'as-tu-vu que les vôtres.

Elle lui donna un petit coup sur le dos.

— Mes méthodes ne te plaisent pas ? Ça, c'est la meilleure !

Il resserra son étreinte.

— Rassure-toi, j'adore ton style. Je connais peu de femmes qui auraient évacué Sylvie comme tu l'as fait, ce matin. Chapeau bas, mademoiselle !

— Merci… Dis-moi, as-tu l'intention de me relâcher ?

Malgré sa haute taille, elle ne pesait pas plus lourd qu'une plume sur son dos. Le contact de son corps, son parfum fleuri : tout, chez elle, l'enivrait. Au lieu de se baisser pour la reposer par terre, il la fit simplement glisser contre lui. Puis il lui enlaça la taille et la retint prisonnière.

Elle le regarda droit dans les yeux.

— Tu viens de perdre des points, chuchota-t-elle.

— J'assume. Ça en valait la peine.

Ils restèrent un long moment immobiles, à se dévisager. Puis il la sentit s'écarter, et il la laissa partir à regret.

Ce petit jeu avait été une bonne manière d'évacuer le stress. Et beaucoup plus encore pour lui, même s'il ne voulait pas trop s'attarder sur la question.

— Si on allait voir où ils en sont ? suggéra-t-elle.

— Bonne idée… J'espère que tout va bien.

La parenthèse magique se terminait. Le travail devait reprendre ses droits.

Finalement, les médecins avaient gardé Sylvie en observation. Sa sœur, qui habitait en ville, avait proposé à Frank et aux garçons de s'installer chez elle.

Comme Ellie passait la journée chez des cousins avec Sarah, Jack et Cass repartirent directement. Comme le trajet se déroulait dans un silence quasi-total, il se demanda si elle était juste fatiguée ou, comme il le craignait, inquiète.

A leur arrivée au presbytère, elle s'éclipsa tout de suite, et il se rendit dans la cuisine pour donner les dernières nouvelles des White à toutes ces dames qui, dimanche oblige, s'affairaient à préparer un véritable festin pour la communauté.

Exceptionnellement, on ne déjeunerait pas avant 13 heures. Prenant un paquet de biscuits, il décida d'aller attendre Cass dans son « coin » secret.

Il avait besoin de lui parler. Le plus tôt serait le mieux.

Quand elle apparut, une bonne demi-heure plus tard, il fut frappé par son visage triste. En la voyant s'essuyer les yeux du dos de la main, il dut se retenir de courir vers elle.

— Jack ! Qu'est-ce que tu fais là ?

Elle avait plaqué un sourire de commande sur ses lèvres. Il lui sourit en retour.

— Je voulais te voir.

Elle retira son imperméable, l'air perplexe.

— Tu reviens de chez toi ? demanda-t-il doucement.

— Oui.

— Alors… Verdict ?

Sans le regarder, elle s'assit près de lui.

— Il y a de l'eau et de la boue partout. C'est un cauchemar.

Il se pencha vers elle et lui tendit le paquet de biscuits.

— Tiens, pour te consoler. Ce n'est pas grand-chose, mais…

Elle en prit un et le remercia en lui lança un coup d'œil circonspect.

— Tu as quelque chose à me dire, Jack ?

— Je… Oui. Tu reprends toujours le travail demain ?

— Hélas…, répondit-elle en soupirant. J'aurais bien demandé deux jours de repos supplémentaires, mais ils ont besoin de moi.

— Je m'en doute.

Dès le lendemain, elle allait avoir des journées harassantes. Elle devrait se lever aux aurores en essayant de ne pas faire de bruit, descendre à pied jusqu'à la rivière, emprunter un canot alors qu'il ferait à peine jour, marcher cinq cents mètres pour récupérer son 4x4 là où il était garé… Elle serait déjà épuisée avant même d'avoir atteint la caserne.

— Ne pourrais-tu pas t'installer chez des amis ?

— Normalement, si. Mais là, tout le monde héberge des familles dont les habitations ont été inondées, et comme je n'étais pas là au début… On ne peut pas déloger des gens pour moi. Même les chambres de la caserne affichent complet.

Jack n'hésita plus.

— J'habite… tout près de ton travail. Tu pourrais venir chez moi ? Ellie serait contente…

Il ne voulait pas que Cass interprète mal son invitation. En parlant d'Ellie, les choses seraient plus simples.

— Elle aime bien avoir des invités, mais c'est rare. Et on a une chambre d'amis, précisa-t-il.

— Une chambre d'amis…, répéta-t-elle, songeuse.

Gêné, il s'éclaircit la gorge. Inutile de prétendre que leur baiser de la veille ne signifiait rien. Elle avait compris que ce n'était pas le cas. En revanche, il voulait la mettre à l'aise.

— Ecoute, à propos d'hier, je…

— Hier, c'était hier. Aujourd'hui, c'est aujourd'hui, coupa-t-elle d'un ton ferme.

Après quelques instants de silence, elle secoua la tête en soupirant.

— Merci pour ta proposition. Cela me touche beaucoup, mais… je vais rester ici.

— Ça n'a pas de sens, Cass ! Entre les déplacements compliqués et ton travail, tu vas finir sur les genoux !

— Je vais gérer.

Elle avait répondu d'une voix calme, presque atone, et il sut qu'elle se contenait pour ne pas craquer. Il décida de la pousser dans ses retranchements.

— Non, tu ne vas pas gérer. Et même si les gens d'ici te doivent énormément, ils n'ont plus besoin de toi. T'obstiner à tout vouloir mener de front serait une erreur. Dans nos métiers, on n'a pas le choix : on doit rester au top !

Elle parut choquée. Le sourire qu'elle lui adressa ressemblait davantage à une grimace.

— Tu as l'art et la manière d'appuyer là où ça fait mal…, marmonna-t-elle.

— Il le faut pour que tu deviennes raisonnable !

Avant cette discussion, il avait résolu de ne pas la toucher. Mais dans un pareil moment, il pouvait bien la réconforter en tant qu'ami, non ?

Se rapprochant d'elle sur le banc, il lui entoura les épaules d'un bras. Quoi qu'elle décide, il ne l'abandonnerait pas. C'était hors de question.

Jack était gentil, solide, rassurant.

Sa compassion n'avait pas de prix pour Cass. Après avoir découvert cinquante centimètres d'eau chez elle, elle était toujours sous le choc et sa présence lui faisait un bien fou.

Un peu gênée de se sentir à ce point désemparée, elle se tortilla nerveusement, mais il ne relâcha pas son étreinte.

— Je suppose… que je n'ai pas le choix ? murmura-t-elle.

— Non, en effet. *Je* ne te laisse pas le choix.

Il rendait les choses simples, claires et nettes. Peut-être, dans ces conditions, réussirait-elle à oublier son attirance pour lui ? Il ne faudrait tout de même pas qu'elle reste trop longtemps. Sinon, elle risquait de s'attacher à Ellie…

— D'accord, mais juste pour un jour ou deux, dit-elle. J'essaierai de ne pas vous déranger.

Il s'esclaffa.

— Tu pourras faire autant de bruit que tu veux ! C'est l'une des règles d'or de la maison.

Son sourire chaleureux lui donna le vertige. Elle se dégagea puis se mit debout.

— Si tu veux vraiment, alors… j'accepte. Merci beaucoup.

— Tout le plaisir est pour moi, Cass. Nous partirons après le déjeuner. Je ne veux pas te laisser le temps de changer d'avis.

11.

La soirée du dimanche s'était déroulée dans un climat amical et agréable.

Ce lundi matin, le petit déjeuner avait passé très vite. Cass était partie au travail et après avoir déposé Ellie chez Sarah, Jack avait fait de même. Puis, vers 10 heures, il avait reçu cet appel de Rafe, l'ex-compagnon de Mimi, sa coéquipière, et le monde s'était écroulé.

Il avait accompli ses missions comme dans un brouillard. En fin de journée, il était allé chercher Ellie et ils étaient rentrés. Pendant le dîner, il avait fait de son mieux pour ne rien laisser paraître, ignorant les regards perplexes de Cass.

Maintenant qu'il avait bordé sa fille, il ne souhaitait qu'une chose : aller s'enfermer dans sa propre chambre. Néanmoins, s'il ne redescendait pas, Cass risquait de mal prendre son attitude.

La mort dans l'âme, il retourna au salon et s'affala sur le canapé. Assise dans un fauteuil, elle l'accueillit par un froncement de sourcils.

— Qu'est-ce qui t'arrive ?

Il haussa les épaules.

— Rien. La journée a été dure, c'est tout.

Elle avait assez de problèmes comme ça. Il ne voulait pas en rajouter.

— A d'autres, Jack ! Je sais que quelque chose ne va pas. Moi, je t'ai parlé de mes soucis, alors ce serait bien que tu fasses la même chose, sinon je m'en vais !

Soudain, le désert de sa vie affective le frappa de plein fouet. Bien sûr, il avait Ellie, mais il aurait eu grand besoin d'une présence féminine. D'une compagne. D'une personne à qui confier ses joies et ses peines, comme il allait le faire maintenant…

— C'est Mimi. Il y a eu un accident, hier, pendant qu'ils intervenaient à la brasserie avec Rafe. Elle est sérieusement blessée.

— Quand l'as-tu appris ?

— Rafe m'a appelé, ce matin. Je venais d'arriver à l'hôpital, et je suis monté tout de suite en soins intensifs. J'ai pu rester vingt minutes avec elle. C'était affreux… Elle a une cheville cassée, des contusions multiples et, surtout, elle a fait un choc anaphylactique à cause d'une morsure de vipère…

Il ferma les yeux, incapable de poursuivre. Il avait l'impression qu'une main de fer lui étreignait la gorge.

— Elle va… s'en sortir ?

— Oui. Aucune blessure n'est mortelle, mais elle est dans un sale état. Ils vont la laisser sous sédatifs pendant quelques jours.

Cass vint s'asseoir près de lui sur le canapé.

— Veux-tu retourner à l'hôpital ? Je peux garder Ellie.

— Cela ne servirait à rien. Ils ne me laisseront plus entrer aujourd'hui. Rafe m'appellera s'il y a du nouveau.

Il sentit qu'elle lui effleurait le dos de la main et recula. Un contact physique entre eux ne l'aiderait pas. *Rien* ne pouvait l'aider.

— Jack… Je pense qu'il y a un autre problème.

— Ah, bon ? Celui-là ne te suffit pas ?

Enervé, il avait presque crié cette réponse. Rouvrant les paupières, il vit que Cass le dévisageait, lèvres pincées, les yeux brillants, et il se traita d'idiot. Il l'avait blessée. C'était pourtant la dernière chose qu'il voulait !

— Que veux-tu dire par-là ? demanda-t-il plus gentiment.

— L'issue aurait pu être bien pire, et tu le sais. Depuis quand es-tu si défaitiste ? C'est nouveau ?

— Je ne suis pas…

Il s'interrompit, sous le choc. Cass avait vu clair en lui alors qu'il avait perdu toute sa lucidité. Maintenant, il souhaitait par-dessus tout qu'elle le réconforte.

Elle dut le comprendre car elle captura ses mains tremblantes et les étreignit.

— J'ai… peur de la perdre, Cass. Pourquoi a-t-elle risqué sa vie alors que le bâtiment était en cours d'évacuation ?

— Tu aurais fait la même chose, Jack. Ce n'est pas Mimi, le problème.

— Non, je… Tu as raison. Mais j'en ai tellement voulu à mon père et à Sal que… tout se mélange dans ma tête.

— C'est normal. Sauf que la situation n'est pas comparable, Jack. Mimi a eu un accident du travail et elle va s'en sortir. Aie confiance.

La crainte de voir mourir un être cher l'avait taraudé toute la journée. Il n'avait pas su dépasser sa colère, avait été incapable de voir plus loin que le bout de son nez. Heureusement que Cass était là !

— Je suis un crétin, marmonna-t-il.

— Ne dis pas n'importe quoi ! Demain, tu vas retourner voir Mimi à l'hôpital. Tu lui diras que tu l'aimes, que tu es là pour elle, et qu'elle va guérir. Même si tu as l'impression qu'elle ne t'entend pas.

— Elle nous entend peut-être. Cela arrive souvent avec les personnes dans le coma.

— Raison de plus pour être convaincant, et tu le seras. Vas-y…, ajouta-t-elle en souriant. Montre-moi ton air convaincu.

Elle avait le don de le faire rire, même quand il était au trente-sixième dessous. Bien sûr, elle ne pouvait pas apaiser toutes ses angoisses, mais, au moins, elle lui donnait de l'espoir.

Il la gratifia d'un sourire exagérément niais, et ils s'esclaffèrent.

— Je préférais ta tête le jour où ma sœur a accouché, déclara-t-elle. Mimi va prendre peur si elle se réveille et qu'elle te voit comme ça. Il va falloir faire un effort !

Cass avait préparé du chocolat chaud et elle avait essayé de dérider Jack. Néanmoins, il semblait toujours traumatisé par l'accident de Mimi qui lui avait rappelé des souvenirs douloureux.

Avisant la bibliothèque, elle songea qu'elle tenait peut-être le moyen de lui changer les idées. Ne lui avait-il pas confié qu'il adorait lire ?

— Tu voudrais bien me faire la lecture ? demanda-t-elle.

Il eut l'air étonné, mais hocha la tête.

— Avec plaisir. Choisis !

Elle se leva et sélectionna un roman du XIXe siècle, à la fois bien écrit et divertissant. Puis elle revint se blottir contre Jack sur le canapé, et il commença à lire, de sa belle voix grave et profonde.

Peu à peu, ils dérivèrent ensemble vers un monde imaginaire. Cass avait l'impression qu'ils partageaient le même univers, les mêmes pensées. Qu'ils avaient balayé leurs soucis. La tension qui habitait le corps de Jack s'était relâchée. Appuyé contre elle, il semblait enfin en paix avec lui-même.

Elle accueillit le début d'un nouveau chapitre avec plaisir. Mais au bout de quelques pages, le livre glissa des mains de Jack.

Le rattrapant de justesse, elle vit la tête de Jack basculer vers l'arrière. Il avait l'air si serein qu'elle n'eut pas le cœur de le réveiller pour l'envoyer se coucher, au risque de le replonger dans ses tourments et de ne plus se rendormir.

Avec précaution, elle l'allongea complètement sur le sofa. Après lui avoir retiré ses chaussures, elle monta chercher une couette et un oreiller puis revint le couvrir. Si elle lui ôtait son jean, il dormirait encore mieux, pensa-t-elle. Elle glissa donc une main sous la couette, parvint à défaire un bouton… juste avant que Jack ne commence à s'agiter.

Elle recula précipitamment. Elle en avait assez fait. Il était temps pour elle d'aller dormir.

Jack se réveilla avec la sensation d'avoir passé une merveilleuse nuit. Lentement, il prit conscience qu'il était sur son canapé, tout habillé. Bizarre, tout de même. Son jean était déboutonné. Cela signifiait-il que Cass…

Parcouru d'un petit frisson, il se rajusta puis s'assit. Il devait être vraiment épuisé, la veille, pour avoir été bordé par une aussi séduisante créature sans même s'en apercevoir…

Entendant un bruit de verre brisé, il émergea complètement, se leva d'un bond et courut vers la cuisine.

— Papa !

Ellie était assise sur son rehausseur, les bras tendus pour son câlin matinal. Il courut l'embrasser, et vit Cass à genoux par terre. Elle ramassait avec précaution les morceaux brisés d'un pot de beurre de cacahuètes.

— Salut, dit-elle avec un sourire un peu timide. On t'a réveillé, désolée…

— Non, il était déjà réveillé ! déclara Ellie, péremptoire. Donc, on peut faire du bruit.

Il s'esclaffa.

— Du bruit, oui, mais pas le bazar ! Qu'est-ce que tu dis à Cass ?

— Pardon, Cass. Je ne l'ai pas fait exprès…

C'était l'excuse royale pour toutes les bêtises. Alors qu'il secouait la tête, Cass se mit à rire.

— Ce n'est pas grave, ma puce. Il était presque vide.

Jack ouvrit un placard, et en sortit un pot tout neuf.

— Un problème, une solution ! Apparemment, tu n'as pas déjeuné ?

— Eh non !

— Merci d'avoir habillé Ellie.

— Oh ! mais elle a choisi ses vêtements comme une grande, tu sais. Je l'ai juste aidée à mettre les boutons.

— N'empêche. Merci beaucoup. Et merci… pour hier soir.

— Mais de rien.

Elle le dévisagea un moment, l'air interrogateur. Intelligente et délicate, elle ne voulait rien dire devant Ellie, et une vague de tendresse le submergea. Il lui était reconnaissant de partager ce moment difficile de son existence.

— Je retourne à l'hôpital aujourd'hui, dit-il doucement. Veux-tu que je te téléphone pour te donner des nouvelles ?

Elle lui sourit.

— Oui, j'aimerais bien. C'est gentil d'y avoir pensé.

L'état de santé de Mimi ne connut aucun changement notable ce jour-là, pas plus que le lendemain. Mais le jeudi matin, Cass reçut un SMS de Jack, l'informant qu'on allait probablement arrêter la sédation plus tard dans la journée.

Elle était en train de déjeuner quand son téléphone sonna. C'était Jack.

— Comment va Mimi ? demanda-t-elle sans préambule.

— C'est le grand jour. Ils essaient de la réveiller. Et à ce propos, j'aimerais te demander un petit service, ajouta-t-il d'un ton un peu gêné.

— Bien sûr !

— Je voudrais lui faire un petit coucou après le travail. Seulement, Sarah a un cours d'informatique. Crois-tu… que tu pourrais garder Ellie ?

Elle déglutit péniblement. Elle s'était promis de passer le moins de temps possible avec la petite fille, craignant de trop s'attacher à elle. Mais comment refuser ? Jack ne comprendrait pas…

— Avec plaisir ! Prends ton temps et, surtout, ne t'inquiète pas. Je vais gérer ! répondit-elle avec une assurance qu'elle était loin d'éprouver.

Elle l'entendit pousser un soupir de soulagement.

— Merci beaucoup. Sarah déposera Ellie à la maison en allant à son cours du soir. Je vais quand même te donner son numéro, au cas où.

— Oui, vas-y.

Elle enregistra les coordonnées de Sarah et raccrocha peu après en se demandant dans quoi elle venait de s'embarquer. Mais elle ne pouvait plus faire marche arrière. Elle avait pris un engagement et elle le tiendrait.

A son retour de l'hôpital, Jack trouva la cuisine déserte.

Amusé, il contempla quelques instants les restes d'un repas pantagruélique — Ellie n'avait pas dû partir se coucher le ventre vide —, et monta directement à l'étage. Sa fille était déjà couchée. Assise sur la couette, Cass tenait un livre d'histoires à la main.

— Coucou, papa ! dit Ellie d'une voix ensommeillée. C'était super avec Cass !

L'intéressée leva vers lui un visage rayonnant de tendresse. Il chuchota un « tout va bien » en réponse à sa question muette et lui sourit.

— Veux-tu prendre le relais ? proposa-t-elle.

Voyant qu'elle allait se lever, il lui fit signe de rester assise. Il avait craint qu'Ellie ne s'attache trop à elle, mais, au fond, cela ne le gênait pas. Sa fille semblait très heureuse depuis quelques jours, et rien d'autre ne comptait.

Il s'installa au bout du lit et jeta un coup d'œil sur le livre.

— Tiens, une histoire de princesse. Etonnant…

— Oui, mais c'est une princesse avec un camion de pompier, et elle va sauver le prince ! expliqua Ellie.

— Ah ah, il y a de l'impro là-dedans, commenta-t-il, amusé. Vas-y, Cass, continue. J'ai hâte d'entendre la suite.

Jack ressemblait en tout point à un prince charmant.

Il était beau, courageux, adorable. Il n'aurait eu aucun mal à jouer dans un film de contes de fées.

Pourtant, il ne serait jamais son prince, songea Cass, le lendemain soir. Inutile de rêver : son conte de fées personnel allait bientôt s'achever.

Elle jeta un dernier regard à une Ellie profondément endormie, puis se leva et posa le livre sur la table de chevet. Descendue à la cuisine, elle chargea le lave-vaisselle et mit les restes du souper au réfrigérateur.

Entendant un bruit derrière elle, elle sursauta.

— Jack ! Tu m'as fait peur !

— Désolé, répondit-il en souriant.

— Comment va Mimi ?

— Pas trop mal. Elle a été groggy toute la journée, mais ce soir, c'était déjà mieux. Merci encore d'avoir gardé Ellie pour que je puisse aller la voir.

— C'était un plaisir. On s'est bien amusées. Est-ce que… tu vas bien ? ajouta-t-elle d'un ton hésitant.

— Oui, grâce à toi. Heureusement que tu étais là, hier soir !

Son regard s'était illuminé d'une petite flamme qu'elle commençait à bien connaître. Elle retint son souffle, attendant la suite.

— J'ai réfléchi à ce que tu m'as dit, ajouta Jack. Je sais que je vis dans la peur. Mais j'aimerais… changer.

— Tant mieux, murmura-t-elle.

— Je veux savoir… Est-ce que tu seras là, Cass ?

Ne sachant que répondre, elle s'avança et lui tendit la main. Il la captura pour l'attirer contre lui.

— Je voulais te dire… Je ne t'ai pas invitée pour ça…, chuchota-t-il.

— Je sais. Et moi, je ne suis pas venue pour ça. Mais on a le droit de changer d'avis, non ?

Pendant un moment, ils restèrent silencieux, à se dévisager. Quand Jack reprit la parole, ce fut d'une voix méconnaissable.

— Je ne peux rien te promettre, Cass. Je ne suis pas l'homme qu'il te faut.

Là, il se trompait. Il correspondait précisément à l'homme de ses rêves. Il était honnête, franc. Il ne lui offrait pas la lune, ni un amour éternel. Cela lui convenait très bien.

— Nous sommes deux, répondit-elle. Moi non plus, je ne peux rien te promettre.

A peine avait-elle fini sa phrase qu'il écrasa sa bouche sur la sienne. Ils échangeaient des baisers passionnés quand l'idée leur vint que la cuisine n'était pas l'endroit idéal pour s'aimer.

Aussi montèrent-ils à l'étage sur la pointe des pieds. Jack ferma soigneusement la porte d'Ellie puis emmena Cass vers sa propre chambre.

— Il va falloir qu'on soit discrets, chuchota-t-il.

Déjà, ses mains s'arrondissaient sur la poitrine de Cass qui poussa un gémissement rauque.

— Continue comme ça et je vais crier, Jack.

Il la pressa contre lui. Elle frissonna en sentant la force de son désir pour elle.

— Non, mon cœur. Tu n'auras plus assez de souffle pour crier, répondit-il, provocateur.

Dégageant un bras de son étreinte, elle le poussa vers le lit, mais il résista et l'immobilisa complètement.

— Pas si vite, mademoiselle ! J'ai vu clair dans ton jeu !

Ivre de désir, elle se fit souple comme une liane, feignant la docilité sous ses caresses. Puis, l'air de rien, elle s'appuya contre son torse. Il ne lui resta plus qu'à enrouler une jambe autour de la sienne pour lui faire perdre l'équilibre.

Dès qu'il fut tombé sur la couette, elle profita de son avantage pour s'asseoir sur lui à califourchon.

— Bien joué, princesse, dit-il en riant.

— Et ce n'est qu'un début…

Joueuse, elle promena une main sur son torse, s'enivrant du contact de son corps mince et musclé. Son pouvoir sur lui semblait infini. Il eut un sursaut lorsqu'elle glissa la main sous la ceinture de son pantalon.

— En effet, ce n'est qu'un début, répéta-t-il.

Avant d'avoir compris ce qu'il manigançait, elle se retrouva sur le dos, les poignets emprisonnés, les bras relevés au-dessus de la tête.

— Je vais te déshabiller, chuchota Jack contre son oreille. Ensuite, on verra ce que tu as à dire…

C'est alors qu'ils aperçurent, en même temps, le rai de lumière dans le couloir.

12.

— Papa ! Qu'est-ce que tu fais ?

C'était *la* question à laquelle Jack aurait voulu ne *jamais* avoir à répondre. Consterné, il ferma les yeux tandis que Cass se détachait rapidement de son étreinte.

— Ne lui fais pas mal, papa !

Il entendit Ellie entrer comme une tornade et sentit quelque chose de doux lui heurter les mollets. Sa fille venait de lui lancer son ours en peluche dans les jambes.

— Tout va bien, chérie, marmonna-t-il. Ne t'inquiète pas.

Seigneur… Comment allait-il s'en sortir ?

— Ellie ! s'exclama Cass, du rire dans la voix. N'aie pas peur, on était juste en train de jouer. Ton papa me chatouillait. Comme ça…

Rouvrant les paupières, il vit que Cass s'était levée et qu'elle avait pris Ellie dans ses bras. Joignant le geste à la parole, elle la déposa sur la couette puis commença à la chatouiller.

Elle gérait la situation beaucoup mieux que lui ! pensa-t-il, vexé. En même temps, elle n'avait pas un jean à refermer discrètement…

Le temps que sa fille arrête de rire, il avait recouvré ses esprits.

— Qu'est-ce qui t'arrive, mon cœur ? demanda-t-il.

Ellie parut soudain se rappeler pourquoi elle était venue et se jeta dans ses bras.

— J'ai fait un cauchemar. J'ai eu très, très peur !

Il adressa un sourire d'excuse à Cass par-dessus la tête de la petite.

— D'accord, chérie. Tu vas me raconter tout ça.

Réconforter Ellie avait été l'affaire de quelques minutes. Néanmoins, quand Jack lui avait suggéré de retourner dans sa chambre, elle avait refusé tout net. Cass avait donc proposé qu'elle s'allonge sur le lit, entre eux deux, et, deux secondes plus tard, elle dormait !

— Je suis désolé, murmura Jack.

— Ne t'inquiète pas. C'est normal.

Existait-il quelque chose de plus beau, de plus naturel que d'être là, tous les trois ?

— Vraiment, tu n'es pas déçue ?

— Je… ne m'attendais pas à ça, mais c'est chouette, murmura-t-elle.

— Puis-je te tenir la main ?

Elle rit doucement.

— Avec plaisir.

Quand les doigts de Jack se refermèrent sur les siens, par-dessus la tête d'Ellie, Cass crut que son cœur explosait de joie. Former un couple. Fonder une famille. Elle avait renoncé, et voilà que, tout à coup, son vœu se réalisait. Alors même si c'était pour une nuit, elle n'allait pas bouder son plaisir.

Demain serait un autre jour. Pour l'instant, elle était heureuse.

Le dimanche matin, Jack s'éveilla perturbé après une nouvelle nuit peuplée de rêves étranges où Cass tenait le premier rôle.

Depuis qu'ils avaient dormi ensemble avec Ellie, ni l'un ni l'autre n'avait abordé le sujet. Par chance, un emploi du temps chargé l'avait empêché de trop réfléchir à ce qui s'était passé. Il savait juste qu'il avait trouvé cette nuit en tout point merveilleuse.

Néanmoins, un tel scénario ne devrait pas se reproduire. C'était trop dangereux pour sa tranquillité d'esprit.

Plus Cass restait chez lui, plus il devenait « accro » à sa présence. En témoignait sa réaction, la veille, quand elle lui avait annoncé qu'elle ne dînerait pas à la maison car elle allait passer une « soirée entre filles ».

En la voyant descendre, vêtue d'une jupe noire et d'un top argenté sans manches, son visage mis en valeur par un maquillage discret, il l'avait trouvée si belle qu'il avait failli lui demander de rester. Il n'avait pas pu s'empêcher de lui demander où elle allait dîner. Puis, beaucoup plus tard, il avait « guetté » son retour depuis son lit, jusqu'à ce qu'il entende la porte s'ouvrir, à 1 heure du matin.

Il l'avait alors imaginée en train de se dévêtir dans la chambre voisine. En conséquence, il avait très mal dormi et, assoupi le matin, il n'avait pas entendu Ellie se lever.

Cass s'était occupée d'elle, lui avait préparé son petit déjeuner. En les rejoignant, il s'était senti complètement idiot. Par chance, l'épreuve n'avait pas duré longtemps puisque Cass était de garde : ce dimanche était le jour des fameuses portes ouvertes à la caserne.

Bien sûr, il avait promis d'y emmener Ellie, et il tiendrait parole. Puisque les visites ne commençaient qu'à 14 heures, il aurait la matinée pour se ressaisir.

Ce ne serait pas un luxe !

La caserne des pompiers brillait du sol au plafond.

On avait accroché des drapeaux et des banderoles, fixé des panneaux d'information sur les murs. Deux camions flambant neufs brillaient sous le soleil dans la cour d'entrée, et Cass leva un regard perplexe vers le ciel.

— Crois-tu que ça va durer, Mike ?

Son collègue eut un petit rire désabusé.

— S'il pleut, nos manœuvres feront plus vrai. Avec tout ce qui est tombé depuis un mois, je ne sais pas si je suis encore capable de travailler par temps sec !

— Idem… C'est dommage que les flaques ne soient pas plus grosses dans la cour de derrière. On aurait pu faire une démonstration de sauvetage aquatique.

— Ne parle pas de malheur, Cass. Le toit du préfabriqué est gorgé d'eau. Encore un peu, et il y aura des fuites dans le bureau des standardistes.

— Sauvetage en rappel dans une cascade, dit-elle, amusée.

— C'est à quelle page du livre, ça ? Je suis sûr que tu le connais par cœur.

— Aucune idée ! répliqua-t-elle en riant. Et même si je le savais, je ne te dirais rien. Tu me traiterais de « grosse tête ».

— Tu *es* une grosse tête, la taquina Mike. Mais, aujourd'hui, il va surtout te falloir des nerfs solides. Regarde, les envahisseurs arrivent, ajouta-t-il, désignant quelques voitures garées sur le parking.

— Pas de problème, j'ai pris des vitamines. Allez, c'est parti !

Cass localisa rapidement Jack et Ellie parmi les dizaines de visages qui se pressaient dans la cour. Ils avaient intégré un groupe de visiteurs et se dirigeaient vers le point de rassemblement où Mike supervisait la plus grosse attraction de l'après-midi : la découverte des fonctionnalités d'un camion de pompier avec mises en situation.

Les différents cas de figure étaient présentés de manière ludique et néanmoins pédagogique. Plusieurs volontaires, amis et conjoints, se prêtaient aux mises en scène. Une vague de rires salua l'assistance lorsque, elle, la femme du capitaine, « coincée » sur un toit, fut secourue avec la grande échelle !

Vint ensuite le tour des enfants, et chaque petit courageux qui le désirait fut hissé sur une plate-forme, sous la surveillance d'un pompier, pour être évacué à l'aide d'une mini-échelle.

Occupée à faire monter un groupe de bambins dans le second camion pour des photos souvenir, Cass aperçut soudain Ellie. La puce était juchée sur la plate-forme et criait « Au secours ! ». Puis elle agita les bras en hurlant « Au feu ! Au feu ! » de manière si convaincante que Cass se mit à rire. Visiblement, le message du scénario catastrophe était bien passé !

Après avoir été « sauvée », Ellie courut vers Jack qui la jucha sur ses épaules. Cass les vit alors venir vers elle. Jack se posta juste derrière les enfants dont elle s'occupait et, quand il lui sourit, elle faillit perdre tous ses moyens.

— Hmm… Alors, les garçons, qu'avez-vous appris aujourd'hui ? demanda-t-elle.

Malgré son trouble, elle s'efforça d'écouter les réponses des deux petits visiteurs, sous l'œil indulgent de leurs parents. En récompense, elle leur offrit des mini-livrets à colorier, plus des badges en forme de camion qui recueillirent un franc succès.

— C'est mignon ! commenta Jack après que la famille, ravie, se fut éloignée.

— Oui, mais ils sont réservés aux enfants. Dommage pour toi…

Il la tenait prisonnière de son regard. Rompant le charme avec effort, elle baissa le nez sur son sac de jouets.

— J'ai des badges roses, Ellie. Tu en veux un ?

— Oh ! oui ! S'il te plaît !

Jack posa sa fille par terre en souriant.

— Tu as oublié quelque chose, Cass, chuchota-t-il.

— Ah, oui. C'est vrai…

A qui la faute ? Il la perturbait !

— Ellie, que dois-tu faire en cas d'incendie ? demanda-t-elle.

— Je ne dois pas me cacher sous un lit, répondit la fillette d'un ton solennel.

— Et quoi d'autre ? insista Jack.

Cass lui fit les gros yeux. C'était à elle de poser la question, pas à lui. Il devenait pénible !

— Je dois crier « Au secours » ou « Au feu » très, très fort, récita Ellie. Et je peux faire des grands signes si je suis à côté d'une fenêtre.

— Super…, commenta Cass. Tu as tout compris, mon cœur.

— Veux-tu faire une photo dans le camion ? proposa Jack.

Cette fois, Cass le poussa du coude.

— Si ça ne t'ennuie pas, c'est *mon* job. Où irions-nous si tous les parents étaient comme toi ?

Il lui adressa un sourire si sexy qu'elle sentit un frisson la parcourir.

— Désolé ! dit-il en riant. Allez-y, mesdemoiselles, je vous regarde.

— Merci, répliqua-t-elle, faussement sévère. Viens, Ellie. Tu vas grimper dans ce camion.

Jack trouvait Cass formidable avec les enfants. Bien sûr, elle semblait un peu gênée avec eux par moments — comme il avait pu l'être, avant de devenir père —, mais elle les adorait de toute évidence.

Qu'une femme aussi gentille et intelligente ait fait le choix de vivre seule et de se consacrer à son métier le laissait perplexe. Elle avait tout pour elle et toutes les qualités pour fonder une famille. Il y avait là un mystère qu'il ne s'expliquait pas.

Attendri, il la regarda expliquer le fonctionnement du camion de pompier à Ellie. Il prit plusieurs photos avec son smartphone, d'Ellie toute seule au volant, puis d'elles deux, assises côte à côte dans la cabine, un sourire jusqu'aux oreilles.

Ellie finit par redescendre, les bras chargés de gadgets. Lui-même avait récupéré un feuillet d'instructions pratiques qu'il connaissait par cœur, mais dont il pourrait parler avec elle plus tard. L'éducation n'était jamais trop précoce quand il s'agissait de sécurité. Il avait soigné trop de victimes d'accidents domestiques pour l'ignorer.

Avant d'accueillir les enfants suivants, Cass se rapprocha et le prit à part.

— Nous allons tous boire un verre ensemble, ce soir, dit-elle. Il y aura les conjoints, les enfants. On a trouvé un bar sympa à la sortie de la ville, avec une aire de jeux. Si tu veux venir…

Il secoua la tête, navré à l'idée de refuser.

— Je suis désolé, mais Ellie va goûter chez une petite fille de sa classe. Du coup, j'en profiterai pour aller voir Mimi. Une autre fois, peut-être…

— Oui, bien sûr.

Voilà, tout était dit. Mais pourquoi avait-il tant de mal à partir ? Peut-être parce que le regard de Cass était révélateur. Il pouvait lire en elle comme dans un livre ouvert. Elle pensait à ce qui avait failli arriver, l'autre soir…

— Je… A plus tard, murmura-t-il.

Il demanda à Ellie de remercier Cass puis, tenant sa fille par la main, il s'éloigna vers le parking. Alors, à cet instant, pour la première fois depuis une éternité, il éprouva un douloureux sentiment d'abandon.

13.

Vers 19 heures, après deux verres de jus d'orange et quelques discussions amicales, Cass décida de repartir chez elle. Ou plutôt, chez Jack.

Elle ne savait pas quand, précisément, elle avait fini par considérer sa maison comme la sienne, et cette idée l'effrayait un peu, mais c'était ainsi. Elle se sentait bien dans cette demeure. Elle se sentait bien avec lui et avec Ellie.

Elle tourna dans l'allée au moment où il descendait de sa voiture. Elle se gara à côté de lui puis sortit du 4x4. Il l'accueillit par un sourire.

— Cass ! Tu rentres tôt !

— J'étais… un peu fatiguée. Et toi, tu rentres tout seul ?

— Eh oui ! La maman de Laura a proposé à Ellie de dormir chez elle. Tu penses bien qu'elle ne s'est pas fait prier. Moi, je suis passé voir Mimi comme prévu, mais elle s'est endormie presque tout de suite !

— Tout le monde te laisse tomber…

Il rit doucement.

— Je suis un pauvre malheureux. Personne ne veut de moi.

C'était faux, bien sûr. Et à voir la petite flamme dans son regard, il le savait pertinemment.

Si elle avait eu deux sous de bon sens, Cass savait qu'elle serait remontée dans son 4x4 sous un prétexte futile. Elle serait retournée à Holme, au presbytère, loin de lui.

— Viens vite à l'abri, dit-il, l'entraînant vers la porte.

Trop tard. Elle ne pouvait plus fuir. Elle attendit qu'il allume dans le hall, le suivit à l'intérieur… et le heurta en trébuchant sur le paillasson.

— Aïe ! s'écria-t-il avec une grimace comique.

— Arrête ! Je t'ai à peine touché.

— Dommage…

Elle eut l'impression que le temps suspendait son cours. Ils avaient la nuit devant eux… à condition de le vouloir.

— Laisse-moi voir ce gros bobo, chuchota-t-elle.

Se rapprochant, elle lui effleura le torse. La réaction ne se fit pas attendre : il l'attira dans ses bras. Elle laissa tomber son sac et ses clés sur le carrelage, se blottit contre lui, leva la tête…

La violence de leur baiser lui coupa le souffle. Quand, enfin, ils s'écartèrent, elle lui effleura le visage, éperdue de désir.

— Jack…

Que dire ? Ils avaient tout fait pour se tenir mutuellement à distance, mais en vain. Ils portaient la responsabilité conjointe de cet « échec ». Et ils étaient prêts à l'assumer.

— Cass… J'en ai assez de faire semblant.

— Tu n'as pas besoin de faire semblant.

Avec détermination, il lui ouvrit son imperméable et l'embrassa de nouveau. Le fait de se savoir désirée l'électrisa complètement. Elle ne voulait plus attendre. Elle voulait Jack, ici et maintenant.

Sans la quitter des yeux, il tendit un bras pour refermer la porte. Elle entendit le « clic » du verrou, et un frisson d'excitation la parcourut à l'idée qu'ils avaient la maison pour eux seuls.

D'un bras passé autour de ses épaules, Jack l'entraîna vers le salon et la fit asseoir sur le canapé où elle se nicha contre lui.

— Ce soir, il n'y a que toi et moi, murmura-t-il. Si tu savais à quel point j'en ai rêvé…

Jack n'aurait pas pu stopper le cours des choses, même s'il l'avait voulu.

A ce stade, il aurait fallu un tremblement de terre pour l'arrêter. Mais, au moins, s'il prenait feu, Cass éteindrait l'incendie. Et si elle s'évanouissait, il pourrait la ranimer. Leur histoire présentait beaucoup d'avantages !

L'envie de faire l'amour avec elle était si forte qu'il dut se retenir de l'emmener tout de suite dans sa chambre.

Pour une fois, ils avaient le temps aussi décida-t-il d'en profiter pour jouer au jeu de la séduction. Il voulait montrer à Cass qu'il ne recherchait pas uniquement le plaisir d'un soir.

— Allume la cheminée, chuchota-t-elle.

Il se rendit compte que ses mains tremblaient au moment de craquer l'allumette. Néanmoins, le feu partit tout de suite, et il revint près de Cass qui l'enlaça par la nuque.

Alors, il eut l'impression d'être pris dans un tourbillon sensuel. Ils se débarrassèrent mutuellement de leurs imperméables puis de leurs sweaters…

— Tu es ensorcelante, murmura-t-il. La première fois que je t'ai vue, j'ai pensé que tu étais une déesse sortie des eaux.

Elle lui tapota la tête du bout de l'index en riant.

— Tu devrais voir un psy pour ce genre de phantasme !

— Hélas, je suis un cas désespéré. Maintenant que j'ai ma déesse personnelle, j'y tiens.

— Ta *déesse personnelle* ? Rien que ça ? Ne deviendrais-tu pas un tantinet possessif ?

— Ça te dérange ? lui chuchota-t-il à l'oreille.

— Hmm… Non, je ne crois pas. Mais si je suis une déesse, tu vas devoir t'agenouiller devant moi. Nu, de préférence.

Un frisson de plaisir le parcourut à l'idée que Cass entrait dans son jeu. La nuit s'annonçait pleine de promesses.

— Je vais le faire, mon cœur. Nous devons juste… parler d'une petite chose avant.

— Ah, bon ? Laquelle ?

— Il faut qu'on pense… à faire attention.

Après de tels préliminaires, les mots lui parurent déplacés, aux antipodes du romantisme dont il voulait faire preuve.

Pourtant, il fallait bien aborder la question. L'époque du « Ne t'inquiète pas, on ne risque rien » était révolue. Il s'était montré imprudent une fois. Il n'avait pas l'intention de recommencer, surtout pas avec Cass.

Il l'appréciait. Et même, il l'aimait bien. Il avait trop peur qu'elle ne subisse les conséquences d'une nuit d'amour irréfléchie.

Contre toute attente, il vit son visage se décomposer dans la semi-pénombre.

— On ne peut pas laisser les choses au hasard, ajouta-t-il gentiment.

— Non, mais… Tu peux sûrement faire quelque chose ?

Une sonnette d'alarme se déclencha dans son cerveau. Pourquoi Cass avait-elle l'air si perturbé ?

— On doit en discuter ensemble, non ? murmura-t-il.

— Oui, bien sûr. C'est juste que… En fait…

L'accent de panique dans sa voix accentua le malaise de Jack. Elle haussa les épaules et se détacha de lui.

— N'importe…, marmonna-t-elle.

Rien n'aurait pu le préparer à cette réaction. Il avait l'impression de l'avoir blessée. Elle lui cachait quelque chose, mais quoi ? S'ils devaient établir une relation de confiance, ils n'y arriveraient pas comme ça !

— Je n'y comprends rien, murmura-t-il. Aide-moi. S'il te plaît.

Elle demeura silencieuse, les yeux baissés sur les genoux, les lèvres serrées. Elle était rentrée dans sa coquille.

— D'accord ! Comme tu veux ! s'écria-t-il.

Malade de frustration, il se leva puis il sortit en claquant la porte.

14.

Cass se laissa tomber à genoux devant la cheminée, le regard perdu dans les flammes.

Elle se sentait mal après avoir eu cette réaction disproportionnée. Logiquement, elle aurait dû être capable de discuter avec Jack sans perdre les pédales. Mais le fait qu'il parle de contraception avait brisé le rêve. Son passé douloureux, et pas si lointain, était revenu la hanter d'un coup.

Le calcul des périodes d'ovulation. Le sexe qui était devenu une corvée plutôt qu'un plaisir. La frustration, le sentiment d'échec, le désespoir. Les souvenirs amers. Le désastre final. Comme elle aurait voulu pouvoir oublier !

Autant se rendre à l'évidence : elle n'aurait même pas droit à une nuit de bonheur avec Jack. Le mieux qu'elle avait à faire était de partir, et très vite. Elle allait se rendre chez une amie et lui demander l'hospitalité.

Un silence pesant était tombé sur la maison. Se levant, elle monta l'escalier sur la pointe des pieds. Elle allait rassembler ses affaires, ensuite, elle essaierait de partir sans bruit. Tout, plutôt que de croiser le regard glacial de Jack.

Elle fourra ses vêtements pêle-mêle dans son sac de voyage puis, par souci de discrétion, elle décida de laisser ses affaires de toilette dans la salle de bains. Ceci fait, elle jeta un coup d'œil méfiant dans le couloir. Pas de Jack. La voie était libre.

Une fois en bas, elle enfila son imperméable puis gagna le hall. La lumière étant éteinte, elle chercha ses clés de voiture à tâtons sur la commode, en vain, puis se baissa pour les chercher sur le carrelage.

— Tu as perdu quelque chose ?

Un flot de lumière l'aveugla et elle cligna des yeux. Jack l'observait depuis la porte du salon.

— Mes clés, répondit-elle d'un ton bref.

Elle entendit un tintement de métal. Jack s'était rapproché et lui agitait son trousseau sous le nez. Elle tendit la main, mais il recula d'un pas et rangea les clés dans sa poche.

Atterrée, elle inspira à fond. Que faire ? Même si elle en mourait d'envie, essayer de les reprendre par la force ne donnerait rien !

— Rends-moi mes clés, s'il te plaît.

— Tu les auras dans un moment.

Il lui tourna le dos pour entrer dans le salon. Elle n'eut pas d'autre choix que de le suivre. Après s'être assis dans un fauteuil, il lui désigna le canapé où elle s'installa, très raide, le dos droit.

— Je voulais m'excuser, Cass. J'ai mal réagi.

— Tu n'as pas à t'excuser. Si c'est tout…

— Non. J'ai des choses à te dire.

— Ecoute, ça n'a pas d'importance.

— C'est important pour moi. Tu sais… je n'ai jamais construit grand-chose au plan sentimental. Je me contentais d'histoires brèves. Je me débrouillais pour qu'elles se terminent par un « restons amis », et je ne cherchais pas plus loin. J'ai commis la même erreur avec Sal, à mon grand regret. Si je l'avais mieux connue, j'aurais peut-être compris ce qu'elle avait en tête le jour où elle m'a confié Ellie.

— Notre problème n'a aucun rapport avec Sal ! Ne te sers pas de moi pour apaiser ta conscience.

— Ce n'est pas mon but. J'essaie simplement… de tirer les leçons de mes erreurs.

Elle soupira.

— Jack, laisse tomber. Comme tu dirais, « quittons-nous bons amis », et n'en parlons plus.

— Si on est amis, on peut se parler, non ?

Il parut réfléchir puis reprit :

— Je sais que j'ai manqué de tact, et je te demande de m'en excuser. Mais… j'ai pensé à Sal, à Ellie. J'ai eu très peur que l'histoire ne se répète. Tu peux le comprendre, non ?

— Bien sûr.

— Et toi ? Tu as quelque chose à me dire ?

— Non.

Soudain, il se leva puis se mit à arpenter la pièce. Pendant un instant, elle crut qu'il allait lui jeter ses clés à la figure et sortir en claquant la porte, comme la première fois. Mais au lieu de cela, il la prit par le coude et la fit se lever.

— Bon sang, Cass ! On a failli… passer la nuit ensemble. Est-ce si dur de me faire confiance ?

— Je *t'ai fait* confiance puisque je m'apprêtais à faire l'amour avec toi ! Mais je ne m'attendais pas à subir ce genre de tergiversations. Crois-moi, j'ai déjà eu ma dose. Je n'avais pas besoin de ça.

— Qu'est-ce que tu veux dire ?

Il avait l'air déterminé. Elle comprit qu'il n'abandonnerait pas. Et après tout, pourquoi lui cacher son histoire ? Au point où elle en était…

— Avec mon ex, on voulait avoir un enfant, dit-elle d'une voix morne. Je n'ai jamais pu tomber enceinte. Finalement, il m'a quittée. Il s'est lassé des tests d'ovulation, des décomptes sur le calendrier et de tous ces calculs inutiles. Alors quand tu… as parlé de faire attention, beaucoup de choses sont remontées à la surface. Je n'avais pas envie que ce soit comme ça… avec toi.

Le choc se peignit sur le beau visage de Jack. Il la fixa un long moment sans rien dire. Puis il l'attira contre lui et la serra contre sa poitrine.

— Je suis désolé, murmura-t-il.

Elle aurait voulu s'écarter, mais elle n'en avait plus la force. Elle ne résista pas quand il la fit asseoir sur le canapé, un bras passé autour de ses épaules.

— As-tu… consulté un spécialiste ? demanda-t-il.

— Oui, on y est allés tous les deux. Les examens n'ont rien révélé d'anormal. Le problème devait bien venir de moi, pourtant. On a essayé pendant presque deux ans… et Paul a eu une aventure. Son amie est tombée enceinte tout de suite. Il est parti…

Jack poussa un juron étouffé. Il se passa une main sur le visage en soupirant.

— Cass, j'ai beaucoup de peine pour toi. Mais il ne faut pas culpabiliser, tu sais. Souvent, les choses sont bien plus complexes. Il y a une combinaison de facteurs qui viennent de l'homme et de la femme. Le gynécologue a dû te le dire.

— Oui, mais je n'étais pas vraiment réceptive à ses explications. Il m'a aussi donné un livre, que je n'ai pas lu parce que j'étais trop stressée.

— Tu aurais peut-être dû te faire aider…

— Je ne voulais en parler à personne. J'avais tellement honte…

— Mais c'est ridicule !

— Pas tant que ça. Tu sais ce que certaines personnes disent, à propos d'Isabel Palmer ? « La pauvre, elle n'a pas eu d'enfant. »

— « La pauvre » ? répéta-t-il, l'air incrédule. Jamais il ne me viendrait à l'idée de dire ça. Une pareille force de la nature !

Elle ne put s'empêcher de sourire.

— Tu as raison, elle a du tempérament. J'aimerais bien lui ressembler.

— Etre la meilleure dans ton travail ? Mener ton monde à la baguette ? Mais tu lui ressembles, ne t'inquiète pas !

Jack avait ponctué cette déclaration d'un petit coup de coude dans les côtes, et elle se surprit à rire franchement. Elle lui avait confié son secret. Il n'était pas parti en courant. Il essayait même de la réconforter.

C'était presque trop beau pour être vrai.

Jack avait senti dès le début que Cass lui cachait quelque chose. Maintenant qu'il savait, il comprenait mieux sa réaction et il avait pu partager son angoisse. Maintenant, puisqu'ils connaissaient chacun le « problème » de l'autre, la situation s'était rééquilibrée.

— Parfois, j'aimerais arrêter le temps, dit-elle. Ou mieux, revenir en arrière.

— Moi aussi, mais de manière sélective. Si on pouvait éviter le jour où j'ai failli me noyer…

Elle eut un petit rire.

— Effectivement, on s'en dispensera.

Incapable de résister, il l'attira plus près et l'embrassa sur la joue.

— Si on reprenait… ici ? chuchota-t-il.

— Excellente idée.

Il sentit ses lèvres frôler les siennes. Alors, ce fut comme si un rayon de soleil l'éclairait de l'intérieur. Il était reparti une heure en arrière. Cass lui offrait une seconde chance.

— Je vais faire très attention à toi… à nous deux, murmura-t-il. De ton côté, promets-moi de te concentrer sur ce qui se passe ici et maintenant. C'est moi, Jack, qui suis là avec toi.

— Ne t'inquiète pas, je le vois bien, répondit-elle en souriant. Quoique… j'aimerais en voir plus !

— Juste un peu de patience, mon cœur, dit-il, amusé, car elle tirait déjà sur son sweater. Je fais un aller-retour express là-haut, et je te rejoins. Ne bouge pas.

— Je ne bougerai pas. Prends ton temps.

Fidèle à sa promesse, il mit moins d'une minute pour récupérer un plaid. Lorsqu'il revint, il étendit la couverture devant le feu en prenant soin de cacher dessous les préservatifs qu'il avait rapportés.

Il avait intensément conscience du regard de Cass qui suivait tous ses gestes. Mais quand elle se leva en tendant les bras, il secoua la tête.

— Pas encore. J'ai quelque chose à faire.

Il se déshabilla lentement, sans la quitter des yeux, puis s'agenouilla devant elle.

Rien n'aurait pu le préparer à un tel déferlement d'émotions. Etant sportif, il savait qu'il n'avait pas à rougir de son corps, mais jamais il ne s'était dénudé ainsi devant une femme. Se mettre à genoux devant Cass relevait d'une autre dimension. C'était une expérience troublante, palpitante et merveilleuse à la fois.

Son sourire approbateur lui déclencha un délicieux frisson. Lorsqu'elle lui effleura l'épaule, il sentit son dos se contracter sous la caresse.

— Regarde bien, chuchota-t-il. Profite…

Il vit qu'elle contemplait son torse, son ventre. Puis elle se posta derrière lui, et il faillit crier de plaisir au contact de ses mains tièdes sur sa nuque.

— Très beau, lui chuchota-t-elle à l'oreille. Je dirais même exceptionnel.

Son cœur bondit dans sa poitrine quand elle revint en face de lui. Il lui prit une main et l'embrassa.

— Tout à votre service, mademoiselle…

— Hmm… Quel privilège ! Merci beaucoup.

Il reprit son sérieux pour la dévisager.

— Tu ne le regretteras pas, Cass. Je te le promets.

— Je sais…

Voyant qu'elle retirait son pull, il baissa les yeux de manière réflexe. Jamais il n'aurait cru qu'entendre une femme se déshabiller serait aussi excitant que de la voir, et pourtant si. Le frémissement du tissu sur la peau, le « zip » d'une fermeture de jeans, lui procuraient des sensations inédites et ô combien bouleversantes.

Soudain, il se mordit la lèvre, submergé par un désir incontrôlable, et la tête lui tourna.

— Jack…

Du bout des doigts, Cass lui releva le menton. Il la découvrit à la lumière des flammes, dans toute sa splendeur de déesse. Elle était si belle qu'il en eut le souffle coupé.

Quoi qu'il advienne, il n'oublierait jamais cet instant de grâce absolue.

Jack était beau comme un dieu.

La lueur dansante du feu projetait des ombres sur ses épaules larges, ses hanches minces, ses cuisses musclées. On aurait dit qu'un maître du statuaire grec l'avait modelé de la tête aux pieds.

Pourtant, il n'avait rien d'une statue de marbre. Son regard chaleureux, son sourire, ses mains douces et tendres, révélaient au contraire toute son humanité.

— Tu es exquise, dit-il d'une voix rauque.

Il lui captura la taille pour l'attirer plus près, arrondit les lèvres sur sa hanche. Elle sentit ses jambes fléchir et il la retint au moment où elle tombait à genoux près de lui. Alors, il l'attira dans ses bras et écrasa sa bouche sur la sienne.

Son désir pour lui était si fort qu'il devenait douloureux, à présent. Quand leurs bras et leurs jambes s'entremêlèrent, elle s'accrocha à son cou, envahie par le besoin impérieux de faire fusionner leurs corps tremblants.

Jack s'allongea sur elle, une main glissée derrière sa nuque, l'autre en arrêt à deux centimètres de sa poitrine. Quelle folie… Il n'avait même pas besoin de la toucher pour la faire réagir. Les pointes de ses seins s'étaient déjà durcies, anticipant les caresses.

— Je te rends folle ? la taquina-t-il.

— Tu le sais bien, Jack.

— C'est réciproque. Moi aussi, je suis fou de toi, princesse.

Ses mains la parcoururent avec fièvre, découvrant, explorant, jouant avec les points sensibles de son corps. Chaque fois qu'elle retenait son souffle, il s'attardait jusqu'à ce qu'un petit cri lui échappe. Elle ne pouvait rien lui cacher. Il était trop tendre, trop intuitif.

Elle ne s'appartenait plus.

Jack avait atteint l'extrême limite de sa résistance. Encore un peu, et il allait se désintégrer.

Cass l'avait accueilli avec passion, tendresse et générosité. Perdu en elle, il avait eu l'impression de trouver son alter ego, son double unique. Il ne voulait pas que la magie s'arrête.

Il gémit doucement quand elle contracta ses muscles autour de lui.

— Tu aimes ça ? chuchota-t-elle.

— Je vais avoir du mal… à te le cacher. Recommence… S'il te plaît.

— A tes ordres.

Cette fois, il cria de plaisir. Il arrondit les lèvres sur le mamelon durci d'un sein et sentit Cass onduler sous lui, de plus en plus fort, de plus en plus vite.

— Cassandra… Ma douce… Tu es belle.

Le plaisir la balaya si fort qu'elle l'entraîna avec lui dans une cascade de lumière et de couleurs telle qu'il n'en avait jamais connu.

Il sut alors qu'il lui appartenait. Pour toujours.

Une conversation chuchotée. Un verre de vin blanc. Quelques tartines. Un peu de lecture au coin du feu. La nuit était loin d'être terminée, et ils le savaient tous les deux.

Ils firent l'amour une deuxième fois puis une troisième. Jack aurait dû porter la mention « danger public », songea Cass. Personne n'avait le droit de subjuguer les femmes à ce point.

Quand, à l'aube, il la porta vers la salle de bains, elle eut l'impression que l'univers s'était teinté de rose, et que le monde entier tournait autour de son sourire.

Hélas, le quotidien devait reprendre ses droits. Elle était de garde. Lui non, mais il devait aller chercher Ellie.

Ce soir-là, en rentrant, elle remarqua, amusée, qu'il avait installé un mobile équipé de clochettes au-dessus de la porte de sa fille. La puce était bien sûr enchantée de ce cadeau-surprise, même si elle n'en comprenait pas l'utilité !

A aucun moment ils ne laissèrent paraître quoi que ce soit. Cass savait pourtant que Jack l'attendrait cette nuit-là, et toutes les autres, jusqu'à ce qu'elle retourne chez elle.

Ils allaient vivre une histoire brève, simple et sans attache. Leur relation n'avait pas d'avenir. Ils en étaient conscients tous les deux.

Mais pour l'heure, ils étaient ensemble, et elle voulait profiter de chaque minute passée avec lui.

Demain serait un autre jour.

15.

— Belle au bois dormant… Il est l'heure… Debout !

Jack eut tout juste le temps de s'écarter avant que Cass ne renverse le mug de café qu'il lui apportait. Elle venait de s'asseoir comme un ressort, une réaction plutôt imprévue puisqu'elle dormait à poings fermés cinq secondes plus tôt, et qu'il avait eu toutes les peines du monde à la réveiller !

— Quelle heure est-il ? balbutia-t-elle d'une voix ensommeillée.

— 8 h 30.

— Quoi ?

Elle se leva d'un bond. Il aurait voulu avoir plus de temps pour admirer sa sublime chute de reins, mais elle enfila un peignoir à la hâte. Elle courait vers la porte quand elle s'arrêta net.

— Ah, mais non ! On est samedi.

Il s'esclaffa.

— Absolument.

— Où est Ellie ?

— En bas. Elle est debout depuis une heure. Je lui ai dit que tu dormais, et qu'elle ne devait pas venir t'embêter.

En semaine, Cass se levait avant Ellie. Le week-end, le mobile tintait dès que la petite quittait sa chambre, et Jack se dépêchait alors d'aller l'intercepter avant qu'elle ne vienne les surprendre au lit !

Cass prit le mug qu'il lui tendait et but quelques gorgées avant de le reposer sur la table de nuit.

— Il faut que j'y aille, dit-elle.

— Pas sans moi !

Cela faisait plus de quinze jours que Cass habitait chez lui, mais Martin avait appelé, la veille, pour dire que sa maison inondée était enfin accessible par la route. Elle avait donc prévu d'y aller ce week-end-là et, bien sûr, Jack refusait de la laisser seule dans cette épreuve.

— Je t'accompagne, ajouta-t-il. Que cela te plaise ou non. Ellie restera au presbytère avec Sue et les enfants, tout est arrangé. On partira dès que tu seras prête.

Cass avait imaginé le pire. Pourtant, le spectacle de toute la boue dans son salon, des murs sales, et l'insupportable odeur de moisi lui soulevèrent le cœur.

Curieux, tout de même, car elle voyait des choses bien pires dans son métier. Et puis, ce n'était pas comme si elle avait perdu sa maison, ni même ses effets personnels puisqu'elle avait eu le temps de tout mettre à l'abri.

Résolument, elle sortit un petit carnet et un stylo de sa poche.

— Porte d'entrée gondolée, dit-elle tout en écrivant.

La liste des dégâts allait être longue, très longue, mais elle devait l'établir. Elle n'avait pas le choix.

Passant dans le couloir, suivie par Jack, elle consigna là encore les problèmes puis fit de même dans la cuisine. Au fond, les choses étaient assez simples. Il y avait de la boue partout, ainsi que des marques d'humidité sur les murs. Elle avait débranché et monté ses éléments de cuisson à l'étage, mais les meubles bas, gondolés, devraient tous être remplacés.

— Au moins, le carrelage a tenu, marmonna-t-elle. Heureusement, il était neuf.

— Cass…

Ah, non. Pas maintenant. Si Jack lui témoignait trop de compassion, elle allait se mettre à pleurer. Qu'il veuille la consoler ne faisait pas partie du « contrat ». Ils avaient beau passer leurs nuits ensemble, le jour, ils devaient faire semblant de rien.

Se détournant, elle courut presque vers la véranda. Cette grande extension à l'arrière de la demeure était une merveille de calme et de lumière. En général, elle s'y installait pour lire, regarder la télévision, ou tout simplement admirer les oiseaux et, par-delà le jardin, la rivière qui serpentait tout près.

La vision de sa bibliothèque vide aux planches déformées par l'eau, de sa table TV noircie, et du parquet flottant irrécupérable, lui arracha un cri de détresse. Elle eut un haut-le-cœur, en même temps que les larmes commençaient à rouler sur ses joues.

Ouvrant en hâte la porte-fenêtre, elle sortit. La main de Jack sur son épaule la fit violemment sursauter.

— Ne me touche pas !

Après avoir été malade, elle se redressa et s'essuya les yeux. L'air frais sur son visage lui fit du bien. Après avoir inspiré plusieurs fois à fond, elle commença à reprendre ses esprits.

Jack était planté sur le seuil, l'air inquiet.

— Désolée, murmura-t-elle. L'odeur de moisi a dû me retourner l'estomac.

— Oui, c'est sûrement ça, répondit-il d'un ton calme.

— Je vais aller chercher une bouteille d'eau dans la voiture.

Lorsqu'elle revint dans la véranda, il la suivit. Que devait-il penser ? Qu'elle manquait de caractère, probablement.

— Cass, nous deux... Je sais qu'on n'est ensemble que la nuit, mais...

Elle se figea, tétanisée. Voilà pourquoi elle aurait préféré qu'il reste chez lui. Par un accord tacite, ils avaient choisi de ne pas s'impliquer dans la vie de l'autre, et s'il voulait modifier les règles, elle ne serait plus capable de maintenir ses distances. Mais le moment était mal choisi pour en discuter...

Lentement, elle se retourna.

— Oui, dit-elle.

— Accorde-moi une journée, Cass. S'il te plaît. Faisons une exception pour aujourd'hui.

L'intensité de son regard la fit frissonner. Avant qu'elle ait pu réagir, il s'avança et, la prenant dans ses bras, l'étreignit avec force.

Alors, les vannes qu'elle gardait soigneusement fermées s'ouvrirent d'un coup. Accrochée aux épaules de Jack, elle commença à sangloter, voulant se retenir sans en être capable. Elle avait juste envie de pleurer toutes les larmes de son corps.

Cass avait pleuré longtemps.

Jack l'avait gardée dans ses bras, la berçant pour la réconforter. Il était allé chercher de l'eau, ainsi qu'un thermos de thé brûlant et des tasses en plastique, dans la voiture.

Maintenant, ils étaient là, assis devant la cuisine, en train de boire leur thé. Malgré le chaos qui régnait autour d'eux, Jack appréciait ce moment. Il aimait être là pour Cass. Il avait besoin de l'épauler, de la soutenir. Tout simplement…

Soudain, ils entendirent tambouriner à la porte d'entrée.

— Reste là, je vais ouvrir, dit Jack en se levant.

Etonné, il découvrit Martin sur le seuil. Une dizaine d'hommes et de femmes munis de pelles, de seaux et de serpillières, se tenaient un peu à l'écart. Il reconnut le père de Ben, Frank White et ses fils, ainsi que d'autres villageois.

— Je sais que Cass ne veut personne…, commença Martin.

Il avait de toute évidence été envoyé en éclaireur pour négocier avec Cass au besoin. Jack lui sourit.

— Elle prendra tous les bras qui se présenteront. Entrez !

Quand Martin et le groupe s'engagèrent dans le couloir, ils tombèrent nez à nez avec Cass qui écarquilla les yeux en les voyant.

— Tes amis sont venus t'aider, dit Jack.

— Je… Il ne fallait pas…

— Si, il fallait !

Il lui entoura les épaules d'un bras tandis que les volontaires se répartissaient dans les pièces.

— Martin… C'est trop…, balbutia-t-elle, les larmes aux yeux.

— Chut ! répliqua le pasteur d'un ton bon enfant. Laissez-nous faire.

Elle secoua la tête, l'émotion lui coupant la parole sans doute, mais de toute évidence très touchée.

— Merci beaucoup, dit Jack. On va pouvoir commencer.

Le volume de travail que douze personnes pouvaient abattre en moins de quatre heures était hallucinant.

Les bénévoles avaient d'abord évacué la boue dans des seaux puis ils avaient dû démonter les parquets flottants. La cuisine avait été nettoyée du sol au plafond, et la bonne odeur du désinfectant prenait maintenant le pas sur celle de la vase.

Le peu de mobilier restant dans le salon et la véranda étant hors d'usage, Jack, avec les hommes, s'étaient chargés de le démonter puis d'évacuer les planches dans une remorque.

Vers 14 heures, alors que le « gros œuvre » de déblaiement s'achevait, Martin reçut un SMS de Sue, laquelle conviait tout le monde à un déjeuner tardif au presbytère.

Cass, qui avait cessé de pleurer depuis bien longtemps, et avait retroussé ses manches, n'avait apparemment pas le cœur à manger. Aussi raccompagna-t-elle les volontaires et elle donna une longue accolade à chacun, les larmes aux yeux.

— Je ne sais pas quoi dire, chuchota-t-elle en embrassant Martin.

— Alors ne dites rien, répondit le pasteur. Vous nous avez déjà remerciés cent fois. Après tout ce que vous avez fait pour les gens d'ici, on vous a simplement renvoyé l'ascenseur. On appelle ça un juste retour des choses.

Quand tout le monde fut parti, Jack se rapprocha d'elle.

— Il faut que j'aille chercher Ellie, dit-il doucement. Tu es sûre que tu ne veux pas arrêter ?

Elle eut un petit sourire triste.

— Non, merci, ça va. Je t'assure ! Merci pour tout, Jack.

— Mais de rien, voyons. On remet ça demain ?

— Non, répondit-elle d'une voix plus ferme. Tu as des semaines chargées, et il faut que tu restes un peu avec Ellie. Par ailleurs, on a bien travaillé aujourd'hui et je suis beaucoup moins stressée que ce matin.

Argumenter n'aurait servi à rien. Il soupira.

— D'accord, dit-il. Comme tu veux.

Il se promit d'en toucher deux mots à Martin pour que quelques bénévoles reviennent aider Cass le lendemain, et il ne doutait pas que les volontaires allaient se bousculer. Quant à lui…

Il avait demandé une journée, et il l'avait obtenue. Pour l'instant, il devrait s'en contenter.

16.

La semaine suivante se déroula sans incident majeur jusqu'au vendredi après-midi.

Jack venait de rentrer du travail après une garde matinale, et il pensait au week-end, se demandant s'il ne pourrait pas inviter Cass à faire une promenade avec Ellie et lui, le dimanche. Mais soudain, le coup de fil d'un papa d'élève le fit basculer en plein cauchemar : il y avait un problème à l'école.

Sans réfléchir, il sauta dans sa voiture. Ellie était-elle en danger ? Que faire ? Il devait la rejoindre très vite !

Il arriva sur place en un temps record et aperçut un camion de pompier déjà stationné devant l'école. Il se gara dans un crissement de pneus, descendit de voiture et, sans même refermer sa portière, courut vers le bâtiment.

— Jack ! Jack !

Observant la foule, il ne tarda pas à voir qui l'appelait. C'était la mère d'un garçonnet de cinq ans, un camarade de classe d'Ellie. Il se précipita.

— Hannah ! Que se passe-t-il ?

— Tous les grands sont déjà sortis. Mais l'annexe…

Voyant la poitrine de la jeune femme se soulever très rapidement, il lui entoura les épaules d'un bras pour la calmer, craignant qu'elle ne fasse une crise d'angoisse.

— Une partie du bâtiment s'est effondrée, expliqua-t-elle dans un sanglot. Le sol… a bougé en dessous. Jamie est encore à l'intérieur, Ellie aussi. J'ai appelé Sarah. Elle m'a dit qu'Ethan avait la grippe et qu'il était resté à la maison…

— Oui, c'est vrai, répondit-il. Hannah, les pompiers sont là. Ils ont l'habitude et ils vont aller les chercher. Ne t'inquiète pas.

Disant cela, il ne savait pas trop qui il cherchait à rassurer, Hannah ou lui-même. Mais une chose était sûre : il devait faire quelque chose, sous peine de devenir fou !

Du calme. Evalue la situation. Ensuite, tu agiras.

Sa propre expérience lui fut d'un grand secours. Se rapprochant de la vieille bâtisse, il essaya de mieux comprendre ce qui se passait.

Un groupe d'élèves plus âgés qu'Ellie apparut soudain dans son champ de vision. Deux enseignantes étaient en train de les faire sortir de la cour et les orientaient vers le terrain de sport, situé une centaine de mètres plus loin. Là-bas, une autre personne faisait l'appel sous le regard anxieux des parents massés au bord de la pelouse.

Il prit la main d'Hannah puis contourna l'école. Son instinct lui criait d'aller chercher Ellie, mais il devait se comporter en adulte responsable.

Atterré, il vit que le hall d'accueil était réduit en un immense tas de gravats. Sur le côté, l'annexe réservée aux classes maternelles, un petit bâtiment d'un étage, était devenue inaccessible.

— Ils ont fait sortir les gamins de la classe d'en bas par la fenêtre, balbutia Hannah. Mais, apparemment, la porte qui donne sur l'escalier est bloquée… Jamie et Ellie sont là-haut. Ta fille était à la fenêtre, tout à l'heure.

Levant les yeux, il eut l'impression que son cœur se décrochait dans sa poitrine.

Ma chérie… Non !

Elle venait de monter sur l'appui de fenêtre, un rebord large et plutôt bas, et, à présent, elle agitait les bras en criant.

— Ellie ! Ellie !

Dans le brouhaha général, elle ne pouvait pas l'entendre. Les pompiers, réactifs, avaient déjà dressé plusieurs échelles en face des fenêtres, et l'un d'eux se mit à grimper vers Ellie. Elle se rapprocha de lui en s'appuyant au garde-corps.

L'homme fit signe aux personnes massées en bas de se taire. Jack put alors entendre ce qu'il disait :

— Tu es une petite fille très courageuse. On t'a vue, mon poussin. Tu peux redescendre et retourner dans la classe. Allez, vas-y. Je te regarde.

Disciplinée, elle obéit aussitôt, et Jack poussa un immense « ouf » de soulagement.

— C'est bien, ma puce, dit-il tout haut. Je suis fier de toi.

Si seulement Ellie pouvait savoir qu'il était là, et prêt à tout faire pour elle !

— Mais où est passée la maîtresse ? demanda Hannah.

— Bonne question…

L'idée que quinze bambins de quatre et cinq ans puissent être livrés à eux-mêmes lui donna la chair de poule. Entourant d'un bras les épaules d'Hannah, il s'avança vers le cordon de police formé devant le préau.

— Secouriste ! dit-il d'un ton bref. Laissez-moi passer.

Une chance qu'il n'ait pas eu le temps de retirer son gilet jaune. Ce sésame lui permit de pénétrer dans la cour, entraînant Hannah avec lui.

Deux ambulances étaient garées sur l'aire de jeux. Il repéra une de ses collègues à côté du premier véhicule.

— Josie ! Où en est-on ?

— Il a quinze gosses là-haut, mais personne n'arrive à localiser la maîtresse, expliqua-t-elle. Quatre pompiers sont à l'intérieur. Ils sont entrés par-là.

Josie désignait du doigt un trou béant dans le mur. De part et d'autre, une montagne de gravats obstruait presque le passage. Sur le côté, on apercevait des dessins d'enfants encadrés, témoignages poignants au milieu du chaos…

— Cette pompière a un sacré courage, ajouta Josie. Quand elle a vu la petite fille derrière la fenêtre, elle s'est précipitée.

Les gravats lui pleuvaient sur le casque, mais apparemment, rien ne l'arrête. Du coup, trois hommes l'ont suivie.

Cass... C'était sûrement Cass...

— J'y vais, dit-il.

— Ne sois pas ridicule, protesta Josie. Si tu reçois un morceau de béton sur la tête, il faudra t'évacuer, toi aussi !

— Ne t'inquiète pas. Je vais faire attention.

Au moment où il allait pénétrer dans la bâtisse, il vit deux pompiers se matérialiser à la fenêtre. C'était bien Cass, flanquée d'un collègue !

Jack se demanda où se trouvaient les autres sauveteurs. Pourvu qu'ils ne soient pas en train de secourir des blessés ! Leur absence pouvait le laisser craindre, hélas...

Pendant qu'il réfléchissait, Cass et son binôme ouvrirent la fenêtre en grand puis découpèrent le garde-corps à l'aide d'une grosse pince. Deux pompiers s'étaient, eux, positionnés sur l'échelle. Voilà donc comment on allait évacuer les enfants. C'était la solution la moins risquée.

Le premier bambin se retrouva bientôt dans la cour, en sécurité. Puis Hannah se précipita.

— Jamie ! Ils descendent Jamie !

A peine son fils avait-il touché terre qu'elle tomba à genoux devant lui pour l'étreindre de toutes ses forces, sous le regard de Jack.

Ellie... Où es-tu ?

Soudain, il la vit dans les bras de Cass qui lui parlait en attendant que le premier homme posté sur l'échelle se remette en place. Puis elle l'embrassa sur le front avec tendresse, et il sentit les larmes lui monter aux yeux. Cette femme était merveilleuse...

Il courut vers l'échelle. Même en situation périlleuse, Ellie n'avait pas perdu l'usage de la parole.

— Papaaaaa ! cria-t-elle. Tu as vu, on fait un sauvetage ! J'ai hurlé « Au secours » !

— Bien joué, chérie. Reste tranquille.

Le deuxième pompier prit le relais en riant. Lorsqu'il eut déposé Ellie sur le sol avec douceur, celle-ci se précipita vers Jack telle une tornade. Il la souleva de terre et l'étreignit, la joue posée sur ses cheveux.

— Papa ! Cassandra m'a sauvée.

— Oui, mon cœur, j'ai vu. Tu n'as mal nulle part ?

— Non ! Cassandra est venue me chercher !

Les poumons d'Ellie semblaient en parfait état de marche, pensa-t-il, amusé.

— C'est super…, répondit-il doucement.

Levant la tête, il repéra Cass avec un autre enfant dans les bras. Après l'avoir confié à son collègue, elle baissa les yeux vers la cour. Ellie se mit alors à lui faire de grands signes, et Jack vit Cass sourire.

A présent, tous les petits étaient orientés vers les ambulances pour un check-up rapide. Même si Ellie avait l'air en pleine forme, il l'y emmena néanmoins au moment où Sarah arrivait en courant.

— Tatie ! Cassandra m'a sauvée ! s'écria Ellie.

Sarah la serra sur son cœur, les larmes aux yeux. Jack, lui, observa le groupe d'enfants désormais au complet dans la cour. Au complet ? Non ! Ils n'étaient que quatorze ! Il en manquait un, et la maîtresse n'était toujours pas sortie…

— Secouriste ! Vite !

Cass avait crié cet ordre depuis la fenêtre, et Josie, empoignant sa sacoche, courut vers l'échelle. Jack pivota vers Sarah. Il rechignait à laisser sa fille, mais le devoir l'appelait.

— Sarah… Il faut que j'y aille.

— Bien sûr, fonce ! Dès qu'Ellie aura eu son check-up, on rentrera à la maison. Ethan est chez la voisine, alors je ne veux pas m'attarder.

— Tu vas sauver Mlle Jones, papa ? demanda Ellie.

— Oui, mon cœur. Et après, je reviens. C'est promis.

Cass ne s'étonna pas de voir Jack apparaître au sommet de l'échelle, juste derrière Josie.

— C'était plus fort que toi. Il a fallu que tu viennes ! commenta-t-elle en souriant.

— Eh oui, que veux-tu…

— Contente de te voir. Surtout, garde bien ton casque. Josie, tu te tiens prête pour les blessés ?

— Oui, répliqua l'ambulancière. Je prépare le matériel.

Cass traversa la classe, en faisant signe à Jack de rester derrière elle. Lorsqu'ils atteignirent la porte, il poussa un juron en voyant le trou béant dans le plancher du couloir.

— Impressionnant…, marmonna-t-il. Vous avez dû avoir du mal à monter par l'escalier.

— Oh ! on a vu pire…

En réalité, cela n'avait pas été une partie de plaisir d'ouvrir la voie avec le plâtre et les gravats qui leur pleuvaient dessus. Mais l'autre jour, à la caserne, elle avait promis à Ellie de la secourir quoi qu'il advienne. Elle avait tenu parole…

— Qu'est-ce qu'on a ? demanda Jack.

— La maîtresse et le petit garçon sont au fond du trou. Le petit est couché sous elle. On n'a pas pu évaluer la gravité de leurs blessures. Une équipe essaie de les atteindre par le rez-de-chaussée, mais à cet endroit, la porte est bloquée. Ils vont mettre un peu de temps à dégager l'accès. Donc, les collègues ont mis cette échelle pour pouvoir descendre dans le trou.

— Je peux y aller ?

— C'est trop dangereux. Ça risque de bouger encore.

— Tant pis ! Je veux descendre.

Le connaissant, elle aurait dû s'en douter. Jamais elle ne lui avait vu l'air si déterminé. Elle soupira.

— Dans une minute, dit-elle. La maîtresse est toujours consciente. Elle a marmonné quelque chose en nous voyant.

— A ton avis, que s'est-il passé ?

— Le gamin a dû s'enfuir de la classe, affolé par le bruit. La maîtresse a sûrement couru derrière lui, mais avant, elle a fermé la porte à clé, de l'extérieur, pour empêcher les autres de suivre. Ensuite, ils ont chuté tous les deux.

A peine avait-elle fini sa phrase qu'elle entendit ses collègues l'appeler. Elle se rapprocha.

— C'est bon..., annonça-t-elle. Tu peux venir.

Elle descendit la première en s'aplatissant contre le mur pour éviter les débris qui tombaient encore. Sitôt en bas, elle courut vers l'institutrice.

— Annabel ! Je m'appelle Cass. On va vous sortir de là.

La jeune femme battit des paupières.

— Shaun... Sauvez-le...

Se déplaçant légèrement, Annabel poussa un cri de douleur. Cass vit alors un petit garçon se tortiller dans tous les sens. Il avait l'air paniqué, mais semblait indemne.

— On va vous sauver tous les deux, dit-elle d'un ton apaisant. Ne vous inquiétez pas. On est là, maintenant.

Le garçonnet réussit à se dégager et se réfugia dans ses bras. Il devait incontestablement la vie à son enseignante, laquelle l'avait protégé de son corps.

Jack, qui venait de descendre, accourut dès qu'on lui eut fait passer sa sacoche. Lorsque Cass relâcha son étreinte autour de Shaun, ce dernier se précipita vers Jack.

Après une palpation rapide du corps de l'enfant, il hocha la tête.

— C'est bon, on peut le remonter, dit-il au pompier qui l'avait suivi. Confiez-le à Josie, là-haut.

Cass s'était arc-boutée au-dessus d'Annabel pour la protéger des chutes de gravats. Quand Jack commença à examiner cette dernière, elle essaya de maintenir sa position. La pauvre femme était en piteux état. Elle resterait avec elle aussi longtemps qu'il le faudrait !

— Annabel, vous êtes très courageuse, dit Jack d'une voix douce. Je vais vous injecter un antidouleur.

— Vous êtes le papa d'Ellie ? Les enfants...

— Oui, c'est moi. Les enfants sont sains et saufs grâce à vous. Shaun va bien, lui aussi. Les pompiers vont l'évacuer.

— Je l'ai rattrapé dans le couloir… Je l'ai pris dans mes bras… et puis le sol a disparu sous mes pieds…

— Vous êtes une héroïne, Annabel. Sans vous, il y aurait eu une catastrophe.

— Froid… Veux pas… mourir…

Une larme roula sur la joue de la jeune femme. Cass se décala légèrement pour lui prendre la main.

— Personne ne va mourir, dit Jack. Je sais que vous avez mal, mais vous allez guérir. Faites-moi confiance.

Cette voix… Ce regard chaleureux… Cass connaissait leur pouvoir magique. Il fallait espérer qu'il fonctionne sur Annabel !

— D'accord, chuchota la jeune femme.

Soudain, des voix se firent entendre à l'extérieur. L'équipe de secouristes qui s'affairait à dégager la porte aurait bientôt terminé. Encore quelques minutes, et le cauchemar prendrait fin.

Jack se dépêcha de préparer Annabel pour son transfert. Il l'équipa d'une minerve et d'un masque à oxygène, et lui mit des attelles aux jambes.

Malgré sa faiblesse, la jeune femme ne le quittait pas des yeux. Il était devenu son repère, son port d'attache, le lien qui la raccrochait à la vie.

Cass l'aida à transférer la malheureuse sur une civière portative. Après l'avoir recouverte d'un plaid isolant, ils restèrent près d'elle, lui tenant chacun une main.

— Dans cinq minutes, maximum, on vous sortira d'ici, dit Jack. Vous êtes une championne, Annabel.

17.

Jack regarda l'ambulance s'éloigner avec la satisfaction du devoir accompli. Debout près de lui, Cass poussa un grand soupir.

— Quel courage ! murmura-t-elle. J'espère que ça ira.

— Josie doit m'appeler dès qu'elle aura du nouveau, répondit-il. Mais ne t'en fais pas, Annabel va s'en sortir. Elle a les deux jambes et un poignet fracturés, une côte cassée et souffre de contusions multiples, mais l'essentiel, c'est qu'il n'y ait pas de lésion interne. Je n'en ai détecté aucune, mais les médecins des urgences vérifieront tout ça de manière plus approfondie.

— Bien sûr… Tu repars, maintenant ?

— Oui, je vais aller chercher Ellie.

— D'accord. Moi, je rentre à la caserne.

Elle se détourna pour rejoindre son camion. Il la prit par le bras.

— Cass… Merci, murmura-t-il.

Son sourire chaleureux lui montra qu'elle avait compris de quoi il parlait.

— De rien, répondit-elle d'une voix douce. A tout à l'heure.

En arrivant chez Sarah, Jack découvrit, étonné, que sa fille avait été plutôt calme. De retour chez lui, il ne tarda cependant pas à comprendre pourquoi : Ellie s'était rendu compte que le sauvetage n'avait pas été un jeu.

La prise de conscience rétrospective du danger amena un flot de questions. Mlle Jones était-elle blessée ? L'école allait-elle s'effondrer complètement ? La maison ne risquait-elle pas de s'écrouler aussi ?

Il essaya de rassurer sa fille le mieux possible sans pour autant lui mentir, et si elle parut rassérénée par ses explications, elle refusa pourtant de le quitter d'une semelle.

Pensant lui faire plaisir, il s'installa au salon avec elle pour regarder son dessin animé favori. Néanmoins, elle ne se leva pas pour chanter et danser devant l'écran, comme elle le faisait d'habitude. Même le retour de Cass, deux heures plus tard, la laissa indifférente. En temps normal, elle se serait ruée dans le couloir, mais là, elle resta sagement assise.

— Coucou…, dit Cass les rejoignant dans la pièce.

Elle vint s'accroupir devant Ellie.

— Ça va, mon cœur ?

Jack sentit que sa fille s'accrochait à son pull.

— Oui, ça va, répondit-elle d'une toute petite voix.

— J'ai une surprise pour toi, annonça Cass, en sortant la main droite de derrière son dos. Tiens !

Elle tendit à Ellie une feuille de papier roulée, maintenue par un ruban rouge. La petite écarquilla les yeux.

— Qu'est-ce que c'est ?

— Parfois, nous, les pompiers, on rencontre des enfants très, très courageux, répondit Cass d'un ton solennel. Alors on leur donne un diplôme spécial.

Jack retira le ruban puis déroula la feuille sur les genoux d'Ellie. Son prénom y était inscrit au milieu en lettres d'or calligraphiées.

— Il y a écrit « Pompier Junior », là, en rouge ! s'exclama-t-il en suivant le tracé du bout de l'index. Ellie, tu en as, de la chance. Et regarde, tous les pompiers ont mis leur nom !

Non contents de signer, ils avaient dessiné des cœurs, des personnages souriants, des fleurs. Cass avait aussi récupéré une photo de camion pour la coller en bas de la page.

Emu, Jack s'éclaircit la gorge. Qu'elle ait pris le temps de fabriquer ce diplôme le bouleversait. D'autant que la joie d'Ellie, beaucoup plus guillerette, à présent, faisait vraiment plaisir à voir.

— Dis merci, murmura-t-il.

— Merci, Cass, claironna Ellie en se jetant à son cou.

— J'achèterai un cadre demain, dit-il, amusé. En attendant, si vous alliez chercher une place pour cette merveille dans ta chambre, Ellie ? Moi, je vais nous préparer un bon plat de spaghettis.

— Oh oui ! Chouette, papa !

Juste avant qu'elles ne montent, il croisa le regard de Cass et lui sourit.

Cette journée avait changé beaucoup de choses. En la voyant à la fenêtre de l'école avec Ellie, il avait éprouvé un sentiment de joie absolue par-delà l'angoisse. Il avait craint qu'elles ne s'attachent l'une à l'autre, mais il avait eu tort. Ce lien était inévitable. De quel droit pourrait-il les en priver ?

L'univers serein, gai et réconfortant que Cass avait su créer pour sa fille l'émerveillait. Ils avaient encore tant de choses à partager, tous les trois. Comme une vraie famille. A condition que l'intéressée soit d'accord.

Il mettrait tout en œuvre pour la convaincre !

Le dîner se déroula dans une ambiance joyeuse.

Cass était ravie d'avoir pu dérider Ellie, laquelle avait apparemment bien compris, et bien digéré, les événements de l'après-midi.

Quant à elle…

A l'école, elle avait eu l'impression de tenir sa propre fille dans ses bras. Puis elle avait vu Jack en bas de l'échelle, et elle avait compris qu'ils pensaient la même chose, mus par le même instinct protecteur, se disant, pendant une seconde, qu'elle sauvait *leur* enfant.

Alors, même si c'était absurde, elle s'était surprise à espérer qu'ils puissent construire quelque chose, tous les trois. Un lien qui ressemblerait à la famille dont elle rêvait…

— Tiens, Cass, c'est pour toi !

Après le repas, Ellie avait tenu à faire un dessin pour la remercier du diplôme. Elle s'était installée sur un coin de table avec ses feutres pendant que Cass et Jack débarrassaient. Ils l'avaient vu s'appliquer, choisir ses couleurs avec soin. Et le résultat était… superbe.

Il y avait une grande maison. Un personnage féminin aux cheveux rouges, un autre, masculin, aux cheveux noirs. Et, entre les deux, quatre silhouettes plus petites.

— Là, c'est moi, expliqua Ellie. Les deux garçons, c'est mes frères. Et là, j'ai dessiné ma sœur !

— C'est très beau, balbutia Cass. Merci.

— Ellie…, dit Jack d'une voix tendue.

Incapable d'affronter son regard, Cass baissa les yeux. Son rêve de famille idéale avait volé en éclats, la faisant brutalement retomber sur terre.

Quand il lui prit le dessin, faisant mine de le contempler, elle faillit crier de frustration. Puis il le posa sur la table et se pencha sur Ellie.

— Il est temps d'aller au dodo, mon cœur.

— Nooon !

Sourd aux protestations de sa fille, il la prit dans ses bras.

— Tu viens, Cass ?

Elle secoua la tête.

— Non, je… Allez-y. Je vais charger le lave-vaisselle.

Elle souhaita une bonne nuit à Ellie en l'embrassant rapidement puis se détourna. La soirée idéale avait tourné au cauchemar. Mais le pire, c'était qu'elle aurait pu s'en douter.

Jack essaya de coucher Ellie le plus vite possible, mais en vain. C'était toujours pareil. En la faisant se dépêcher, il obtenait l'effet inverse. Elle prenait deux fois plus de temps pour se brosser les dents et se mettre en pyjama !

Après la lecture de son histoire favorite, néanmoins, elle battit des paupières. Après l'avoir bordée, il éteignit la lampe et descendit.

Cass était assise à la cuisine, devant une tasse de thé. En s'installant face à elle, il remarqua tout de suite qu'elle avait pleuré.

— Je suis désolé, murmura-t-il. Ellie n'a pas réfléchi.

— Bien sûr que non.

— Tu sais, elle a l'habitude de dessiner ce qui lui passe par la tête. Il ne faut pas y attacher de signification particulière.

A peine prononcée, cette phrase lui sembla ridicule. Ils avaient pensé tous les deux à la même chose.

La réponse de Cass le confirma :

— Ellie a dessiné ce qu'elle *veut*. Tu le sais très bien.

— Mais non. Elle a déjà tout ce qu'elle veut. Ça n'a rien à voir avec elle.

— Ah, bon ? Dans ce cas, parlons de toi ! Accepterais-tu l'idée de ne jamais avoir d'autres enfants ?

L'intensité de sa voix le glaça. S'il n'y avait pas eu Ellie dans la maison, elle aurait probablement crié.

— C'est un problème *pour toi*, répondit-il d'un ton calme.

— Donc, tu ne te sens pas concerné ?

— Bien sûr que si, Cass ! Mais tu considères cela comme un obstacle, alors que moi, pas du tout.

Elle se passa une main rageuse dans les cheveux.

— On ne devrait même pas discuter de ça, Jack. On était d'accord pour une histoire sans complications.

La réalité de ces propos lui fit mal : ils n'avaient pas prévu de se lier. Néanmoins, *lui,* il avait changé d'optique. Il avait changé, tout court. Sauf qu'en parler n'aurait servi à rien. Pas maintenant, alors que Cass était bouleversée.

— La journée a été dure, dit-il. On devrait aller se coucher.

— Exact. Je me lève tôt demain. J'ai rendez-vous avec l'électricien. Après, je resterai bricoler à la maison.

— D'accord. Je... Tu me rejoins ?

Jamais, auparavant, il n'avait eu besoin de poser cette question. Cass était toujours venue. Mais ce soir…

— Non, je vais rester dans ma chambre, répondit-elle d'un ton froid. Je ne veux pas te déranger demain matin. Et puis, j'ai sommeil.

— Comme tu veux. Donc… à demain soir.

Se levant, elle contourna la table pour venir l'embrasser sur la joue.

Ce geste d'une infinie tendresse lui déchira le cœur : Cass voulait toujours de lui. Peut-être même avait-elle des sentiments pour lui. Néanmoins, leur histoire était sans avenir. Rien ne pourrait combler le fossé qui les séparait.

Leurs retrouvailles, près de vingt-quatre heures plus tard, ne firent qu'accentuer son malaise.

Ellie était déjà couchée lorsque Cass arriva. Le rejoignant au salon, elle s'assit dans un fauteuil, le visage impassible.

— Ça va ? demanda-t-il.

— Oui, très bien. L'électricien dit qu'on peut remettre le courant. Je vais pouvoir brancher des radiateurs pour accélérer le séchage.

Elle n'aurait bientôt plus aucune raison de rester chez lui, pensa-t-il, le cœur gros. Il avait quelques jours de répit, une semaine tout au plus…

— Je vais repartir, dit-elle, confirmant ses craintes.

— Mais… Déjà ?

— Oui, ce sera plus simple. Ils continuent de servir des repas au presbytère. Je dormirai là-bas.

Elle avait pincé les lèvres, sans doute pour lui montrer que sa décision était sans appel. Il voulut quand même argumenter.

— Tu peux dormir ici. C'est plus confortable.

— Je sais, mais…

Dévasté, il songea que leur histoire arrivait à son terme. Cette relation s'était épanouie dans le secret, mais elle était trop fragile pour exister au grand jour. A moins qu'il ne trouve une solution…

— J'aimerais t'inviter un soir, dit-il. On pourrait aller au restaurant ?

— Tu veux qu'on sorte ensemble ?

— Absolument. Sarah pourrait garder Ellie, et…

— Ce n'est pas une bonne idée.

— Pourquoi ? insista-t-il.

Elle le regarda droit dans les yeux.

— Parce qu'on va droit dans le mur. Je me suis rendue malade avec cette histoire de bébé. Je ne recommencerai pas.

— Personne ne te le demande ! Tout ce que je veux, c'est être avec toi, et qu'on prenne le temps de réfléchir. Il y a sûrement quelque chose à faire…

Elle secoua la tête, l'air déterminé.

— Non. Je ne veux pas t'imposer ça.

Les larmes aux yeux, elle enchaîna :

— Je dirai… au revoir à Ellie demain matin. Je… lui expliquerai. Bonsoir, Jack.

Avant qu'il ait pu réagir, elle tourna les talons et quitta la pièce. Il l'entendit monter l'escalier puis il y eut le bruit d'une porte qui se fermait.

Ensuite, ce fut le silence.

18.

Cass éteignit le radioréveil d'un coup de poing rageur.

Ce mouvement brusque lui déclencha une vive douleur à l'épaule gauche, et elle s'assit dans le lit en grimaçant. Elle avait sans doute présumé de ses forces, la veille. Elle avait monté ses nouveaux éléments de cuisine jusqu'à minuit et, maintenant, elle le payait !

Mais cela n'avait pas d'importance. Seul le résultat comptait. Le travail qu'elle abattait sans relâche depuis deux mois commençait à porter ses fruits. Très bientôt, sa maison ressemblerait à la « maison d'avant », avec quelques améliorations en prime.

Ce dimanche, elle allait relâcher un peu le rythme. Se détendre. Peut-être se recoucher ? Non, elle allait plutôt rendre visite à une ou deux amies. Elle les avait négligées, ces derniers temps.

Elle se prélassa un moment sous la douche puis revêtit une jupe et un T-shirt sans manches. Quel bonheur de porter autre chose que des jeans boueux et des bottes ! Elle avait cru que ce moment n'arriverait jamais !

Comme sa chambre lui servait de base arrière, elle s'y réinstalla pour boire un café devant la télévision. Ensuite, elle descendrait déjeuner puis elle partirait. Elle n'aimait pas s'attarder chez elle si rien ne lui occupait les mains et l'esprit. L'inactivité nuisait à sa santé mentale. Elle pensait trop à Jack.

Elle venait d'éteindre la télévision quand on sonna à la porte. Bizarre… Avait-on besoin d'elle au village ? Pourvu qu'il n'y ait pas de problème…

En se rapprochant de la fenêtre, elle eut un sursaut de panique. La voiture de Jack était garée sur le chemin. Elle le vit descendre le porche puis scruter la façade, une main au-dessus des yeux.

Il était venu seul, sans Ellie. Que fabriquait-il ici, un dimanche matin, de si bonne heure ?

Elle se précipita dans l'escalier, et, une fois en bas, enfila à la hâte la seule paire de chaussures qui traînait dans le couloir : ses bottes en caoutchouc. Puis elle courut vers la porte et l'ouvrit à la volée.

— Jack ?

Lorsqu'il s'avança, elle eut un coup au cœur. Elle l'avait vu cent fois dans ses rêves, mais rien n'avait pu remplacer la douceur de son regard…

— Que se passe-t-il ? demanda-t-elle. Où est Ellie ?

— Chez Sarah. Elle a dormi là-bas. Puis-je entrer ?

Lui claquer la porte au nez aurait sans doute été une bonne solution. Mais, quelque part, elle lui aurait ainsi montré qu'elle n'était pas indifférente. Or, elle *devait* jouer la comédie…

Elle recula dans le couloir. Après avoir essuyé ses bottes sur le paillasson, il la suivit.

— Waouh ! Quel changement !

Les murs étaient propres, repeints à neuf. Le carrelage, fraîchement décapé, reluisait.

— Oui, je… J'y ai passé des heures. Il reste encore beaucoup à faire, répondit-elle.

— J'imagine.

Il semblait tendu, comme s'il avait autre chose à dire sans pouvoir trouver les mots.

— Qu'est-ce que tu veux, Jack ?

Contre toute attente, il lui sourit.

— Je suis venu pour toi, princesse.

Elle se figea. Avait-elle bien entendu ? Pour qui se prenait-il ? Imaginait-il que, d'un claquement de doigts, il allait la faire tomber dans ses bras ? Quel culot !

— Dehors, dit-elle froidement, en montrant la porte.

— Attends, Cass ! Je veux te parler.

— Me parler de quoi ? *Monsieur* avait deux heures à perdre, alors *monsieur* s'est imaginé qu'il allait venir se réchauffer dans mon lit ?

Une lueur de reproche traversa son regard.

— Pas du tout, Cass ! Pourrait-on s'asseoir et discuter ?

— On ne peut s'asseoir nulle part. La cuisine est en chantier, la véranda aussi. Et je n'ai pas racheté de meubles pour le salon.

— D'accord. Dans ce cas, on parlera ici.

— Non !

En deux enjambées, il se rapprocha d'elle. Son parfum boisé lui chatouilla les narines, et elle éprouva soudain une furieuse envie de pleurer.

— Jack, arrête. S'il te plaît…

— Je ne suis pas venu pour coucher avec toi.

— Stop !

Quoi qu'il ait à lui dire, cela ne l'intéressait pas. Leur histoire était terminée. Une relation amicale ne fonctionnerait pas. Elle serait incapable de le revoir en « ami ».

— Je voudrais… t'épouser, Cass.

Les mots résonnèrent étrangement dans le couloir désert. Elle eut l'impression d'entendre leur écho sur les murs. Puis le plafond se mit à tourner… et ses jambes se dérobèrent sous elle.

Jack retint Cass de justesse avant que sa tête ne touche le sol. Quel imbécile ! Quelle mouche l'avait piqué de la demander en mariage de but en blanc ?

Au fond, il savait pourquoi. Il avait eu peur qu'elle ne le jette dehors, et, dans la panique, les mots avaient jailli !

La calant dans ses bras, il se dirigea vers l'escalier. Arrivé en haut, il poussa une première porte du bout du pied et découvrit une pièce encombrée de meubles. La porte suivante s'ouvrit sur une chambre ensoleillée, avec des meubles en chêne clair et un édredon blanc.

Cass commença à s'agiter. Il sentit qu'elle lui agrippait les épaules.

— Jack… Mes bottes…

— Ne t'inquiète pas. Je vais te les enlever.

Il la déposa sur le lit, les jambes pendantes, puis la déchaussa. Après quoi il l'allongea contre les oreillers et lui prit le pouls.

Les pulsations étaient régulières, bien qu'un peu rapides. Mais s'il avait vérifié le sien, sans doute aurait-il obtenu le même résultat !

— Ça va, marmonna Cass.

— Oui, mais reste tranquille. Tu te nourris correctement, au moins ?

Elle lui avait semblé très légère et, maintenant qu'elle était couchée, le tissu fluide de sa jupe soulignait des hanches qu'il trouva trop minces. Elle avait maigri !

— J'ai… sauté le repas hier soir, dit-elle, l'air contrit. Et je n'ai pas encore pris mon petit déjeuner.

— D'accord…

Il n'évoqua pas l'autre raison probable de son malaise, de peur qu'elle ne s'évanouisse à nouveau.

— Ne bouge pas, ajouta-t-il. Je reviens.

Cass entendait claquer des portes de placard, en bas. Jack était en train de s'activer dans sa cuisine. Il était là. Il l'avait… demandée en mariage !

Mais peut-être n'avait-elle pas bien compris. Et si oui, sans doute avait-il prononcé ces paroles sous l'impulsion du moment.

De toute façon, à supposer qu'il ait été sincère, elle avait tout gâché en tournant de l'œil !

Elle l'entendit remonter puis il se matérialisa sur le seuil. Posant le verre de lait qu'il avait rapporté sur la table de nuit, il lui installa une assiette de brioches sur les genoux.

— Mange, dit-il, s'asseyant à côté d'elle.

Comment aurait-elle pu avaler quoi que soit ? Après ce qu'elle avait entendu, c'était impossible.

— Je ne peux pas, murmura-t-elle. Qu'avais-tu à me dire ?

— Rien, tant que tu n'auras pas mangé quelque chose.

— Jack ! S'il te plaît…

Son sourire s'élargit. Il la considéra, malicieux.

— Ah ah, on est impatiente ? Ça tombe bien, moi aussi !

Recouvrant son sérieux, il lui prit une main dont il embrassa la paume avant de la reposer doucement sur l'édredon.

— Cass, tu m'as donné de l'espoir, dit-il d'une voix émue. Je crois en toi, et en nous. Je suis venu te chercher parce que je t'aime, et que je ne peux pas vivre sans toi. Je veux que nous soyons ensemble. Le reste n'a aucune importance. On affrontera les problèmes en temps voulu, mon cœur.

Une douce musique se mit à chanter en elle. Jack venait de prononcer les mots qu'elle avait maintes fois rêvé d'entendre. Mais elle devait être sûre…

— Qu'adviendra-t-il si, réellement, je ne peux pas avoir d'enfant ?

Il secoua la tête.

— Si *nous* ne pouvons pas avoir d'enfant, corrigea-t-il. Eh bien, *nous* en avons déjà une, alors je serai quand même le plus heureux des hommes !

Plongeant une main dans sa poche, il en extirpa une petite boîte bleue. Lorsqu'il l'ouvrit, Cass porta les deux mains à sa bouche, le souffle coupé. Cet anneau en or où brillaient deux superbes diamants était… magnifique !

— Tu es la femme de ma vie, Cass, reprit-il d'une voix tendre. Si nous avons un enfant ensemble, tant mieux. Mais dans le cas contraire, nous formerons une famille merveilleuse avec Ellie. Si… cela te convient, naturellement.

Elle faillit s'étrangler d'émotion.

— Tu plaisantes ? Tu m'offres la lune, et tu veux savoir si ça me convient ?

— Quand je plaisanterai, je te le dirai, répondit-il en souriant.

Puis il referma la boîte qu'il rangea dans sa poche.

— Hé, là ! J'aimerais bien l'admirer de plus près !

— Tu as peut-être besoin de temps pour réfléchir ?

— C'est tout réfléchi. Jack. Repose-moi ta question.

Son cœur battait de nouveau la chamade, mais cette fois, elle ne s'évanouirait pas. Cela faisait longtemps qu'elle ne s'était pas sentie aussi bien. Jack et elle formaient les deux pièces d'un puzzle parfait. Rien ne pourrait ternir ce bonheur.

Lorsqu'il se pencha sur elle, elle trouva dans son regard toute la chaleur qui lui avait tant manqué. Puis il lui captura les deux mains.

— Veux-tu m'épouser, Cass ?

Elle sentit les larmes lui monter aux yeux.

— Oui, Jack… Il n'y a rien que je désire plus au monde. Je t'aime et je veux t'épouser.

Quand il glissa la bague à son doigt, elle eut l'impression que son univers se mettait définitivement en place. Rien ne pourrait désormais les séparer.

Entre eux, ce serait pour la vie… et pour le meilleur.

Épilogue

Jack avait l'impression d'être assis sur cette chaise depuis des heures. En réalité, cela ne devait pas faire plus de dix minutes, mais il se retourna une énième fois pour regarder l'entrée de l'église.

Il sentit Mimi lui donner un coup de coude dans les côtes.

— Reste tranquille, ou gare à toi ! chuchota-t-elle.

— Hé ! Tu es censée me soutenir, pas m'enguirlander.

Faisant fi de la tradition, Jack avait choisi un garçon d'honneur — Rafe —, mais aussi une « demoiselle d'honneur » en la personne de Mimi. Comment aurait-il pu en être autrement, après ces longues années d'amitié ?

— Cass ne sera pas en retard, dit Rafe d'un ton rassurant.

— Elle l'est déjà…

— Non, intervint Mimi. Il lui reste deux minutes. Arrête de gigoter, ou je te fais une piqûre de calmant !

Jack perçut des bruits en provenance du porche. Pivotant, il sentit son regard s'embuer en voyant Ellie apparaître, adorable dans sa robe rose. Elle était demoiselle d'honneur pour la deuxième fois en six mois et, après le fiasco du lancer de pétales au mariage de Mimi et Rafe, Cass avait suggéré qu'on lui donne une baguette « magique », lumineuse, pour tracer le chemin vers l'autel.

Soudain, un murmure parcourut l'assemblée. La famille, les amis, et la moitié des habitants du village avaient dû se serrer pour tenir dans la petite église de Holme. Quel bonheur de les savoir tous là !

Quand l'organiste joua les premières notes de la *Marche nuptiale*, Jack entendit des « Oh »,et, enfin, il la vit. Cass était si belle dans son fourreau de soie blanche, si rayonnante au bras de son père, qu'il sentit la tête lui tourner.

— Debout ! dit Mimi, ponctuant cet ordre d'un coup de pied discret.

— Rafe, tu as les alliances ? demanda-t-il, paniqué.

— Bien sûr que je les ai. Relax !

D'une main glissée sous son coude, Rafe le fit se lever. Puis Cass se matérialisa près de lui, radieuse. Alors, il ne vit plus qu'elle. La femme de sa vie. Sa future épouse.

La cérémonie avait été un moment magique.

A la sortie de l'église, Cass avait regardé ses collègues leur faire une haie d'honneur, très émue. Puis tout le monde s'était dirigé vers les deux grands chapiteaux dressés sur la pelouse derrière l'église.

Il y avait eu l'apéritif, les discours, le repas. Jack et elle avaient ouvert le bal sous les applaudissements des convives. La découpe du gâteau avait été un autre temps fort de la soirée et, à présent, beaucoup d'invités dansaient sur la piste. Aurait-elle pu rêver plus belle fête ?

Alors qu'elle et Jack se reposaient à leur table, Martin et Sue les rejoignirent.

— Quelle belle soirée ! commenta le pasteur. Si vous saviez comme les gens sont contents que vous ayez décidé de vivre à Holme !

— Le plaisir est partagé, répondit Jack, l'air ému. Encore deux ou trois mois, et nous aurons fini les travaux.

Ils avaient choisi d'habiter la maison de Cass, pensant que le cadre était idéal pour Ellie. Dès que Jack aurait vendu la sienne, ils feraient aménager un étage au-dessus de la véranda. Mais en attendant, ils avaient déjà fait reconstruire le fameux mur extérieur !

— Vous êtes bien protégés, maintenant, commenta Sue. La rivière peut toujours déborder.

— Cette inondation n'a pas été une mauvaise chose, finalement, dit Cass en pressant le bras de Jack. Quand on voit ce que l'eau a déposé à ma porte…

— Tu as bien raison, commenta Sue. Une petite danse pour fêter ça ?

— C'est parti !

Alors que Jack l'entraînait sur la piste, Cass songea qu'il lui restait une petite chose à faire.

Elle nageait dans un tel bonheur qu'elle avait complètement oublié les cycles, les calendriers et le reste. Jusqu'à la semaine précédente, où elle s'était rendue chez le gynécologue. Histoire d'être sûre…

Au retour, elle s'était précipitée chez Jack pour lui annoncer la bonne nouvelle puis, finalement, elle avait choisi de garder le secret quelques jours. Il lui avait dit et répété qu'il voulait se marier pour elle, pour eux, quoi qu'il advienne et sans connaître l'avenir. Elle n'avait pas voulu le priver de cette joie.

Quand il l'attira dans ses bras, elle se blottit contre son épaule avec un soupir d'aise.

— Heureux ? chuchota-t-elle.

— Je ne crois pas qu'on puisse l'être davantage.

Elle s'esclaffa.

— Tu es sûr ?

— Certain.

Alors, elle se haussa sur la pointe des pieds pour lui chuchoter son secret à l'oreille.

Mimi était en train de rejoindre la piste au bras de Rafe quand, tout à coup, elle vit Jack soulever Cass en la faisant tournoyer. Puis il reposa son épouse sur le parquet de danse, riant et pleurant à la fois.

— Regarde, Rafe ! dit-elle. Tu ne crois pas qu'ils ont encore fait comme nous ?

Jack et Cass s'étaient rencontrés au moment même où Rafe était revenu dans sa vie, après plusieurs années de séparation. Et maintenant…

— Non, je ne pense pas, répondit Rafe. Ce serait génial, mais c'est peu probable.

— Moi, je pense que si ! Il a le même air hagard que toi, la semaine dernière, quand je t'ai dit que j'étais enceinte.

— Quoi ? J'ai fait cette tête ?

— Sincèrement ? C'était pire ! Mais tu étais beaucoup plus mignon…

Rafe s'esclaffa.

— Merci, madame Chapman ! Tu as droit à une récompense pour ce beau compliment. Veux-tu danser ?

Elle se blottit contre lui.

— Oui, mon amour. Fais-moi danser…

BLANCHE

HARLEQUIN

Retrouvez prochainement, dans votre collection BLANCHE

Les jumeaux du silence, de Shelley Rivers - N°1591

Il a suffi d'une nuit de passion pour que Thurza se retrouve enceinte… de jumeaux ! Longtemps, elle a espéré que le Dr Logan Fox assume ses responsabilités vis-à-vis de leurs garçons. Hélas, le beau médecin s'est évaporé aussi vite que l'attirance qui les a unis. Aujourd'hui pourtant, Thurza est résolue à rompre le silence entre eux, pour le bien de sa petite famille…

Croisière avec une infirmière, d'Amy Ruttan

Thatcher apprécie son travail de médecin sur ce bateau qui vogue vers l'Alaska. Ici, tout le monde ignore qu'il est duc. Ici, tout est sous contrôle. Du moins jusqu'à ce que la nouvelle infirmière qu'il a recrutée monte à bord… en robe de mariée ! Bien que sidéré par l'entrée fracassante de la belle Lacey qui vient de fuir son mariage, il décide de lui laisser une chance…

Le docteur du Costa Rica, de Traci Douglass - N°1592

Si Sara s'est portée volontaire pour une mission humanitaire au Costa Rica, c'est pour redonner du sens à son métier d'infirmière… et certainement pas pour tomber amoureuse ! Pourtant, au milieu de la forêt vierge, l'attirance qu'elle éprouve pour le très secret Dr Gabe Novak est puissante, irrésistible – et elle finit par y céder. Hélas, alors qu'elle rêve d'amour, elle se rend compte que Gabe n'est pas prêt à lui ouvrir son cœur…

L'enfant d'une secouriste, d'Emily Forbes

Mei est ravie d'intégrer le centre ambulancier de Bondi Beach, la célèbre plage de Sydney. Mais son enthousiasme est soufflé quand elle y retrouve Jet Carlson. Huit ans plus tôt, tous deux ont eu une aventure, après laquelle il a disparu de sa vie sans un au revoir. Leurs retrouvailles sont-elles le jeu du destin, l'occasion qu'elle espérait de lui révéler qu'ils ont eu une fille ?

Leur mission : sauver des vies.
Leur destin : trouver l'amour.

HARLEQUIN
www.harlequin.fr

BLANCHE

HARLEQUIN

Médecins à Morrow Island, de Louisa Heaton - N°1593

Tout juste arrivée sur Morrow Island où elle doit remplacer le Dr Owen Ledger, Lucy tombe sous le charme de son confrère. Quelle chance de pouvoir travailler à son côté durant les quelques semaines que durera leur passation ! Alors qu'elle éprouve des sentiments de plus en plus intenses à son égard, Lucy hésite pourtant à construire avec Owen une relation durable. En effet, celui-ci lui a confié vouloir une famille qu'elle ne pourra jamais lui offrir...

Une nouvelle chance pour Shona, de Karin Baine

De retour dans sa ville natale, sur l'île de Braelin au large de l'Écosse, Shona redoute ses retrouvailles avec Alasdair Murray. Or voilà qu'elle tombe nez à nez avec lui dès sa première garde à l'hôpital où elle travaille comme infirmière ! Le mauvais garçon d'autrefois s'est mué en un splendide médecin – et il lui fait toujours autant d'effet. Celui qui lui a brisé le cœur lorsqu'elle était adolescente serait-il capable de le soigner aujourd'hui ?

Un défi à relever, de Wendy S. Marcus - N°1594

SÉRIE : LE DESTIN DES SŒURS PENIGLATT - 1/2

Le Dr Derrick Limone est désemparé. Lui qui vient de parcourir des kilomètres jusqu'à New York dans le seul but de réprimander Kira Peniglatt, l'infirmière chargée du suivi administratif de sa mère souffrante, voilà qu'il est... tombé sous son charme ! Cependant, que Kira lui plaise ou pas, il devra réprimer le trouble qu'elle fait naître en lui et parvenir à lui tenir tête...

Une bouleversante promesse, de Wendy S. Marcus

SÉRIE : LE DESTIN DES SŒURS PENIGLATT - 2/2

Qu'imaginait Jarrod, son défunt fiancé, en promettant à son ami Spencer qu'il serait le parrain de leur enfant ? Krissy fulmine. Adolescents, Spencer, Jarrod et elle étaient toujours ensemble. Jusqu'à ce que Spencer gâche tout et que Krissy ne veuille plus jamais le revoir. Aujourd'hui, par respect pour les dernières volontés de Jarrod, la voilà de nouveau à supporter les incroyables yeux bleus et le sourire suffisant de Spencer...

Leur mission : sauver des vies.
Leur destin : trouver l'amour.

HARLEQUIN
www.harlequin.fr

BLANCHE

HARLEQUIN

Les conséquences d'une nuit, de Charlotte Hawkes - N°1595

La priorité de Max Van Berg ? Sa carrière de chirurgien ! Aussi, lorsque Evie Parker, une psychiatre avec laquelle il a eu une brève aventure, réapparaît dans sa vie pour lui annoncer qu'il est père, sent-il d'abord la panique l'envahir. Il ne connaît rien aux enfants ! Pourtant, impossible de perdre à nouveau Evie, maintenant qu'ils forment, avec elle et leur petite fille, une famille…

Pour réapprendre à aimer, d'Annie Claydon

Le Dr Alexandra Jackson… En apprenant qu'il devra coopérer, le temps d'une campagne caritative, avec celle qui lui a brisé le cœur dix ans plus tôt, Leo est désemparé. Certes, son histoire avec Alexandra appartient au passé mais, il doit bien se l'avouer, elle l'attire toujours autant. Leurs retrouvailles seraient-elles pour eux une chance de poursuivre leur relation inachevée ?

Leur mission : sauver des vies.
Leur destin : trouver l'amour.

HARLEQUIN
www.harlequin.fr